U0807107

西南大学学科建设经费专项资助

西南大学应用经济学一级学科博士点建设系列丛书（第二辑）

Research on Transformation and Upgrading Mechanism and Path of Manufacturing Industry in Western China: A Perspective of Global Value Chain

全球价值链视角下西部地区制造业转型升级机制与路径研究

黄庆华　刘　晗　胡江峰　宋　鸽　著

科　学　出　版　社

北　京

内 容 简 介

促进制造业在全球价值链上的层级跃升是内陆开放新格局下西部地区制造业高质量发展的必由之路，本书旨在揭示全球价值链视角下西部地区制造业转型升级内在机制和一般规律，明确共性和差异化路径，为促进西部地区制造业价值链升级提供参考和建议。从全球价值链视角出发，本书主要研究内容包括制造业转型升级理论分析框架、西部地区制造业发展历程与现状透视、西部地区制造业转型升级趋势和比较、西部地区制造业转型升级影响因素与作用机制、西部地区制造业转型升级模式与路径。

本书可为高等院校经济学本科生、研究生的课程学习提供案例素材，也可为产业经济学领域研究人员提供经验借鉴，亦可为政府部门和制造企业的相关工作人员提供决策参考。

图书在版编目（CIP）数据

全球价值链视角下西部地区制造业转型升级机制与路径研究 / 黄庆华等著. —北京：科学出版社，2019.12

ISBN 978-7-03-063116-9

Ⅰ. ①全… Ⅱ. ①黄… Ⅲ. ①制造工业－产业结构升级－研究－西北地区 ②制造工业－产业结构升级－研究－西南地区 Ⅳ. ①F426.4

中国版本图书馆 CIP 数据核字（2019）第 249292 号

责任编辑：冯 铂 黄 桥 / 责任校对：彭 映
责任印制：罗 科 / 封面设计：墨创文化

科学出版社 出版
北京东黄城根北街 16 号
邮政编码：100717
http://www.sciencep.com
成都锦瑞印刷有限责任公司印刷
科学出版社发行 各地新华书店经销
*
2019 年 12 月第 一 版 开本：B5（720×1000）
2019 年 12 月第一次印刷 印张：15 1/4
字数：300 000

定价：118.00 元

（如有印装质量问题，我社负责调换）

前　言

在新时代的新阶段，迈出转变发展方式的坚实步伐，加快产业升级，是西部地区推进经济高质量发展的重要方针。制造业作为支撑西部地区经济增长的主要力量，其转型发展显得尤为必要和紧迫。当前，制造业国际分工已经完成由产业间分工到产业内分工，再到全球价值链分工的演变。在新的价值链分工体系内，如何实现制造业转型升级已然成为西部各省区市经济工作中亟待解决的重要问题之一。本书研究全球价值链视角下西部地区制造业转型升级机制与路径，旨在揭示全球价值链视角下西部地区制造业转型升级内在机制和一般规律，明确西部地区制造业实现转型升级的共性和差异化路径，为促进西部地区制造业价值链升级，提高产业核心竞争力，加快推进制造业供给侧结构性改革提供可资借鉴的政策建议。

本书研究主要内容包括五个部分。第一部分：全球价值链视角下制造业转型升级理论分析框架。从制造业转型升级影响因素、模式和路径等方面回顾已有研究成果，借鉴经济增长理论、价值链理论、技术创新理论和产业发展理论，奠定研究理论基础。构建理论分析框架，对制造业、转型升级、全球价值链等核心概念进行界定和辨析，厘清全球价值链与制造业升级的内在联系，进而推演全球价值链下制造业转型的实现途径，对制造业转型升级指标筛选和量化进行必要说明。第二部分：全球价值链视角下西部地区制造业发展历程与现状透视。对西部地区制造业演进轨迹与成就进行回顾与评析，通过回顾西部地区制造业发展历程，总结制造业演进轨迹特征，评价制造业发展所取得的成就。同时，对西部地区制造业发展现状进行分析，包括整体发展水平、区域特征表现、行业经营状况以及典型企业考察等不同方面的内容，全面了解和掌握当前西部地区制造业发展的总体情况。第三部分：全球价值链视角下西部地区制造业转型升级趋势和比较。对制造业转型升级进行综合测度与量化，在区域和行业两个考察维度上分别测度制造业转型升级水平与转型升级效率指标，奠定数据量化分析的基础。描述分析西部地区制造业转型升级总体变化趋势，对其表现出的特征进行概括和分析。进一步地，分析包括重庆、四川、陕西等在内的西部地区 12 个省区市制造业转型升级发展程度和各个地区所表现出的特点，以及分析不同制造行业转型升级的特征。第四部分：全球价值链视角下西部地区制造业转型升级影响因素与作用机制。从区域和行业两个层面梳理可能影响制造业转型升级的影响因素，分别构建计量分析模型，实证估计科技研发投入强度等因素对区域制造业转型升级的影响效应，以及行业贡献率等因素对制造行业转型升级的作用程度。在此基础上，分析不同影响因素对西部地区制造业转型升级的作用机理，总结西部地区制造业转型升级的动力机制、约束机制和保障机制，掌握西部地区制造业转型发展的内在规律。第五部分：全球价值链视角下西部地区制造业转型升级模式与路径。主要任务是借鉴包括美国、德国和日本在内的发达国家在制造业转型升级上的成功模式与经验，运用于西部地区制造业转型升级的路径分析。通过对比西部地区制造业转型升级的可选路径，筛选符合当前西部地区经济发展现实状况的制造业转型发展共性路径。从不同条件地区、不同行业特性和不同禀赋企业的角度出发，提出西部地区制造业转型升级的差异化路径，在宏观、中观和微观层面分别指明制造业转型升级的发展方向。

本书是作者所主持的国家社会科学基金一般项目“全球价值链视角下西部地区制造业转型升级机制与路径研究”（编号：14BJY076）的研究成果，也是我们研究团队长期从事产业经济学领域研究的阶段性工作总结，团队成员刘晗、胡江峰、宋鸽、夏婷、叶丹、段玲玲、周密、张校溱、时培豪、罗亚兰、李亚美、潘欣欣等为此付出较多努力，正是有了你们的支持，才使各项研究工作顺利开展。在本书研究和撰写过程中，得到诸多学者和专家的帮助与支持，在此一并感谢！同时，还要感谢为本书出版做出辛勤工作的科学出版社黄桥等编辑。

尽管作者为本书的撰写倾尽全力，但难免有纰漏，在此敬请广大学术界同仁批评指正！

黄庆华

2019 年 7 月 28 日

目　录

第1章 导　论

1.1 研究背景与问题提出

1.1.1 研究背景

制造业作为一个具有强大的造血功能的产业，其良性健康的发展是实体经济乃至国民经济健康发展的基础和前提（周维富，2018）。回顾自改革开放40年来的发展历程，我国制造业在起步初期凭借较为廉价的劳动力、土地等资源，依靠代工生产的方式迅速融入世界制造分工体系之中。经过一段时间的萌芽阶段，又进一步加大对外开放力度，积极引入国际投资，充分利用资源禀赋和人口红利，将要素优势转化为在产品生产加工、组装等环节的比较优势，成为制造业界的“世界工厂”。2010年，我国制造业的产值占据全球制造业产值的四分之一，世界主要工业品近半在我国的生产，并且产量稳居世界第一；截至2018年，中国连续9年保持世界第一制造大国地位。然而，虽然我国制造业的发展取得了长足的进步，但也存在着大而不强、缺乏核心竞争力等一些问题。比如，传统“高投入、高污染、高消耗、低质量、低效益、低产出”增长模式（中国社会科学院工业经济研究所课题组和李平，2011）不可持续。我国的禀赋条件如劳动力成本、环境成本、福利成本等急剧增加，“人口红利”消失，制造业企业外迁等情况日益凸显，我国制造业以代工为主的成本优势地位开始变得岌岌可危，制造业面临着“产业空心化”的威胁。另外，在目前的全球价值链中，我国始终徘徊在全球价值链中的中低附加值环节，只能获取低端利润，处于被支配地位（乔小勇等，2017），不管是从产业增长、产业发展，还是从产业安全等方面来看，这都非常不利（李毅学和汪寿阳，2010）。随着国内劳动力、工资、土地等要素价格上升，环境、税收、社会保障等政策变化，以及国外贸易保护主义抬头所引致的需求降低，制造业难以沿袭以往历史轨迹继续高速增长（张远鹏，2017）。

值得注意的是，在新兴的科技革命和产业革命的浪潮中，近几年来欧美各国开始重新重视实体经济的发展，并对制造业的发展以及其对生产增长的作用予以重点关注。美国以高新技术为依托，将具有高附加值的制造业的发展作为关注重点，并在2011年设立了制造业政策办公室，推出了一系列相关优惠政策（万继蓉，2013）；德国政府推出了以智能制造为主导的“工业4.0”战略；英国着力于技术驱动的《制造业的未来：英国面临的机遇与挑战》战略报告研究；法国以创新实现工业转型的“新工业法国”战略，并在两年后调整战略，有所偏向于“工业 4.0”战略。欧美国家的“再工业化”战略使其高端制造业回流。东南亚新兴经济体国家依靠要素资源优势吸引传统制造业向其迁移，对我国制造业发展造成“双重挤压”（黄庆华等，2013）。在此情况下，我国制造业发展迫切需要转型升级。产业的发展模式和增长路径也因为各国政府对制造业的再次重视而发生了改变（Andreoni and Upadhyaya，2014）。特别是当前制造业国际分工已经完成由产业间分工到产业内分工，再到全球价值链分工的演变（王磊和魏龙，2018）。在全球生产网络结构初步建成的今天，以全球价值链的转型升级来应对世界经济发展环境的变化已经成为一种趋势。但是在这种新的制造业分工体系中，发达国家拥有绝对话语权，新兴经济体制造业升级极易受阻于产业链的“低端锁定”。已有研究表明，发展中国家制造业在经过一段时间的发展后，会囿于产业链低端环节的规模扩张，无法实现产品升级或者功能升级，难以形成产业核心竞争力（Giuliani and Bell，2005；刘志彪和张杰，2007；Koopman et al.，2010；张立冬等，2013；田文等，2015）。如何破解制造业发展瓶颈实现产业的良性发展，成为我国经济工作中亟待解决的重要问题之一。

针对制造业发展所面临的困境，党的十九大报告高瞻远瞩地提出，加快发展先进制造业，支持传统产业优化升级，促进我国产业迈向全球价值链中高端，可谓切中肯綮，直击本源，为制造业未来发展指明了方向。作为深化供给侧结构性改革工作的重点内容之一，其战略目标在于改变过去加入全球价值链中低端环节的生产模式，通过鼓励制造业向价值链高端攀升，在具有比较优势的制造领域，培养出先进制造业集群，实现转型升级和发展（刘志彪，2018）。在我国经济结构战略性调整的重要时期，制造业的基础作用和主导地位也决定了加快制造业发展是我国产业升级的方向及产业政策的着力点，转型升级则是关键点之一。在具体实施策略上，中央已在政策层面上提前做出了部署和安排。例如，2015 年国务院发布的《中国制造 2025》中提出，提高国家制造业创新能力，推进信息化与工业化深度融合，强化工业基础能力，加强质量品牌建设，全面推行绿色制造，大力推动重点领域突破发展，深入推进制造业结构调整，积极发展服务型制造和生产性服务业，提高制造业国际化发展水平。2017 年发布的《国务院关于深化“互联网+先进制造业”发展工业互联网的指导意见》强调，加快建设和发展工业互联网，推动互联网、大数据、人工智能和实体经济深度融合，发展先进制造业，支持传统产业优化升级。这一系列政策措施的提出，旨在完善制造业转型升级的制度环境，助力制造业转型发展。以制造业为主体的实体经济转型升级对我国能否成功跨越中等收入陷阱起到了决定性的作用（周茂等，2018）。如果制造业不能转型升级，我国经济有可能进入中等收入阶段以后就陷入长期停滞状态（陈耀，2017）。由此可见，转变发展方式，促进制造业转型升级，特别是向价值链更高层次跃升将是未来经济发展工作的重要内容。

1.1.2 问题提出

在深入推进供给侧结构性改革，促进制造业转型发展的战略背景下，西部地区制造业发展也迎来了良好的历史机遇期。通过承接发达国家或东部地区制造业转移，主动融入制造业全球分工体系中，可以有效带动广大西部地区经济水平提升。特别是在特定高技术产业中，西部地区在构建“创新集群”上还具有较大潜力（余珮，2018），更应该着力于制造业发展。当然，除了拥有重大的发展机遇，西部地区制造业还面临着诸多挑战。

从制造业发展阶段上看，西部地区属于“后发”地区，虽然可以利用“先发”地区的技术溢出效应加快制造业发展步伐，但在核心技术和产业发展原动力上却极易受到发达国家或地区的制约。只能追随着上游产品研发的步伐，不断调整自身生产流程，通过在加工、装配等产业链低端环节上的生产工艺改进，获得一些产业发展空间。这样，西部地区制造业很容易落入“低端锁定”陷阱之中，尽管在制造业发展初期可以获得一段时期的快速增长，但是这种增长都是在产业链低端环节上的扩张，产业附加价值极低，一旦新的拥有更为廉价要素资源的经济体出现，由发达国家主导的制造产业体系会逐步从西部地区撤离出去，进而造成产业“空心化”，对西部地区经济发展产生巨大阻滞。因此，西部地区制造业发展必须要重视转型升级，通过合理选择升级路径，按照比较优势迈向全球价值链中高端（夏友富和何宁，2018）。

那么，从全球价值链视角来看，西部地区制造业发展处在一个什么样的阶段？不同区域制造业以及不同制造行业转型发展现状如何？影响西部地区制造业转型升级的因素有哪些？在这些影响因素作用下西部地区制造业转型升级内在机制是怎样的？实现西部地区制造业转型升级的有效路径是什么？本书正是围绕上述问题，展开研究全球价值链视角下西部地区制造业转型升级机制与路径。

1.2 研究目的及意义

1.2.1 研究目的

本书基于全球价值链背景下西部地区制造业转型升级的现实要求，构建全球价值链视角下制造业转型升级理论分析框架，对西部地区制造业发展历程进行总结和回顾，测度和量化西部地区制造业转型发展程度，从区域和行业两个维度评析西部地区制造业转型升级状况，通过建立计量模型实证分析不同影响因素对西部地区制造业转型升级的影响效应和作用效果，旨在揭示全球价值链视角下西部地区制造业转型升级内在机制和一般规律，明确西部地区制造业实现转型升级的共性和差异化路径，为促进西部地区制造业价值链升级，提高产业核心竞争力，加快推进制造业供给侧结构性改革提供可资借鉴的政策建议。

1.2.2 研究意义

本书的研究意义主要体现在理论意义、实践意义和现实意义等三个层面，具体如下。

（1）理论意义。现阶段关于国际分工体系重塑与全球价值链再造的相关研究不断增多，逐渐成为学术界的热点研究领域。发展中国家如何在发达国家掌握话语权的制造业产业链体系中破除“低端锁定”，顺利实现产业价值链升级已然成为该领域研究的重点问题之一。虽然已有很多研究阐释了发展中国家通过构建国家产业链等方式实现制造业转型升级，但是却鲜有针对新兴经济体内部“后发”地区制造业转型升级的研究成果。鉴于“后发”地区在资源禀赋、产业基础、外资引进等方面的特殊性，有必要进行该领域的相关研究。因此，本书以西部地区制造业为例开展制造业转型升级的研究，在理论上具有一定意义。

（2）实践意义。在国家层面上转型发展的宏观环境下，西部地区制造业也迫切需要通过转型升级，提高产业附加价值，增强产业核心竞争能力。面对国外环境形势变化以及国内其他地区竞争压力，西部地区制造业发展面临困境，容易囿于无效率的产业扩张，从而失去在产业链上向上游产品研发以及向下游产品服务发展的机会。对此，本书通过实证研究不同影响因素对西部地区制造业转型升级的影响效应，勾勒出西部地区制造业转型升级的一般机制，有利于掌握实现制造业转型发展的一般规律，进而明确产业转型升级的可行路径，针对性地提出对策和措施，能够为西部地区制造业顺利转型升级提供政策参考和建议，加快西部地区制造业转型发展步伐，具有重要的实践价值。

（3）现实意义。目前，我国已经进入新时代的发展新阶段，经济增长步入新常态，供给侧改革深入实施，经济发展由过去重视数量转向重视质量。在新的形势下，对广大西部地区经济社会发展提出了新的要求。为顺利实现经济可持续增长，创新驱动成为关键，产业先行则是必要载体。鉴于制造业在国民经济体系中具有较强的产业关联性，优先推动制造业转型升级对于西部地区整体经济转型发展具有重要作用。因此，本书研究成果转化的政策建议能够助力西部地区制造业转型升级，通过率先完成制造业的转型发展，以制造产业为主体，带动一批生产性服务业转型升级，凝聚产业核心竞争力，从而带动西部整个经济体系转型和发展，具有较强的现实意义。

1.3 研究内容和思路

1.3.1 研究内容

本书的根本目的在于揭示全球价值链视角下西部地区制造业转型升级内在机制和一般规律，明确西部地区制造业实现转型升级的共性和差异化路径。为顺利实现既定目标，研究内容设计如下。

（1）全球价值链视角下制造业转型升级理论分析框架。主要任务是从制造业转型升级影响因素、模式和路径等方面回顾已有研究成果，借鉴经济增长理论、价值链理论、技术创新理论和产业发展理论，奠定研究理论基础。在此基础上，构建理论分析框架，对制造业、转型升级、全球价值链等核心概念进行界定和辨析，厘清全球价值链与制造业升级的内在联系，进而推演全球价值链下制造业转型的实现途径，对制造业转型升级指标筛选和量化进行必要说明。

（2）全球价值链视角下西部地区制造业发展历程与现状透视。主要任务是对西部地区制造业演进轨迹和成就进行回顾与评析，通过回顾西部地区制造业发展历程，总结制造业演进轨迹特征，评价制造业发展所取得的成就。同时，对西部地区制造业发展现状进行分析，包括整体发展水平、区域特征表现、行业经营状况以及典型企业考察等不同方面的内容，全面了解和掌握当前西部地区制造业发展的总体情况，从而引导后续制造业转型升级测度研究的顺利展开。

（3）全球价值链视角下西部地区制造业转型升级趋势和比较。主要任务是对制造业转型升级进行综合测度与量化，在区域和行业两个考察维度上分别测度制造业转型升级水平与转型升级效率指标，奠定数据量化分析的基础。描述分析西部地区制造业转型升级总体变化趋势，对其表现出的特征进行概括和分析。进一步，分析包括重庆、四川、陕西等在内的西部 12 个省区市制造业转型升级发展程度和各个地区所表现出的特点，以及分析不同制造行业转型升级的特征。

（4）全球价值链视角下西部地区制造业转型升级影响因素与作用机制。主要任务是从区域和行业两个层面梳理制造业转型升级的可能影响因素，分别构建计量分析模型，实证估计研发（research & development，R&D）投入强度等因素对区域制造业转型升级的影响效应，以及行业贡献率等因素对制造行业转型升级的作用程度。在此基础上，分析不同影响因素对西部地区制造业转型升级的作用机理，总结西部地区制造业转型升级的动力机制、约束机制和保障机制，掌握西部地区制造业转型发展的内在规律。

（5）全球价值链视角下西部地区制造业转型升级模式与路径。主要任务是借鉴包括美国、德国和日本在内的发达国家在制造业转型升级上的成功模式与经验，运用于西部地区制造业转型升级的路径分析。通过对比西部地区制造业转型升级的可选路径，筛选符合当前西部地区经济发展现实状况的制造业转型发展共性路径。从不同条件地区、不同行业特性和不同禀赋企业的角度出发，提出西部地区制造业转型升级的差异化路径，在宏观、中观和微观层面分别指明制造业转型升级的发展方向。

1.3.2 研究思路

本书遵循“问题提出—理论分析—实证检验—规范研究”的基本思路，层层递进，逐步展开，具体思路如图 1-1 所示。

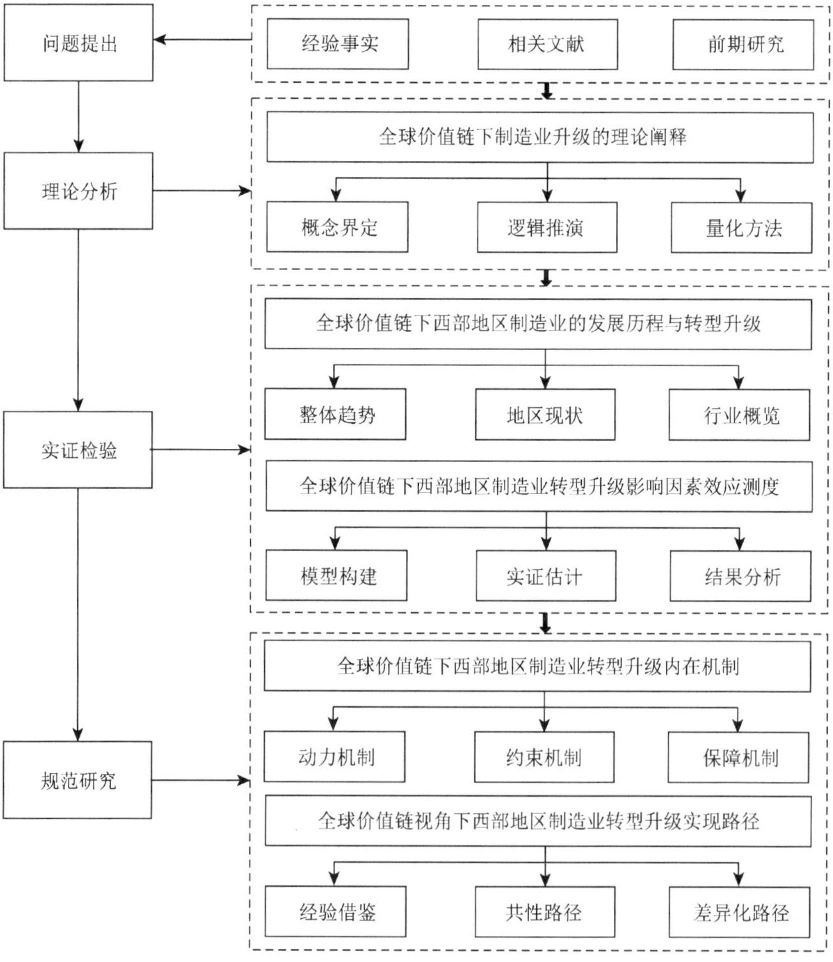

图 1-1 技术路线图

1.4 研究方法与数据来源

1.4.1 研究方法

本书的研究方法主要包括如下几种。

（1）定性分析与定量分析相结合的方法。定性分析主要运用于阐释制造业、转型升级、全球价值链等核心概念，厘清研究的主要概念内涵。定量分析主要用于量化和测度区域维度与行业维度的制造业转型升级，利用的是层次分析法、灰色关联度分析法以及数据包络分析法（data envelopment analysis，DEA）。

（2）实证分析与规范分析相结合的方法。实证分析主要是估计当前西部地区制造业转型升级影响因素的作用方向和效应程度，运用了面板回归模型、Tobit模型等计量分析手段。规范分析主要解释这些影响因素对西部地区制造业转型升级的内在影响机制，以及在这些影响机制作用下西部地区制造业转型升级的实现路径。

（3）统计分析与比较分析相结合的方法。统计分析主要是从总体上分析西部地区制造业转型升级发展趋势，描述发展趋势所表现出来的具体特征。比较分析主要是比较不同区域和不同制造行业在转型升级上的特性，同时，还运用于对比区域、行业、企业等不同维度上制造业转型升级的差异化路径。

（4）调查分析法。调查分析法主要是对包括长安汽车（全称为重庆长安汽车股份有限公司）、兰石重装（全称为兰州兰石重型装备股份有限公司）、陕鼓动力（全称为西安陕鼓动力股份有限公司）、云南白药（全称为云南白药集团股份有限公司）、四川长虹（全称为四川长虹电器股份有限公司）等在内的西部典型制造企业进行调查，分析当前企业转型升级面临的困境及其原因，进而针对性地提出企业层面上的制造业转型升级实施路径，从而推动西部地区制造企业的转型升级。

1.4.2 数据来源

本书数据来源于2004～2017年的《中国统计年鉴》《中国工业统计年鉴》《中国高技术产业统计年鉴》《中国科技统计年鉴》《中国电子信息产业统计年鉴》《中国环境统计年鉴》。研究时限跨度为2003～2016年，主要是考虑数据的可得性。其中，区域层面原始数据为制造业各细分行业加总数据。行业层面原始数据由于部分区域中制造业部分细分行业数据严重缺失，本书只筛选出包括农副食品加工业，食品制造业，酒、饮料和精制茶制造业，烟草制品业，纺织业，纺织服装、服饰业，造纸和纸制品业，石油、煤炭及其他燃料加工业，化学原料和化学制品制造业，医药制造业，化学纤维制造业，非金属矿物制品业，黑色金属冶炼和压延加工业，有色金属冶炼和压延加工业，金属制品业，通用设备制造业，专用设备制造业，交通运输设备制造业，电气机械和器材制造业，计算机、通信和其他电子设备制造业，仪器仪表制造业等21个制造业细分行业展开研究。需要说明的是，考虑到国家统计局在《国民经济行业分类》（GB/T 4754—2011）中，重新对工业细分行业进行了分类，其中交通运输设备制造业被拆分为汽车制造业及铁路、船舶、航空航天和其他运输设备制造业。对于上述情况，为了保持2012年前后制造业细分行业口径一致，本书将2012年之后的汽车制造业及铁路、船舶、航空航天和其他运输设备制造业归并为交通运输设备制造业。

1.5 本研究创新之处

本书创新之处主要体现在研究对象创新、研究视角创新、研究内容创新，具体如下。

（1）围绕西部地区制造业这样一个发展中国家“后发”地区的产业转型问题开展研究，在研究对象选择上有所创新。现有关于制造业转型发展研究大多以一个国家为对象，容易忽视经济体内部的特征差异。本书以西部地区制造业转型升级为研究对象，与以往研究相比，聚焦于“后发”地区产业转型困境及其突破口，体现出一定的研究新意，研究成果可为同类地区相关研究所借鉴和参考。

（2）以全球价值链为视角切入，系统评估全球价值链下西部地区制造业转型升级的问题，研究视角具有一定的创新性。本书立足于全球制造业分工体系重塑与价值链解构的新形势，通过全球价值链视角切入研究西部地区制造业转型升级，与现有研究相比，研究视角较为新颖，容易发现一些与过去研究所不同的新规律和新思想，契合当前世界经济发展形势，以及我国经济转型发展的大趋势。

（3）通过地区、行业和企业等不同层次维度研究西部地区制造业转型升级，在研究内容上有所创新。本书突破以往研究单纯分析区域层面或者行业层面制造业转型升级问题的局限，从不同的维度分别分析西部地区制造业转型升级影响因素的作用效应和影响机制，能够更为全面地了解和掌握西部地区制造业转型升级的一般规律。同时，对于地区、行业和企业层面分别提出差异化的制造业转型升级路径也体现了本书的新意。

第 2 章　国内外研究进展与理论借鉴

本章的主要内容是从制造业升级的影响因素、制造业转型模式和路径等不同方面对已有研究成果进行总结和回顾，借鉴经济增长理论、价值链理论、技术创新理论和产业发展理论，为后续研究的开展奠定理论基础。

2.1　文献回顾及述评

本节主要是对现有研究成果的梳理和总结，包括制造业转型升级的影响因素、模式和路径等多个方面，从中汲取研究经验，明确本书的突破口。

2.1.1　制造业升级的影响因素研究

从工业的本质来看，产业升级实际上是工业对其自身的创新性与革命性的彰显过程（金碚，2014）。而在界定产业升级的概念的过程中，从一开始单纯地分析产业结构，到运用全球价值链理论观察产业升级的一系列研究综合来看，产业升级可以界定为从低附加值状态向高附加值状态的转变（Humphrey and Schmitz，2002a，2002b，2004；Kaplinsky，2000）；也可以表述为从低到高的层次转换以及产业结构的高度化（高秀艳，2004；刘仕国等，2015）。如 Poon（2004）在对产业升级的研究中，将产业升级定义为一种经济角色的转换，是企业生产的产品从低价值向更高价值、从劳动密集型向资本技术密集型的成功转变。此外，还有学者（Gereffi，1999a，1999b；Kaplinsky and Morris，2001）将产业升级进行了细分，划为工艺升级、产品升级、功能升级、链条升级这四个层次。

1. 产业转型升级影响因素

目前，学界对产业升级的效用达成了一定程度的共识：通过产业的升级可以提高该产业的竞争力及其在全球价值链中的地位（龚一斌和龚三乐，2006），而不同资源配置主体对不同资源配置对象的预期决定了产业升级的程度（徐佳宾，2007）。对影响产业升级的因素及这些因素如何作用等问题的探究，也就自然成为学界研究产业升级的重点之一。

西方理论界的主流认为，经济增长、主导行业推动以及技术进步是影响产业结构优化升级的三大因素。

早期在罗斯托等学者的研究理论中，已经讨论了技术变动对产业结构调整的正面作用。赵儒煜（2017）指出，无论是在特定产业层次上、产业链层次上，还是在整个产业体系层次上，产业升级都是通过技术创新实现的。史学贵和施洁（2015）利用模型研究中国产业结构变化的驱动力，发现技术进步是我国产业结构变化的直接因素。程强和武笛（2015）在耦合分析了科技创新与传统产业升级的基础上，提出了科技创新推动传统产业转型升级的发展路径。王娟（2016）认为创新驱动传统产业转型升级存在产业集群、产业转移和产业融合这三条路径。此外，还有学者基于传统产业转型的紧迫性提出了清洁生产、技术创新、组织模式创新、产业集群创新、产业融合发展和产业链升级这六大促进传统产业升级的途径（杜朝晖，2017）。张耀辉（2002）认为实现中国的加工贸易产业升级的关键就是持续创新。事实上，内生的创新动力可以被需求因素激发，通过积累资本来增加研发资金，以此提高创新能力，从而提高产品附加值，实现良性循环（张杰和刘志彪，2007）。而且需求因素自身与产业升级也存在关联，国民收入水平的提高对有效需求的增加有着刺激性作用，一国的产业构成的导向产业会因此发生变化，即国民收入对产业结构发生作用（Katsumoto and Eatanabe，2004）。

产业集聚（Drucker and Feser，2012）、企业并购行为一直是备受学界关注的促进产业结构调整的有效途径。很多学者，如周英章和蒋振声（2002）、陈华（2005）、纪玉山等（2005）、李国璋和武玉洁（2008）等，检验了产业结构变动和实际经济增长二者之间的关系，证实了产业结构变动是影响我国实际经济增长的重要原因，但是实际经济增长对产业结构变动没有显著的影响。但也有学者在比较分析历年人均 GDP（国内生产总值，gross domestic product）及三次产业产值比重关系后发现，我国经济增长对产业结构变化的影响显著（赵春艳，2008）。此外，蔡昉等（2009）在研究中发现，在东部地区将一些劳动力密集型的企业转移至对中西部地区的过程中，两个地区的产业可以实现共同升级。窦宗军和宋辉（2006）则通过实证，研究了河北省“十一五”时期的主导行业选择、带动影响和产业结构优化升级的关系。黄平（2010）在探索产业集群与转型升级的逻辑关系和作用机理后发现，虽然产业升级的进程会因为产业集群的发展壮大而加快，但在实际操作过程中，还需要一定的政府政策支持。政府的干预是产业升级的重要外部条件（廉龙等，2016）。以环境规制为例，纪玉俊和刘金梦（2016）、李娜等（2016）、钟茂初等（2015）、时乐乐和赵军（2018）通过实证模型研究证明了环境规制通过一定途径可以影响产业升级。与此同时，环境规制强度的提高会对传统产业造成较大消极影响（王文普和印梅，2015）。

一般来说，技术进步、主导行业、对外开放程度等因素都会对产业结构优化升级产生影响（李慧媛，2010），而且影响显著并在区域之间存在差异（冯芳芳和蒲勇健，2012)。同时，产业结构升级也受到包括劳动力、资本、外商直接投资等其他因素影响。张艳辉（2010）讨论了劳动力、资本等要素对产业产值的影响；郑延智等（2012）认为劳动力成本会影响三大产业的比重，从而对产业结构的转型升级发生作用；王修华和王翔（2012）还发现提高第三产业的比重有助于实现产业结构升级。高传胜（2008）对人力资本、知识资本对产业升级的作用进行了研究；李萍和谌新民（2012）研究了人力资本投资、就业稳定性和产业转型升级三者之间的关系。而外商直接投资作为发展中国家的产业优化中的一类特有的重要因素，会影响产业结构（胡蓓蓓，2010；程瑜等，2012)。吴进红（2007）认为，外商直接投资通过进入行业来直接引起接受国的产业结构变化，并且通过前后向关联效应诱发新产业与竞争效应，间接促进产业结构优化。葛顺奇和罗伟（2015）发现跨国公司进入有利于改良企业的"工序构成"，使得产业结构和生产效率发生变化，进而实现转型升级。产业集聚和产业转移、扩大外商投资、优化产业政策、促进技术创新以及合理选择适合地区发展的关键技术都可以有效促进产业转型升级（刘超，2012)。

随着全球价值链相关理论的兴起，越来越多的学者也开始以此为视角研究产业升级。Feenstra 和 Hanson（1995）发现要素禀赋决定了各国在全球价值链分工中的地位，这种分工有利于提高全球范围内的资源效率，对产业升级起到积极作用。张幼文（2005）以要素禀赋理论为依据，并结合我国的实际情况指出，中国要想在全球价值链的国际分工中获得有利地位，就应该培育和购买稀缺要素，特别是高技术资本与高级人力资本。白清（2015）发现通过生产性服务业的要素流动匹配的加快与对中间投入品的共享，可以提供制造业企业高级要素投入，产生知识溢出效应，提升创新能力，实现产业升级。陈仲常等（2012）和王海杰（2013）还从全球价值链视角分析了我国高技术产业的升级，发现规模经济对产业升级有促进作用，出口规模与企业价值链的升级呈现出一种倒 U 形的影响模式。除了企业在全球价值链附加值中位置变化的"显性升级"，王凤荣和王慧（2007）还首次提出了"隐性升级"的概念，指企业在全球价值链中的位置没有移动，但是实现了内部结构的优化。谢莹（2013）则发现，技术扩散和产业集聚也是促进产业升级的重要因素。还有学者根据在全球化新时代下产业升级的关键问题对中国的产业转型提出了一些新想法，包括技术创新及方向、劳动力资源的适配性与企业家的能力等（金碚，2017)。值得注意的是，虽然实施创新驱动的发展战略有助于占据全球价值链中的高端节点（宋晶和陈劲，2016)，但以创新驱动全球价值链升级的路径必须要协调统一技术创新、制度创新、环境创新和参与主体的自身创新。

总的来说，产业转型升级的影响因素主要包括技术进步、产业集聚、市场化水平、对外开放程度、资源利用效率、劳动力成本等。虽然已有研究针对的是产业结构升级的影响因素研究，但是由于产业结构转型升级也体现为产业内转型升级，因此这些因素实际上也会影响产业内转型升级。

2. 制造业转型升级影响因素

制造业作为一种产业，有关转型升级的研究一开始是建立在产业结构调整理论的架构之上的，通过产业结构演化规律来探寻产业结构调整的影响因素。如前所述，这些研究主要在技术创新、对外投资等方面进行探索。产品附加值的多寡决定了全球价值链的利益分配，而增强创新能力是提升产品附加值的关键（聂名华，2017）。高质量的技术服务作为一种高级要素投入，它的提高可以降低制造业的生产成本，从而推动制造业产业升级（Hansen，1990）。对于发展中国家而言，想要在全球市场中占据一席之地，不仅要注重生产技术的提高，更要着眼于自主创新来推动制造业升级。企业的创新能力对产业升级来说必不可少（Bazan and Navas-Aleman，2004）。徐竹青（2010）认为，浙江制造业的转型升级受到大量的廉价劳动力、偏低的创新能力、巨大的国内外市场、传统的路径依赖这四大因素的制约。不管是产业发展对传统增长路径的依赖，还是技术投入、劳动力素质以及出口结构等问题，都是技术要素贡献不足的表现，只有提高自主创新能力，才能从根本上突破阻碍浙江省产业升级的关键因素（李晓春，2008）。技术创新与产业升级之间存在着相互促进的作用机制，两者之间呈现出一种良性互动关系（林青石，2013）。刘书梅（2011）在阐述制约江苏省制造业升级的影响因素时发现，除了技术创新能力，制造业的科技型人才力量、新产品的投入产出比、引进外资行业结构、承接加工贸易结构、营销网络分布、自主品牌影响力等都对制造业转型升级发生作用。倪敬娥（2012）认为，我国制造业升级存在明显问题，如比重过大的加工贸易导致的我国对外贸易增长结构的失衡，技术创新不足、高端人才稀缺、融资成本与风险评估困难等构成的各服务功能发展失衡。

近年来，随着中国的市场开放程度与日俱增，制造业转型升级的研究趋势也开始转向产业价值链在全球生产网络下的攀升问题。有学者认为，全球价值链下的制造业升级是通过嵌入制造业全球价值链使尚未嵌入制造业全球价值链的国家获取技术进步和市场联系，或者是通过结构优化、引进技术和管理方法等使在制造业全球价值链中的国家进入增加值贡献率更高的生产活动领域（乔小勇等，2017）。事实上，全球生产网络对我国制造业在价值链中地位的变化存在显著影响（邱斌等，2012），嵌入全球价值链能够提高制造业生产效率、影响制造业升级（吕越和吕云龙，2016）。如 Jiang 和 Liu（2015）发现以中国为典型的发展中国家从信息通信产品的出口中获得了大量利益，快速升级自身产业。虽然中国制造业参与全球化生产，但是国内外的综合市场环境决定了中国是以代工者的身份进入全球价值链的（刘志彪，2005）。所以在对制造业转型升级研究的过程中，很多学者将外包理论和全球价值链等理论作为基础逐渐融合进来。当然，跨国投资也随之纳入了制造业价值链转型升级的研究体系中，一般认为，外商投资对被投资国的制造业转型升级有着显著的推动作用。王志华等（2006）的研究证明，外商直接投资数额和对外贸易量越大，长三角地区的制造业的重工业化、高加工度化以及技术密集化的水平越高。与此同时，对外直接投资对母国制造业的升级也具有显著影响（宋维佳和王军徽，2012）。戴翔等（2018）实证了对外直接投资能显著提高中国制造业在全球价值链中的地位，是我国制造业攀升全球价值链的重要方式。但也有研究表明，对外开放水平可能会制约制造业在全球价值链地位的提高（李宏和陈圳，2018；黄琼和李娜娜，2019）。郭晨（2012）发现，在全球价值链视角下，国内外市场需求、资源禀赋、技术水平、国际贸易以及国内外制度政策是影响中国汽车零部件产业升级的主要因素。刘圣香和刘芳芳（2015）从全球价值链的视角出发，以产业升级相关理论为指导，结合风险价值模型分析了浙江省1993～2012年的数据，对制造业升级与其影响因素之间的关系进行了定性和定量分析，认为高级人力资本要素、技术创新、制造业规模、生产性服务业、制度创新是影响浙江省制造业升级的主要因素。简晓彬和周敏（2013）同样利用向量自回归模型对技术创新、生产性服务业、产业集群、制造业规模等因素对江苏制造业价值链攀升的影响进行了综合分析，发现生产性服务业、技术创新、产业集群指数和制造业规模对制造业价值链攀升的影响程度依次递减。郭玉屏（2013）则以宁波装备制造业为例，认为在全球价值链的背景下，产业升级受到企业的人才、资本和创新等内在因素与经济全球化等外部因素的共同作用。涂颖清（2011）同样认为我国制造业升级受到内外两方面因素的影响：技术能力和高级人力资本要素等构成的产业内部环境因素是形成产业核心竞争力的关键性因素，生产性服务业、全球价值链的治理模式、国际贸易、制度体系等是制造业赖以生存与发展的外部环境因素，这两部分因素共同组成了制造业升级的动力来源。

此外，郭伟锋等（2012）认为制造业的转型升级是建立在企业转型升级的基础上的，企业是产业的基本单位，是制造业转型升级的主体；同时在转型的过程中，政府、企业、行业协会等组织所形成的良好的产业氛围也是制造业转型升级的关键点。戴翔和张雨（2013）认为，现阶段在开放条件下形成的产业集聚对我国本土企业升级能力的提升具有显著影响。刘斌等（2016）发现对服务业的投入显著提高制造业企业在价值链中的地位，并且生产性服务的贸易来源越丰富，制造业全球价值链升级的能力越强（陈丽娴和沈鸿，2018）。还有学者综合深入分析了生产性服务业的集聚对于制造业的影响（盛丰，2014；江茜和王耀中，2016；韩惠民和杨上广，2015；余泳泽等，2016；于斌斌，2017；宣烨和余泳泽，2017；苏晶蕾等，2018）。徐常萍和吴敏洁（2012）则从环境规制入手，研究了制造业的产业升级，认为对环境规制的标准和强度进行科学改进，不仅促进了制造业产业的结构升级，而且提高了环境质量，实现“双赢”结果。

2.1.2 制造业转型模式和路径研究

由于不同的国家在经济、社会、文化等方面都不尽相同，因此发展中国家对制造业升级的路径、机制选择也千差万别。在加入国际市场后，这种差别不仅是由于本国的制造业发展基础不同，也是由于在激烈的国际竞争中，供应商竞争力相对于价值链的平均水平较为低下（Pietrobelli and Rabellotti，2011）。总之，在国内外的产业转型升级愈演愈烈的基础之上，产业转型升级的模式与路径研究也随之不断发展。如王海宁等（2016）将产业升级总结为国际分工参与、本土市场规模化、价值链升级、金融发展、技术进步这五条路径。但目前关于产业升级的路径、模式与演变机制等研究主要可以分为两个方面。

一方面是着眼于行业层面的研究。张其仔（2008）通过利用产业度这个概念，发现一个国家的产业升级路径取决于演化路径的比较优势，例如，技术距离就决定了产业内升级与产业间升级之间哪一种升级可以推进另一种升级。很多学者研究了产业升级的动力机制，如张文武和梁琦（2011）、徐康宁和冯伟（2010）、邢斐和张建华（2009）等也分别从产业集聚、技术创新以及外商直接投资的角度讨论了相关内容。张耀辉（2002）认为，由技术引起的产业升级则存在两种途径，一种是技术扩散，是其他企业对通过创新获利的企业的效仿，另一种就是企业的同步创新。朱榕榕（2012）基于对技术创新理论以及产业升级理论这二者的理论研究，同样对技术创新引起的产业升级进行了剖析，通过对比分析美国、德国和日本的产业升级路径，讨论了技术创新引起的产业升级的内在机理，从而为中国的产业升级的路径选择提供参考。邓向荣和曹红（2016）认为，在中国超过半个世纪的产业升级过程中，中国产业转型升级路径必然需要产业进入退出机制的建立。此外，刘超（2012）则通过综合产业发展优势度、产业相对有效度和产业结构合理性三个角度建立模型，分析了产业转型升级机理。

另一方面是从价值链升值的角度分析产业升级。Gereffi 和 Pan（1994）在对东亚服装业的研究中，正式将产业升级纳入全球价值链框架中。他认为产业升级表现为价值链环节附加值的提高，并将企业在价值链中控制力的提高、产业结构的升级以及周边环境的改善等方面加入了研究范围，结合东亚服装生产企业在全球价值链的升级演化过程总结出一条企业从委托组装、委托加工、自主设计加工到自主品牌生产升级的路径。Gereffi（2003）等从全球价值链中不同国家和地区的企业在生产过程中建立起的高度依赖关系入手，分析了企业获得价值增值和技术升级的过程。在此基础上，Humphrey 和 Schmitz（2002a，2002b）又提出了全球化商品链的背景下产业链升级的四种方式：产品升级、功能升级、技术升级和价值链间的升级。Kaplinsky 和 Morris（2001）对于全球价值链的升级模式的看法与 Humphrey 和 Schmitz 类似，认为存在着从工艺升级、产品升级、功能升级到链条升级这四种模式，并且他们实证研究了发达国家与发展中国家之间的互动，发现在发展中国家的企业国际贸易中，在接受外商投资或承担国际代工时，企业在利益驱动下会自动依次实现这四种升级。而对于这四种升级模式之间转化攀升的自发性，也有学者提出了质疑。张辉（2005）认为，由于全球价值链本身并非一个完全的整体，各种相对独立的价值之间的存在具备严谨的层次结构的系统，所以某一地区的产业不是自然而然的，而是通过激烈的竞争来实现产业升级的。对于我国的产业升级来说，隆国强（2007）研究了发展中国家产业升级，并在借鉴了经典的价值链“微笑曲线”后，指出产业间升级、向资本和技术密集价值环节升级、向信息与管理密集价值环节升级是发展中国家产业升级的三个主要方向。当然，“增长与升级”对于后进国家来说是个两难选择，那么构建出相对独立又并行于全球价值链的国家价值链，则极有可能成为破解这个难题的突破口（刘志彪和张少军，2008）。

制造业升级与产业升级密不可分。制造业转型升级就是以技术创新为动力的产业结构逐步高级化的过程。其内在表现为产业发展模式的不断进步：附加值从低端转向高端，从粗放型转向集约型，能耗污染从高转向低。其外在表现为重点或主导产业的方向性变动，按照劳动—资本—技术三类要素密集型产业发展方向转移，向对经济、社会更有利的方向发展（张其仔和李蕾，2017）。对于中国制造业的转型升级，“能力提升”比“结构优化”更紧迫，“立体递进”比“平面扩张”更重要，产业转型升级的焦点从关注数量比例关系、降低成本扩大规模等问题转向对产业技术、组织结构、多元发展等方向的研究（罗仲伟和李先军，2015）。在经济全球化迅速发展的今天，各类经济角色发展的重要手段已经转变为加入全球价值链并在价值链中实现攀升，这对于各个产业而言，不仅能谋取更多的利润，也能通过交流学习实现技术创新。

基于全球价值链及相关产业理论，技术创新是中国制造业升级的传统路径（蔡旺春和李光明，2011）。技术进步明显促进制造业的升级，并存在地域差异性（阳立高等，2018）。但不可否认，创新是中国制造业转型升级的发动机（吕薇，2017a，2017b），也就是说创新的核心表现之一就是技术进步。赵小芸和芮明杰（2012）研究表明，技术促进制造业升级一般存在三种模式，并认为上海的制造业正逐步从技术移植与自主创新相结合的模式转变为自主创新与全球合作发展的模式。章玉贵（2006）认为，上海制造业升级路径中不仅需要实现技术创新、自主创新，提高产业层级与国际竞争优势，也需要推进长三角地区的经济一体化建设，分工协作以实现优势互补。事实上，长三角地区作为国内产业发展高地，虽然成功地跻身世界级城市群，但与世界其他五大城市群相比，长三角地区主导产业集中在中低端制造业，产业转型升级势在必行。与产业升级类似，沈飞（2011）认为对于长三角地区的制造业来说，在当前运营成本、创新模式和外部制约因素这三个方面都存在障碍的前提下，要构建全球价值链体系下的制造业创新升级战略，也存在流程升级、产品升级、功能升级和链条升级这四个阶段。但是，也有学者指出，长三角传统制造业升级路径不应囿于全球价值链，而应将目光转向国内，从国内中高端市场入手，通过自主构建国内价值链并向外拓展，融入全球价值链，改变制造业在全球价值链的低端地位，并基于此提出了领导型企业、集群企业和专业市场这三种类型的驱动升级路径（钱方明，2013）。类似地，关于珠三角地区在加入全球价值链后的转型升级路径也有一些讨论（王月琴等，2009），广东省不同区域的经济发展以及各区域在全球价值链中的地位存在差异，因此需要设定不同的升级路径与模式，还可以借助产业转移建立区域价值链（王锡刚和黄坡良，2010）。谢众等（2018）还提出，除了企业层面的技术创新与产品创新，政府层面的制度创新对制造业升级也有推动作用。此外，也有一些学者针对某种产业进行了研究，曹文梁和胡选子（2012）、王福君（2010）分别以东莞电子信息产业、辽宁省装备制造业为例，探索了其加入全球价值链后的位置以及实现相应的产业升级对策与路径，其中王福君提出了技术创新推动模式、产业集群发展模式和外向带动发展模式一体化的发展路径来推动产业内部结构升级。

从上述研究来看，当前制造业升级转型路径可以分为两大类。一类是将制造业升级的战略选择分层，按照企业升级、产业升级、区域升级三个层面进行升级转型。工艺流程升级和产品升级还是较为微观的企业升级，产业升级则表现为产业链内以及产业链间的升级，产业链内升级与产业链间升级之间不断交互，最后整合、重置整个区域制造业产业的国际分工地位，实现了区域升级（胡昱，2009）。并且对于我国制造业来说，在嵌入全球价值链中的升级方向应是向高端节点、主动创新以及要素优化转变（王珏和黄光灿，2017）。另一类是通过国内价值链的构建来突破全球价值链。中国制造业产业升级在国内外环境中存在着不小的阻力。在国际分工体系下，贸易地位是不平等的，少数跨国公司垄断了先进的技术，发达国家的“再工业化”预示着其工业的回归；国内方面，技术创新能力不足、体制环境不健全、金融支持不充分等问题由来已久。所以，后发国的产业升级路径应立足本国市场，在引进国外技术（代工）发展壮大的同时注重提升多样化技术能力，构建与本国市场相匹配的国内价值链，以此为基础循序渐进地拓展国内外市场（杜鹏，2012）。当然，在这个过程中，代工企业大量涌现，这些企业在发展过程中也需要转型。全球价值链提供了一个相对高效的平台，国内价值链嵌入全球价值链有利于产业升级和制造业的优化配置（乔章凤和李青原，2018）。有研究表明，代工企业的转型升级可以通过“多重嵌入”的多类型、多数量的价值链，以代工关系与企业能力的共同进化为实现路径（余建平和胡峰，2014）。此外，服务型制造也是制造业转型升级的重要方向（黄群慧，2017）。

总的来说，制造业应从附加值较低、劳动密集型为主的低端产业链升级为附加值较高和技术密集型为主的高端产业链，从低端向高端攀升（罗勇和曹丽莉，2008）。而需要注意的是，中国制造业的升级，不仅要产业结构的高度化，用高新技术改造传统产业、提高高附加值的技术密集型产业在制造业构成中的比重，还要继续发展劳动密集型产业（吕政，2015）。对于发展中国家来说，不仅要在传统产业上保持优势、继续从事劳动密集型产业，还要积极向高端制造发展，利用全球化的生产分工体系提高向高附加值产业转移的能力（金碚，2014）。这种转型升级的方式也是赶超发达国家经济水平的有效手段。

2.1.3　国内外研究文献的简要述评

在经济全球化愈演愈烈的今天，不管是出于经济发展的需要还是出于国际形势的考虑，如何在全球价值链上实现我国制造业的转型升级已经不可避免地成为人们关注的焦点，其重要性不言而喻。

从上述有关制造业升级的研究来看，目前学界对制造业的研究重心主要在制造业升级的影响因素及转型模式、升级路径方面。而在全球价值链的理论框架下，也有不少学者对价值链和制造业升级之间的关系与作用进行了一些挖掘，包括以发达地区省市为例的研究。这些研究成果为后人的研究提供了很好的分析框架和逻辑起点，但是还存在以下问题。首先，国内研究多在特定时空条件以及发展土壤下关注发达地区产业链升级的研究，鲜有在制造业“西移”趋势下基于全球价值链视角关注其对落后的西部地区制造业升级的影响及其效应。其次，大部分研究基本上均从理论上假定制造业在价值链上的升级是既定发生的，比较注重制造业转型升级的方式的研究，很少有从制造业转型升级自身演进的视角出发，深入探讨其发展及演进的一般规律、作用机制以及实现条件。最后，研究方法以定性分析为主，但尚未形成一个完整的理论框架，采用定量分析的研究成果很少，结论大都缺少多类别、多维度运行数据的支撑。

2.2　相关理论借鉴

2.2.1　经济增长理论与启示

经济是如何实现增长的？经济增长的动力和源泉是什么？从经济学形成初期，就有不计其数的学者对这个问题进行了探索，经济增长理论也因此孕育而生。而作为学术界长期讨论的焦点，经济增长理论也在学者的不懈分析中得到了不断的发展和完善。纵观学术界的相关研究成果，经济增长理论总体可以划分为三个阶段，分别是古典经济增长理论、新古典经济增长理论和新经济增长理论。

1. 古典经济增长理论

18 世纪下半叶到 19 世纪中叶，古典经济增长理论开始形成并逐渐发展起来。古典经济增长理论以重商主义为一定的基础，但是与重商主义中货币代表国民财富的论点不同，古典经济增长理论更关注实际的物质生产（任保平，2014），对经济增长的影响因素分析辨别，并对经济增长的机制进行了相关探索（左大培和杨春学，2007）。斯密、李嘉图、马尔萨斯、配第等被认为是古典经济增长理论的代表人物。

（1）斯密的经济增长理论。1776 年，斯密的《国富论》对经济增长进行了早期探索。斯密（2007）认为，劳动分工、资本积累处于国民财富增长的核心地位。在斯密看来，一国经济增长的真正来源是直接与产品制造有关的生产性劳动，而不是生产服务的非生产性劳动。也就是说，只有在实际的物质生产领域中才能实现国民财富的增加。在生产过程中，劳动的分工可以提高生产效率，实现工人的相对专业化，从而提高劳动工人的操作熟练程度，分工程度越高，生产力越高，产出越高，财富增加；与此同时，产出还增加了资本利润和劳动报酬，提高了一国的人均收入和消费，国民财富因此增加。另外，资本积累也是经济增长的重要源泉。一方面，分工程度越高，国民财富增加越快，而分工的扩大依赖于资本积累。另一方面，一国中，劳动生产力取决于社会劳动分工水平，而生产性劳动和非生产性劳动的比例与资本累积情况有关，生产性劳动力会随着资本的增加而增加，生产性劳动的比例越高财富增长越快。斯密对经济增长的研究贡献在于，他确定了经济增长的实质，并分析了资本积累和劳动分工对经济增长的推动。他首次对资本积累、劳动分工、技术进步和经济增长之间的关系进行了论述，对实现经济增长的根本途径进行了分析。斯密之后的经济学家在研究经济增长理论时，开始偏向对物质产品的分配机制和价格决定机制的研究，如李嘉图的劳动价值决定理论以及马尔萨斯（1992）的人口资源理论等。

（2）李嘉图的经济增长理论。李嘉图是英国产业革命高潮时期的资产阶级经济学家，他和斯密一样，对国家的经济发展和财富增长给予了高度的重视。李嘉图认为，财富取决于产品数量，财富的增长可以通过增加劳动者数量或者提高劳动者效率这两种方式实现。而劳动生产率的提高实现了商品数量的成倍增加，所以他更推崇后者，生产率的改进和资本积累都对经济增长有着决定意义。此外，在李嘉图的代表作《政治经济学及其赋税原理》中，中心思想是发展资本主义生产力，强调收入分配对经济增长、社会财富的影响。李嘉图在分析经济增长时，假定工人的工资处于最低生活水平，劳动力无限供给，那么经济增长的核心就在于资本积累，而利润是资本积累的唯一来源，并通过对收入分配的分析来说明资本积累过程。李嘉图认为，收入在不同要素间的分配以及各种要素收入份额的比例关系，将影响资本积累，进而影响到经济增长。在此基础上，他提出资本、劳力和土地等要素都存在边际报酬递减，一国经济终将难以永续增长，在经济接近某一特殊产出水平时，进一步的增长就停止了，即“报酬递减规律”。所以李嘉图通过分析资本主义发展过程中工资、地租和利润三者之间的关系、发展变化规律以及影响这种关系的外部因素，研究了资本主义经济增长的问题。在李嘉图（2014）看来，利润取决于地租和工资，维持劳动者及其家属生存所必需生活资料的价格长期保持不变；而土地会随着经济的发展而日益减少，地租也会因为土地的锐减而增加。人口增长、土地肥力下降和土地边际报酬递减等因素会推升工资、压低利润，这将导致国家经济增长陷入悲观境地。李嘉图的增长理论同时也存在缺陷，即过于强调收益递减在农业中的应用，并不切实际地假设土地只有一种用途。但这种悲观主义却使后来的人们更加充分地认识到劳动生产率提高对于经济持续增长的关键作用，从而对现代经济增长理论的发展做出了卓越贡献。他也首次提出机器的技术改进可以制止这一衰退，技术进步和对外贸易可以缓解稀缺要素对经济增长的阻滞作用。所以他认为国际贸易对一国经济发展有着重要的作用。他关于经济增长的思想体系建立在其提出的边际生产力递减规律的基础上，他运用这一规律形成级差地租理论和分配理论，并发展了资本积累理论，从而形成了关于经济增长长期趋势的思想。

（3）马尔萨斯的经济增长理论。马尔萨斯是人口理论的创立者，是古典经济学时代英国人口学者和古典政治经济学家。他的增长理论非常强调人口增长因素在经济增长过程中的重要性。其代表作《人口原理》中论述了人口增长规律与经济增长之间的关系，并提出“人口陷阱”理论。马尔萨斯的人口理论主要建立在生活资料增长与人口增长规律这两个规律基础之上。他认为人口以几何级数增加，生活资料以算术级数增长，人口增长经常有超过生活资料增长的趋势，通过抑制人口增长来改善人口与食物间的不平衡。虽然在今天看来，马尔萨斯对经济增长理论的悲观预期有失偏颇，因为他所提出的“人口陷阱”可以在科学技术进步的作用下避免，但他的理论贡献依然十分明显。他创新性地把人口增长纳入经济增长理论的讨论范畴，并将之作为重要部分。因此他在研究人均收入增长时，人口变化并不是外生的，而是与人均收入增长一样，都是待解释的变量。这一思想在新古典经济增长的传统理论中被忽视，但在后来的经济增长理论模型中又被重视起来。马尔萨斯的思想对后来的经济增长理论产生了巨大的影响。特别是在第二次世界大战以后，随着世界人口的激增，马尔萨斯主义开始以现代形式盛行起来。如人类生存论、人口爆炸论、自然资源枯竭论等都从资源枯竭的角度论述人口问题的严重性。1968 年罗马俱乐部发布的报告《增长的极限》对 20 世纪 70 年代之后人口增长率的下降产生了重要影响。

古典经济增长理论为后人对经济的观察做出了巨大的贡献。后人将古典经济增长理论中有关分工与经济增长以及迂回生产等问题相联系，并对此进行了深入研究（Young，1928；Yang and Borland，1991；Borland and Yang，1992；杨小凯和黄有光，1999），包括专业化和产品多样化（Yang and Shi，1992；Yang and Heijdra，1993）、经济发展过程中的城市化和城乡二元结构（Sun and Yang，1998；Yang and Rice，1994）、迂回生产与工业化（Sachs and Yang，1999，2002）等问题。

2. 新古典经济增长理论

马尔萨斯认为国家经济处于长期增长的局面是不会出现的，这是由于人口的增长方式与资源的增长方式存在着很大的差异；李嘉图分析了土地、劳动以及资本等因素，认为这些因素具备了边际报酬递减的规律，也从规律中得出了经济增长不存在长期性的观点。然而在对新古典经济学的理论研究的过程中，索洛的《对经济增长理论的贡献》一书对经济能否长期增长的可能性进行了探索，形成了新古典经济理论，是 20 世纪 50 年代经济增长理论不断发展和完善的显著性成果。新古典经济增长模型或索洛经济增长模型逐渐取代了哈罗德-多马增长模型，新古典经济的经典模型还包括拉姆齐-卡斯-库普曼斯模型。随着对经济发展研究的进一步深入和完善，外生静态模型的缺点开始显露，这是由于无法在假设规模报酬不变，而外生给定增长率的情形下，解释技术进步同劳动增长率的关系这一问题。而正是由于新古典经济增长理论在不断完善和具备实证研究的基础上，所以形成了“内生增长理论”。

哈罗德-多马增长模型（Harrod，1939，1960，1963；Domar，1947，1948，1963）建立在宏观经济变量上，部分学者认为在通常情况下外在的储蓄率以及科学技术的进步能够促进经济的进一步增长，经济增长的速度也会发生变化。但是在早期形成的外生静态模型过度重视内在的稳定，因此外界的因素的变化都会导致系统无法稳定从而产生不均衡状况，因此这一增长理论又被经济学界称为“刃锋”增长路径（谭崇台，2002；蒋中一和温赖特，2006）。而索洛经济增长模型认为资本积累能够在短期内影响经济的增长速度以及增长情况，但是从长期来看，由于人均收入的增长率将会与技术进步率出现趋于一致的现象，因此先进的技术水平会影响经济的长期增长；此外，国家资本积累的程度也会在较大程度上影响该国的经济增长情况，在促进经济发展的因素中，资本/劳动比与人均收入增长率成反比，这也意味着人均资本积累度更高的地区将会出现经济增长率低的情况，人均而资本密集程度更低的区域将会出现经济增长率更高的情况。Solow（1956，1957，1958，1962）与 Swan

（1956）利用新古典生产函数以及资本累积机制对经济学的哈罗德-多马增长模型进行了完善和进一步修正，该模型通常称为索洛-斯旺模型。该模型通过新古典生产函数替代哈罗德不变系数的生产函数，并通过假定生产要素之间存在完全替代关系来解释边际报酬递减规律，最终得出经济在长期阶段中保持不变并且趋于稳定的论断（Hordijk and Jean，1974）。同时，通过外在技术进步这一假设，明确了技术进步率同长期经济增长率是等同的。Kaldor（1957）通过引入外在的储蓄率的变化来讨论哈罗德-多马增长模型所包含的增长含义。这类型的外生静态增长理论是否处于稳定阶段取决于参数的外生变化，并且由于缺乏个体的最优决策过程，一般化程度、解释力以及内生性都无法具备全面意义。

拉姆齐模型（Ramsey，1928）是具有代表性的内生静态增长模型，Cass（1965）改进了该模型。解读拉姆齐模型，发现储蓄可以增加人均资本，当前消费的减少可以增加人均资本，也可以实现将来人均消费的数额。拉姆齐用动态边际分析来衡量当前以及未来的消费，而这一分析决定了最优消费、生产以及储蓄的时间路径。因此拉姆齐模型是微观的最佳决策过程的内生增长模型，它的缺点是稳定形态下的增长对外生给定的参数变化过度依赖。卡斯-库普曼斯模型则进一步结合了拉姆齐的最优储蓄理论，结合新古典生产函数，形成了最优增长模型，这一模型关乎内生储蓄率。卡斯-库普曼斯模型同索洛-斯旺模型相比，补充性地把家庭行为引入增长问题中并进行分析，而其分析得到的结论和索洛-斯旺模型的结论是相同的。

当然，任何理论都不是完美的，都会随着时代的发展被修正和完善，新古典理论也是一样。在理论上，设定的规模报酬不发生变化和实际经济状况是不符合的。当前许多工业化的国家以及区域由于自身具备较为合理的资源配比，彼此之间有着较为顺畅的协调性，只要少量的生产投入就可以形成大量的产出，实现了规模报酬递增的效果。但是在大部分的发展中国家，由于自身生产基础薄弱，政府决策不完善，因此生产效率较为低下，可能会导致规模报酬递减。再者，新古典经济增长模型的缺陷是增长率是由外生确定的，这就不能合理地解释技术进步率和劳动增长率。

3. 新经济增长理论

20 世纪 80 年代，一批新经济增长学者开始对过往的新古典增长理论进行反思，卢卡斯和罗默是其中的代表，对模型中的要素边际收益递减、规模收益稳定以及科学技术进步两个方面进行了完善，并就改进意见发表了一系列经济增长理论的全新成果，确立了新经济增长理论。根据该理论基本假定条件的不同，形成了两种不同的新经济增长模型，分别是垄断竞争和完全竞争。

马歇尔外部经济的内生增长模型和凸性生产技术条件下的内生增长模型都是

新经济增长模型，而这都是在完全竞争条件框架下形成的。此后罗默和阿罗等不断研究“干中学”模型，罗默（Romer，1986）继承并且发展了阿罗技术外部性的有关理论，形成了“阿罗-罗默”模型。基于该模型，罗默认为生产要素的边际递减效应完全可以通过知识溢出来弥补，知识是促进经济持续增长的动力，企业的知识积累或者技术革新一方面可以促进企业自身的生产经营活动，另一方面还可以通过知识溢出实现技术的革新和产品的转型升级，提高企业的生产效率，从而实现经济的更快增长。当然，在知识溢出增长模型中，不能仅重视技术和知识投资，还应该重视外部性的因素对知识或者技术的影响，而如果缺乏对外部性因素的重视，是无法实现帕累托最优效应的。此后的卢卡斯和罗默等还研究了科学技术进步、人力资本外部性质等多方面对经济发展态势的长期影响。卢卡斯（Lucas，1993）通过对人力资本的外部性来说明技术进步，进而创建了人力资本溢出模型。卢卡斯认为单纯的人力资本的积累（而不是人口增长）不能成为地区经济增长的源泉。巴罗（Barrow，2005）从外部性的角度即政府公共品的投资所产生的规模性收益递增效益分析了公共投资对经济增长的积极作用。Kremer（1993）认为技术研发的进步将促进经济增长，形成规模经济。卢卡斯和罗默等在完全竞争的框架中，分别从凸性生产技术角度和外部性分析了经济增长的内生性问题，实现了对新古典经济增长理论的巨大突破，但是该理论的适应性存在局限性。

垄断竞争框架下的新增长模型主要是在差异产品的垄断竞争模型的基础上演变得来的。技术进步的不同表现形式导致了新经济的增长模型分成了产品种类增加造成的经济增长以及产品质量提升导致的经济增长两种不同类型的模型。Romer（1987）创建了 Dixit-Stiglitz 垄断竞争框架的新经济增长模型，该模型是架构在产品种类增加的基础上的，他认为中间产品种类的增加是技术研发进步导致的。之后，Romer（1994）在之前研究的基础上增加了研发部门和人力资本变量，由此说明知识经验的积累能够实现研发成本的降低，也提升了企业的生产效率；产品类型的多样也能够提升企业的生产率水平，最终实现企业规模收益的递增。Grossman 和 Helpman（1991）在继承罗默模型的基础上，进一步将研究拓展到了消费品领域，认为通过研发创新活动能够实现研发部门创新成本的降低，实现其生产效率的提升，而在消费品领域，多样化的产品能够提升消费者的效用质量；Howitt 和 Aghion（1998）在分析中，体现了熊彼特的“创造性破坏”理念。在 Howitt 的模型中，创新能够实现经济周期与经济增长，当然生产率的提升并不一定提升经济增长率。Dixit 和 Stiglitz（1977）的研究成果是 Judd（1985）发展动态一般均衡模型的基础，在该均衡模型中，当前和未来的消费、消费的多样性以及规模经济将形成两难冲突，而这一冲突是由商品种类数目以及经济的内生增长自发演进共同作用造成的。

人力资本对经济增长存在促进作用的观点越发得学界关注。Sengupta（1992）通过对亚洲发展中国家的新兴工业化进行的研究，认为在这些国家中经济的增长离不开人力资本的积累，尽管很多学者从不同角度（如人力资本、物质资本以及技术进步等）研究传统因素对经济发展的影响，并且取得了不俗的研究成果。如 Uzawa（1959，1961，1964，1965）在研究多部门如何实现经济持续增长这一问题时，提出了可以引入人力资本作为经济增长的动力等。Aghion 和 Howitt（1992）、Romer（1990）以及 Grossman 和 Helpman（1991）将研究经济增长的层面从传统的视觉延伸到一个崭新的领域，很多学者也开始将研究的角度扩展到了制度层面、公共基础设施的建设、外商带来的投资、产业结构的变革等因素对区域经济长期增长的影响。作为制度经济学派的代表性人物，North（1994）提出了先进制度是形成经济长期增长源泉的观点。由此可见，在国家制度变迁的过程中，制度的先进与否也是影响该区域经济发展情况的重要原因之一，经济增长离不开良好的社会制度。此外，诸多研究也得出外商直接投资（FDI）对发展中国家经济长期发展具有较为积极的促进作用（Rodriguez-Clare，1996）。

总而言之，Rosenstein-Rodan 所研究的工业化形成了发展经济学，Domar（1948，1963）研究形成了新古典的外生增长理论，这二者的研究都是建立在古典经济学派的资本累积思想之上的，但对二者的划分不明确，无法明确提高劳动生产率的路径，从而造成了非生产性劳动与生产性劳动对经济增长具有无差别贡献的假象（马歇尔，2012）。对经济增长动力的研究问题上，虽然对于驱动因素的界定与衡量莫衷一是，但是随着经济理论的发展与研究领域的扩宽，国际贸易对于经济的影响越来越受到理论界的关注。

2.2.2　价值链理论与启示

全球价值链理论的兴盛是以经济一体化的发展为基础的，但是其来源要追溯到 20 世纪中后期，由国际商业研究者提出和发展起来的价值链理论（张辉，2004）。价值链的定义没有统一之前，很多学者都对此进行了讨论，但这些概念存在一定的交叉和混乱（刘曙光和杨华，2004）。

美国管理学家波特在 1985 年通过《竞争优势》一书最先提出了价值链这一定义，每一个企业都是在设计、生产、销售、发送和辅助其产品的过程中进行种种活动的集合体，这些互不相同但又相互关联的生产经营活动，构成了一个创造价值的动态过程即价值链。外部环境能够深刻影响企业的经营优势，因此波特认为，企业的价值贯穿于更为广泛的价值系统之中，该系统涵盖了制造商、供应商、分销商以及消费者形成的价值链的全过程。企业的价值链不只限于企业自身创造的价值，还包括企业与上下游之间形成的价值体系。由此表明，企业的价值链不只限于企业自身创造的价值，还包括企业与上下游之间形成的价值体系。因此，企业间的竞争可以通过波特价值链理论予以解释。波特认为，企业能否在竞争中取得优势地位很大程度上取决于其在整体价值链中所形成的企业综合实力。自此，波特所提出的价值链理论成为了全球价值链的基础理论。但同时，波特所提出的价值链理论也存在一定的局限性，即该理论所论及的对象仅限于垂直一体化的公司，尚未扩展到全球价值链范畴。一般认为，全球价值链所涉及的对象不仅包含企业内部，而且还应考虑企业与企业之间的关系。因此，将波特价值链理论进一步拓展到全球价值链范畴越发重要。

Kogut（1985）在《设计全球战略：比较与竞争的增加链》中利用价值增值链来分析国际战略优势，他的研究加速了企业价值链延伸至全球价值链的进程。Kogut 指出，价值链基本上就是技术与原料和劳动融合在一起形成各种投入环节，然后通过组装把这些环节结合起来形成最终商品，最后通过市场交易、消费等完成价值循环过程。一国的资源禀赋和科技发展水平决定了其在价值链中的位置与增值能力。Kogut 指出，国家之间的比较优势以及企业之间的竞争力互相作用将决定国家商业战略形式的设定。整个价值链条中的各个环节在不同国家及地区的分布是由国家的比较优势决定的，企业的竞争能力的高低则决定了该企业在哪个技术层面或者产业环节上具备竞争优势。Kogut 与波特的区别在于研究的领域不同，波特强调通过单个企业竞争优势同价值链观点进行验证对比，而 Kogut 更加关注全球空间再配置与价值链的垂直分离的关系，Kogut 的研究对全球价值链观点的形成起到了重要作用。之后，Krugman 等（1995）通过对企业内部各种价值环节在地理空间上的配置能力以及企业生产环节在不同地区的增值能力的研究，发现不同地区的增值能力是不同的，这是由于不同地区的市场需求情况以及治理模式存在差异。当前，全球价值链的研究也拓展到研究产业空间转移与治理模式二者之间的关系。

美国学者 Gereffi 首次提出了全球商品链这一全新概念。Gereffi（1999b）对跨国公司主导而形成的价值链活动进行研究，发现在这些价值链的活动中，跨国公司起到了领导型的支配作用，指挥、监管与推动着各个价值环节，将生产相关商品的企业联系到全球的生产链条中。Gereffi 等提出全球商品链是通过一系列国际网络将围绕某一商品或产品而发生关系的诸多家庭作坊、企业和政府等紧密地联系到世界经济体系中，这些网络关系一般具有社会结构性、特殊适配性和地方集聚性等特性。任一商品链的具体加工流程或部件一般表现为通过网络关系连接在一起的节点或一些节点的集合：商品链中任何一个节点的集合都包括投入（原材料和半成品等）组织，劳动力供应、运输、市场营销和最终消费等内容。全球商品链的理论，对商品的概念过于强调，但该理论也为之后布局全球价值链提供了借鉴和反思。

Gereffi（2001）在继承全球商品链概念的基础上，完善了全球价值链这一概念，该概念在世界范围内将人力、技术、资本等生产要素结合，将这些生产要素引入组装、生产产品，最终商品生产完毕投入市场中并取得收益这一完整的产业链条的过程。全球价值链是在全球空间范围中布局企业的生产经营活动，该概念的提出也深刻地反映了当前世界经济发展的趋势，不仅使生产分工得更为精细，将分工从产业内部发展到产品内部，区域产业结构也从本土产业发展到全球产业，产品价值的生产、创造、分配在全球范围内进行。但是，Kaplinsky（2000）指出，价值链上各个环节的利润程度各不相同，只有在全球价值链中的战略环节才能够创造更高的利润。这一观点的提出引发了对全球价值链以及附加值等问题的广泛讨论。

联合国工业发展组织（UNIDO，2002）也定义了全球价值链的概念：全球价值链是指在全球范围内为实现商品或服务价值而连接生产、销售、回收处理等过程的全球性跨国企业网络组织，涉及从原料采集和运输、半成品和成品的生产与分销，直至最终消费和回收处理的过程。它包括所有参与者和生产销售等活动的组织及其价值利润分配，并且通过自动化的业务流程和供应商、合作伙伴以及客户的链接，以支持机构的能力和效率。这是一种在全球范围内的生产活动，企业通过自身的竞争优势承担了不同的生产环节，获取了不同的产品利润，并且通过持续运作该产业实现了与主供应商以及跨国公司之间的良性互动。

2.2.3 技术创新理论与启示

熊彼特（Schumpete）于 1912 年出版了《经济发展理论》一书，首次在经济学的意义上使用了“创新”这一概念，相继提出“企业家创新模型”和“大企业家创新模型”，国际上对创新的研究也是起源于他的创新理论。

事实上，在熊彼特之前，古典经济学家斯密在其早期著作《关于法律、警察、岁入及军备的演讲》中就进行了关于技术创新与经济增长关系的一些论述，并且在《国富论》中继承并发扬了技术创新与经济增长的相关论述，他认为经济增长离不开技术革新，这与前面所提的斯密关于劳动分工的讨论紧密联系：分工对国民财富积累有着积极作用，劳动分工的细化可以让熟练的技术工人有可能形成某些机械设备的发明和更新，更为先进的发明可以减少劳动力成本的投入，最终实现区域劳动生产效率的提升。虽然斯密的讨论着眼于劳动生产率的提高，但在他的讨论中明显可以看出，技术进步同样是促进地区经济增长的重要因素。马克思同样关注了技术创新，认为技术创新能够促进社会生产力的极大提升。关士续

（2002）在对马克思的技术创新观点的论述中，认为技术的革新将引起生产方式的变化，进而实现区域产业结构的变革；创新会引起创新浪潮，使创新扩散，再刺激新的创新不断出现。

1912年，熊彼特在《经济发展理论》中第一次将创新视为现代经济增长的核心，熊彼特提出了包括五个创新的创新理论，即制度创新、市场创新、技术创新、产品创新、资源配置创新。库兹涅茨认为：技术创新会带来最终生产和消费结构深度及广度的增加，这被看作有效促进经济增长最简单的指标之一。而作为创新的重要内容，技术创新的涵义又与创新有所不同，他在著作中对创新、发明创造以及技术创新这三个定义进行了区分和界定：创新是指企业为了获取更多潜在的利润，从而对不同生产要素进行的新的组合；发明创造更多的是一种新概念、新设想或者新的实验品；技术创新是指把发明创造成果最终物化到生产体系过程中，利用发明创造的概念、设想、原理来生产制造出填补市场空缺的商品，是由发明创造到生产出最终产品的过程。除了熊彼特对创新与技术创新的界定，国外研究文献关于技术创新的内涵也各有不同。Freeman（2009）与Utterback（1974）在继承了熊彼特首创的技术创新的概念的基础上，对技术创新进行了进一步的研究，指出技术创新的本质是通过技术实现新产品、新服务以及新系统的初次市场化的转化。Mansfield 等（1977）进一步将技术创新细化：技术创新指从企业对新产品的构思开始，以新产品的最终售出为终结点的原创性生产活动，是新技术在生产活动中的首次使用。而美国国会图书馆研究部认为“技术创新”指的是一个全新的产品、全新的工艺从理念提出到设计完毕最终投入市场进行使用的全过程，也包括全新的思想从起源、研发以及商业化的生产到传播的全过程（何庆光，2008）。经济合作与发展组织（Organisation for Economic Co-operation and Development，OECD）认为技术创新就是对技术产品以及过程的创新，指的是通过开拓全新市场，或者在创新生产的过程中就对技术产品以及制作过程进行了创新，包括使用新技术生产的新产品、新工艺的产生，以及在新工艺产生的过程中形成的质的改变，技术创新包含了科学技术、金融、组织以及商务等综合的创新活动（Easterly，1993）。

可以发现，熊彼特的创新理论既涉及技术的创新，也涉及非技术性的创新。在此概念基础上，后来的研究者把创新分为了制度创新和技术创新，并分别进行了相关研究。其中，技术创新经济学派认为企业家群体是推动技术创新的主体，研究侧重于企业的组织行为对技术创新的影响，强调技术创新和技术进步在国家与地区经济增长中的核心作用。技术创新经济学派经过不断发展，先后发展出了企业家创新模型、创新周期模型、线性模型等，相继演化出演进理论、企业战略理论、创新扩散理论、路径依赖理论等分支。以兰斯·戴维斯和道格拉斯·诺斯为主要代表人物的新制度学派成功地将制度派的“制度”和熊彼特的“创新论”融合起来，从企业制度变革与企业经济效益关系的视角丰富和发展了创新理论，并最终创立形成了制度创新经济学派。

2.2.4　产业发展理论与启示

产业可以理解为是具有使用相同原材料、相同工业技术或生产相同用途产品企业的集合，是由提供相近商品和服务、在相同或相关价值链上活动的企业共同构成的。一定程度上，产业就是同类企业的集合，企业可以认为是一个产业的基本单位。产业的成长、发展、壮大也是建立在企业的成长、发展、壮大之上的。

斯密（2007）在《国富论》中提到，企业是一种分工组织，分工使企业在获得更高产量的同时降低成本，企业可以获取规模经济利益。企业分工程度的提高可以促进企业的成长；而随着分工的自我繁殖，新企业不断形成。在斯密的分工理论中解释了单个企业规模和国民经济中企业数量是如何实现扩大与增长的，虽然这种成长最终取决于市场规模的大小，但是斯密关于分工的讨论，包括其著名“制针”的例子已经展现出了一种“产业链”的思想，只不过这里是一个表现为企业内部资源利用的“产品链”。Young（1928）在讨论报酬递增与经济进步时，首次从分工范围的角度阐述产业分工的自我演进机制和相互作用、市场规模与迂回生产的关系（戈贞，2011）。产业间的劳动分工不断扩大，一个企业以及它作为部分构成的产业将不再统一，这个企业内部经济分解成为专业化程度更高的各个企业的内部经济和外部经济（Young，1928）。Young 认为斯密分工理论是“分工一般地取决于分工”，但在他的理论中，他把分工解释为个人专业化、间接生产链条的长度（迂回生产程度）以及专业化程度这三个概念。在对分工的描述中，Young 集中讨论了迂回的生产方式与各行业的分工，尤其生产迂回程度与长产业链中上游和下游专业部门间的纵向分工息息相关。而斯蒂格勒在论述产业的演进过程时，以棉纺机械业为例说明，最初每一个纺织厂都有一个制造和修理机器的车间，随着专业化在横向和纵向的发展，机车制造、机械工具制造、纺织厂设计、直接销售等环节一一分化出去，当棉纺织市场衰落时，机械厂便会增加新产品，如造纸机械、用于其他加工的纺织机械及油炉、冰箱等全新的产品，他采用企业作为功能或操作过程的集合讨论产业分化及报酬递增。斯蒂格勒还根据产业寿命周期分析了企业成长的一般规律：在产业的形成初期，市场规模小，企业内部的分工实现了企业的成长，这种一般表现为一种“全能”企业。产业和市场不断扩大，专业化程度的提高实现了原有企业的规模扩大，而且企业数量也会随着产业的社会分工的扩大而增加。

产业发展与产业分工密不可分。在企业（或行业）之间供应链和价值链上的企业分工与专业化就是产业链的体现（蔡宇，2006）。有很多学者描述了产业间的分工，斯密提出了绝对优势理论，李嘉图则在斯密绝对优势理论的基础上提出了著名的比较优势理论。20 世纪 30 年代，赫克歇尔和俄林提出要素禀赋理论，认为生产要素的“丰富”和“稀缺”是各国参与国际分工的基础。萨缪尔森在上述要素观点的基础上，对生产要素价格均等化的趋势进行了补充，提出要素价格均等化理论。到了 20 世纪 50 年代末期，国际贸易形势发生了改变，包括激增的产业内贸易量、发达国家间的国际分工、不断转移的产业领先地位等。经济学家围绕国际贸易的新特点，提出了一些关于产业内分工的新的学说，如“规模经济”理论（Krugman，1993）、“产品生命周期”理论、“需求偏好相似”理论等。随着科学技术进步、贸易自由化的快速发展，产品生产工艺中包含的不同工序与环节分离，很多企业将这些生产工序与生产环节分散到不同国家进行，形成了一种国际分工新形态。很多学者认为这种分工形式有利于产业升级（Feenstra，1998；Kessler，1999；Ernst and Kim，2001）。但也有不少学者指出这种分工也存在弊端：产品内分工程度越深、一体化程度越高，经济体对出口的依赖性就越大（Ernst，2004），一些发展中国家囿于低端制造环节，难以逃脱比较优势的分工陷阱（Lall et al.，2005）。

第 3 章　全球价值链视角下制造业转型升级理论分析框架

本章的主要内容是对核心概念进行辨析，阐述全球价值链与制造业升级的内在联系，推演全球价值链下制造业转型升级的实现途径，对制造业转型升级进行量化。

3.1　核心概念辨析

本节的主要内容是明晰制造业的概念范围，界定转型升级的内涵，明确全球价值链的定义。

3.1.1　制造业的概念范围

制造业是一个将各种制造资源（如物料、能源等）转化为工业品和生活消费品以满足人类需求的行业。这一概念主要是相对于采掘工业、原材料工业而提出的。制造业通常反映了一个国家的生产力状况，相比于发展中国家，制造业在发达国家的国民经济中占据的份额较大。

由于界定标准不同，制造业存在多种分类方式，国际上通用的是《国际标准产业分类体系》（ISIC），而我国多采用《国民经济行业分类》。考虑到数据的可获取性，本书中制造业的界定范围主要参考《国民经济行业分类》（GB/T 4754—2017）中部分工业行业的分类，具体分类如表 3-1 所示。

表 3-1　制造行业细分

行业代码	制造行业细分	行业代码	制造行业细分
C13	农副食品加工业	C22	造纸和纸制品业
C14	食品制造业	C23	印刷和记录媒介复制业
C15	酒、饮料和精制茶制造业	C24	文教、工美、体育和娱乐用品制造业
C16	烟草制品业	C25	石油、煤炭及其他燃料加工业
C17	纺织业	C26	化学原料和化学制品制造业
C18	纺织服装、服饰业	C27	医药制造业
C19	皮革、毛皮、羽毛及其制品和制鞋业	C28	化学纤维制造业
C20	木材加工及木、竹、藤、棕、草制品业	C29	橡胶和塑料制品业
C21	家具制造业	C30	非金属矿物制品业

续表

行业代码	制造行业细分	行业代码	制造行业细分
C31	黑色金属冶炼和压延加工业	C38	电气机械和器材制造业
C32	有色金属冶炼和压延加工业	C39	计算机、通信和其他电子设备制造业
C33	金属制品业	C40	仪器仪表制造业
C34	通用设备制造业	C41	其他制造业
C35	专用设备制造业	C42	废弃资源综合利用业
C36	汽车制造业	C43	金属制品、机械和设备修理业
C37	铁路、船舶、航空航天和其他运输设备制造业		

资料来源：《中国统计年鉴》《国民经济行业分类》（GB/T 4754—2017）。

3.1.2 转型升级内涵界定

目前，学术界内尚未就“转型升级”这一概念达成共识。Gereffi 等（2005）从国家、产品以及产业这三个角度对转型升级进行了诠释，认为：从整个国家的角度来看，转型升级是指国家在全球价值链中整体地位的提升；从产品的角度来看，转型升级是指产品本身从低价值链向高价值链的迈进；从产业本身的角度来看，转型升级是指产业由技术含量低的劳动密集型产业向技术含量高的资本、技术、知识密集型产业转变的过程。杨坚（2013）认为，转型升级存在三个层面的含义，即宏观层面的转型升级、中观层面的转型升级以及微观层面的转型升级。其中，宏观层面的转型升级主要发生在经济层面，中观层面的转型升级主要发生在产业、资源领域，而微观层面的转型升级则主要发生在企业内部。Humphrey 和 Schmitz（2002a，2002b）认为全球价值链下的产业升级存在四种内涵，即工艺流程升级、产品升级、功能升级以及价值链升级。其中，工艺流程升级主要指通过整合生产系统、采用新的组织方式等使生产过程更有效率；产品升级主要指通过改进已有产品的功效或比竞争对手更快研制出新型产品来抢占商品市场份额；功能升级主要指重新整合价值链中的环节，使得产业在价值链中的地位由低附加值环节向高附加值环节转变；价值链升级主要指原有价值链向着新的、价值更高的价值链转移。

由此可见，转型升级是一个综合性的概念，它不是仅发生于某个环节或某个企业，而且发生于产业整体，是产业的根本性变革。转型升级发生的原因可能是产业的内部或外部环境遭受了某种重大变化，产业原有的运作方式或生产方式无以为继，唯有通过产业结构调整才能解决发展困境，进而提升产业整体实力，保证产业更好地满足市场需求。因此，本书对产业的转型升级进行界定：产业的转型升级是指产业因内部或外部环境的改变而改进原有的生产方式或经营方式，促使产业的组织结构、产品结构、技术结构、生产业态等发生相应转变和提升，从而提高产业整体的综合实力以及在全球价值链中的地位的过程。

3.1.3　全球价值链的定义

学者和有关部门从多个视角对“全球价值链”进行了概念界定。Kaplinsky 和 Morris（2001）认为全球价值链涵盖了生产经营过程中的各项活动，包括产品的研发设计、加工制造、生产、品牌管理、市场营销、售后服务等。2003 年，联合国工业发展组织将“全球价值链”定义为一种全球范围内的生产性活动，该活动通过跨国公司将原材料的采购和运输、中间品和最终产品的加工与批发，以及最终的消费和回收等环节分布于各个国家或地区，从而实现商品或服务的价值增值。多数学者引用了联合国工业发展组织对全球价值链的定义，考虑到该定义的权威性和合理性，本书同样沿用这一定义。

3.2　全球价值链与制造业升级的内在联系

本节主要内容是从不同方面论述全球价值链与制造业升级之间的内在联系，理论上说明两者之间的影响关系。

3.2.1　世界分工体系促进制造业专业化生产

在世界分工的背景下，制造业的比较优势不仅体现在整体产品层面，也拓展至产品的各个生产环节，这就为发展中国家进入和发展制造业提供了机遇。具体而言，一方面，由于每个地区的资源禀赋不尽相同，因而特定原材料富饶的地区就越容易支持当地依赖该种原材料的制造业的发展，并进而形成专业化、规模化生产。另一方面，世界分工也将制造业某一产品的生产环节按照地理格局进行划分，将每种产品的资本密集型生产环节和劳动密集型生产环节相互分隔开。这样在资本方面不占优势的发展中国家就可以在劳动密集型生产环节上发挥比较优势，利用廉价的劳动力大大降低企业成本；而资本较为充裕的发达国家也可以充分发挥资金优势，不断提升研发技术水平，在保证产品顺利研制的前提下，形成规模化生产。

以我国为例，改革开放初期，港澳台小资本商人利用内地（大陆）低廉的劳动力和优惠的加工贸易政策，在我国发展起服装鞋帽、塑料制品、小家电等劳动密集型制造业，但综合实力不强。随着收入水平的提高，人们对制造业产品品种的需求也日益多样化。20 世纪 90 年代以后，大型跨国公司凭借强劲的资本、技术和经营优势，通过直接投资和倾销产品的方式进入我国制造业市场，并与本土企业发生竞争。激烈的竞争刺激了我国制造业的成长，在借助与外资企业的合资、合作以及跨国公司加工制造环节转移的过程中，国内企业加强了对先进技术和经营方式等的学习与模仿，同时结合本土劳动力的优势，逐渐发展起汽车、电子通信产业、办公设备、运输设备等制造业，一些企业（如格兰仕、海尔等）甚至开始塑造起自主品牌，这些均有力推动着我国制造业朝着高品质、高性能的方向不断迈进。

3.2.2　全球价值链解构形成附加值水平差异

随着科技的进步，可制成的产品的种类日趋多样化，产品的制作工艺也日趋复杂化，再加上市场空间的不断拓展，价值链上的增值环节也就逐渐增多。在如此错综复杂的背景下，仅凭一个企业来完成一整个产品的设计、开发、生产、组装、销售、运输等，所需成本太大，综合效率低下。因此，一些企业选择将一些低附加值的环节从生产过程中分离出去，转交给代加工企业处理，自己则选择集中精力专攻价值链的核心环节。而代加工企业为了“分得一杯羹”，建立自己的竞争优势，也乐意接受这样的分工安排。这样分工合作的最终结果便是生产效率的整体提升和企业规模的不断扩大。当这种分工安排在全球范围内多个国家之间展开时，就形成了全球价值链的分工体系。一般认为，全球价值链往往由实力强大的发达国家、跨国公司来主导和支配。

施振荣（2010）将这种国家间的分工安排描述为全球价值链，并以“微笑曲线”的形式形象地展现出来（图 3-1）。一般来说，产品的价值实现过程主要包括三

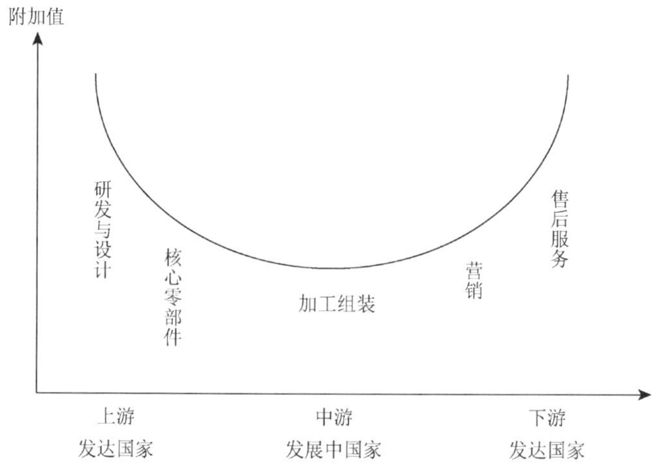

图 3-1　全球价值链解构

资料来源：根据施振荣的理论进行绘制。

个环节：技术研发环节、制造加工环节和营销流通环节。依据价值增值能力，将这些环节按照由高到低再到高的 U 型趋势进行排列，就得到了“微笑曲线”。通常情况下，曲线中间的加工组装环节的劳动密集型成分较多，产品附加值较低；而上游的研发与设计、核心零部件的制作以及下游的营销、售后服务等环节的技术、资本密集型成分较大，产品附加值较高。发达国家和发展中国家根据其参与的生产环节的不同，在全球价值链中所处的地位也有所不同。通常情况下，发展中国家由于缺乏核心要素，不得不参加附加值较低的加工组装环节，所获利润也较低；而发达国家因其拥有技术、信息、人才、品牌等独特优势而霸占设计、研发、营销、售后等高附加值环节，所获利润较高。

3.2.3　制造业转型升级实现价值链层级跃升

全球价值链分工使得国家间技术溢出和技术转移活动较为踊跃，而行业内激烈的竞争格局也不断敦促制造业转型升级。一方面，全球价值链分工中，跨国公司向发展中国家输送资本品和中间产品，间接产生了知识溢出效应。第一，为满足价值链分工对产品质量的要求，跨国公司会向发展中国家企业提供人员培训和技术援助等，一些非物化的技术和知识得到了转移，发展中国家企业的生产率得以大幅提高；第二，进口也在一定程度上激发了发展中国家企业学习和模仿的热情，使他们有意识地想要生产甚至改造、开发出具有类似竞争性的产品，因而不断提高自身技术水平。另一方面，随着分工的深入，发展中国家凭借廉价劳动力的绝对优势，占领劳动密集型的加工组装环节，企业效益大幅提升。分工所带来的利润使更多的企业试图进入该产业、进入该价值链的加工组装环节，市场竞争程度随之加剧。一些企业得益于自身较高的生产率而占领更多的市场份额，而另一些企业则由于生产效率低下而直接面临生产规模压缩甚至被淘汰的命运，优胜劣汰之下，生产资源从低效率的企业向高效率的企业转移，产业的整体生产率不断提高，并进而提升了产业的国际竞争力。制造业在技术水平得到提升的同时，可选择的价值链环节也就有所增加。发展中国家以往只能局限于加工组装环节，如今却可以向着研发自主产品、树立自主品牌迈进，在价值链中的地位也相应有所提升。

3.3　全球价值链下制造业转型升级逻辑演绎及推导

本节主要内容是逻辑推导全球价值链存在的优势，阐述全球价值链下制造业转型升级的模式与条件。

3.3.1　全球价值链存在优势的逻辑阐述与推理

在经济全球化的背景下，随着生产和贸易的不断深入，制造业生产过程的分割化与生产任务和活动的国际离散，导致无国界生产体系逐步形成，在参与生产的各国或地区之间形成一个基于产品价值创造的全球价值链。生产活动由原来主要是一国内部或区域间的分工转变成目前的全球范围内的分工，由工厂内部的简单流程扩展为一个遍布全球的巨大网络，这种新型生产模式的出现源于产品生产的价值链发生了重大变化。Krugman（1993）对企业将内部各个价值环节在不同地理空间进行配置的能力问题进行了研究，使得价值链中治理模式与产业空间转移之间的关系成为价值链理论中一个重要研究领域。Arndt 和 Kierzkowski（2001）则使用“片断化”来描述生产过程的分割现象，他们认为这种生产过程在全球范围内的空间分离是一种全新现象，这就使得同一价值链条生产过程的各个环节通过跨界生产网络被组织了起来。Gereffi（1999a，1999b）等将商品链理论与产业的空间组织联系起来，并提出了全球价值链理论。全球价值链是重新全面审视全球化下经济组织和发展的一种理论工具，用以分析全球产业联系以及产业升级问题。具体指为实现商品或服务价值而连接生产、销售、回收处理等过程的全球性跨企业网络组织，涉及从原料采集和运输、半成品和成品的生产与分销，直至最终消费和回收处理的整个过程，包括所有参与者和生产销售等活动的组织及其价值、利润分配。产品的生产过程被分解为不同阶段，围绕某种产品的生产形成一种跨国生产组织体系，把分布在世界各地不同规模的企业和机构组织在一个生产网络中，从而形成全球价值链体系。

企业，特别是跨国企业作为全球价值链的主体，在全球范围内不断寻求更佳的要素配置模式，追求利润最大化。世界经济发生的结构性变化，如劳动成本上升、新技术变革等影响企业的全球生产配置，推动了全球价值链重构，促进了产业转型升级。首先，全球价值链重构有利于发挥规模经济效应。当产品由单一国家生产而不可跨境分割时，其生产规模是以某关键环节的有效规模来设定的，故最终品只实现了该环节的“规模效应”。全球价值链分工要求各国充分利用国内资源，选择最优化生产模式来进行特定环节的生产，理论上可以实现各个环节的“规模效应”。将它们整合起来设定生产规模，则实现了最终品的“整体规模效应”。其次，全球价值链重构影响国际竞争模式。传统的生产过程不可分割，意味着产品比较优势包含了所有生产阶段的比较优势，可称为“整体优势”。全球价值链分工下的产品由各国投入不同生产要素和中间品联合生产完成。竞争优势则相应地从传统的最终品优势转移至所从事的价值链环节的竞争优势，即“环节优势”，国际竞争模式相应地从“最终品竞争”模式转变为“价值链环节”竞争模式。因此，即使一国在最终品上不具备比较优势，但只要在特定环节具备比较优势就可参与全球生产网络。最后，全球价值链重构有助于构建新的竞争优势。直接投资和外包是推动全球价值链重构的主要方式。一方面，外商直接投资有助于帮助本土企业与跨国公司建立前后向的经济联系，这既有利于跨国公司先进技术的主动转移，又有利于通过示范与模仿、市场竞争、产业关联等效应推动技术在东道国被动扩散，甚至帮助东道国企业在现有基础上派生出新的竞争优势。另一方面，离岸外包要求处于价值链低端位置的国家进口外国先进设备、高质量中间品，并按照发达国家较高的质量、安全、环保等生产标准进行生产，从而倒逼代工企业主动学习先进的管理技能、组织能力和生产体系，为将来构建新的国际竞争优势奠定基础。由此可见，企业参与全球价值链重构有利于增加产品附加值，增强企业竞争优势，进而促进相关产业的转型升级。

国际产业转移的实践证明，构建合理的全球价值链可以使得企业在全球进行资源的优化配置，提高企业利润，也使得东道国和母国经济都获得发展。越来越多的跨国公司将产品生产的各个环节分散至全球不同国家进行，基于要素禀赋和比较优势来进行分工，从而实现利润最大化。生产网络按照资源最优配置到不同国家，形成“全球价值链”，每个国家通过融入全球价值链获得部分附加值。改革开放以来，依赖于自由贸易和外商直接投资的政策，中国对外贸易发展非常迅速，不仅进出口的规模增加，而且进出口的结构也显著优化。但是，中国的企业整体处于全球价值链的低端，迫切需要提升在全球价值链中的地位。随着中国制造业技术实力的增强，部分产业已经向产业中上游转移，开始加快对外直接投资的步伐，有能力构建全球价值链，同时“一带一路”倡议的提出也为我国企业参与国际投资、优化产业结构提供了机遇。

3.3.2　全球价值链下制造业转型升级的几种模式

根据“转型升级”的定义，制造业的转型升级通常包括三种模式，即生产环节的升级、产品结构的升级以及产业种类的升级。

1. 生产环节的升级

全球价值链中，发展中国家的制造业企业大多承接简单的加工组装这一环节，而研发、销售等环节则主要归发达国家、跨国公司实现和经营。与研发机理、市场需求的脱轨在一定程度上扼制了发展中国家创新要素的活力，一味地简单重复不利于制造业竞争实力的提升。在这样的背景下，一些发展中国家的制造业试图向着价值链中的不同环节发起挑战，以期扭转当前停滞不前的局面。以我国家电市场为例，由于可选择的品牌和种类较多，我国家电市场的需求已接近饱和，欧洲市场却蕴含着大量的需求空间，但我国家电行业要想直接进军欧洲市场却并非易事，需要面临来自贸易壁垒的挑战。我国 TCL 公司以德国的家电企业施耐德公司宣布破产作为重要契机，通过收购这家破产企业，继承他们的研发能力和在欧洲的销售渠道，最终得以顺利进入欧洲家电市场并迅速占领一席之地。

2. 产品结构的升级

通常情况下，发展中国家的劳动力资源较为丰富，这一绝对优势使得这些国家往往大力发展劳动密集型制造业，生产的产品具有较低的附加值。相对而言，发达国家资本丰裕，以及科研实力较强，因此占据了附加值较高的核心零部件生产等环节。从制造业转型升级这个角度来看，如何使产品由低层次、低质量朝着高层次、高质量方向升级，实现劳动密集型产品向着资本和技术密集型产品转变，就成了决定制造业企业命运的重要标志。以制鞋业为例，制鞋业为劳动密集型产业，需要制造业企业具备劳动力优势；而作为提供生产装备的制鞋机械工业，则属于资本和技术密集型制造业，负责制鞋的核心技术以及销售等。从产业集群的角度来看，制鞋业的发展应同制鞋机械工业相匹配，两者应在区域空间上相邻近，这样才能发挥产业集聚地的最大效益。但现实中，发展中国家大多单纯发展制鞋业，制鞋机械工业的发展尚未跟上，而且制鞋业也仅仅只是完成了资金和技术的初步积累，产品改进幅度不大，技术突破层次不高，简单的重复模仿现象较为普遍。在这种情况下，发展中国家唯有大力发展制鞋机械工业，不断掌握核心技术，加强提升产品结构，才能在今后的国际舞台上发挥越来越重要的作用。

3. 产业种类的升级

随着国际竞争的日益加剧，一些新兴产业开始涌现，继续单纯依赖传统的制造业将使得发展中国家在国际舞台上无法立足，因此，一些发展中国家提出要发展战略性新兴产业，如我国就提出在加强传统制造业的基础上，发展新能源、电动汽车等行业。回顾以往，欧美等发达地区和国家无不抓住了发展新产业的有利时机，抢占科技制高点。如美国大力发展新能源、航空航天等产业，日本强调电子信息等产业的提升，英国也致力于发展绿色汽车等制造业。发达国家的积极主动作为是构成当前价值链分工格局的重要原因。当今，发展中国家仍以附加值较低的劳动密集型制造业为主要支柱，但国际上却涌现了诸多契机促使发展中国家制造业转型升级。发展中国家唯有抓住这一有利时机，改造生产效率低下、落后的传统制造业，发展资源消耗率低、能发挥带动作用的战略性新兴产业，才能让本国参与到更高层次的全球价值链合作中，占领全球价值链的更高生产环节，从根本上提升发展中国家的国际地位。

3.3.3 全球价值链下制造业转型升级的实现条件

Gereffi（1999a，1999b）、Ernst 和 Kim（2001）认为，发展中国家在参与全球价值链分工的过程中，有可能利用技术转移的机会超越产业成长的一般阶段，实现跨越式产业升级。本节就全球价值链下制造业实现转型升级的条件展开分析。

1. 资金保障

资金是实现一个国家制造业转型升级的根本保障。20 世纪 60 年代，发展中国家的劳动力成本普遍较为低廉，但企业自有资本不高，为承接发达国家的一部分生产环节，创造效益并解决就业问题，发展中国家通过主动建立出口加工区、采用关税优惠政策等手段来吸引外国资本涌入国内，维持国内制造业正常运营。外资在追求自身利益最大化的目标下，主动向着拥有丰厚利润的产业转移，因而，早期的外资促进了发展中国家纺织、服装等劳动密集型制造业的发展，发展中国家在加工组装环节中逐渐占领一席之位。而随着生活水平的提高，发展中国家居民产生了更多的需求，如家电、汽车等。外国资本和逐渐成长起来的国内资本开始涌入这类资本与技术密集型制造业，带动了发展中国家家电、汽车等行业的发展，并促使一系列高技术产业萌芽生长。需要指出的是，发展中国家在这一过程中仍旧处于加工组装环节，但能进入的制造业子产业的种类大大增加，产业的技术含量已有所提升，加工的产品的附加值也实现了大幅增长。如 20 世纪 70 年代，在新加坡政府的引导下，外国资本从简单的电子装配等劳动密集型制造业逐渐流向计算机产业等技术密集型制造业，并使得新加坡一举成为当时的世界半导体制造中心。20 世纪八九十年代，外国资本一直占据新加坡制造业投资总额的 80%左右。由此可见，资本是制造业子产业间更替和升级的重要保障。

2. 知识溢出

在发展中国家承接发达国家产品的加工组装环节中，会产生一定的知识溢出，而这些知识正是发展中国家制造业实现价值链层级跃升的重要动力。在拓展全球价值链的过程中，发展中国家得以进入一些原本无法企及的领域，极大地开阔了他们的视野。为进一步了解如何开展新产品的加工组装工作，保证产品质量，发展中国家会接受来自发达国家、跨国公司的人员和技术培训，随着知识储备增加，企业效益也随之提高。为同样进入该领域并进而获得利益，其他制造业企业会不自觉地产生模仿的欲望，在知识传播较为迅速的时代，知识开始在制造业产业内部传播，最终使得发展中国家制造业产业整体实力提升。在无意识提高了发展中国家生产基础的情况下，发达国家开始逐渐将一些技术含量稍高的生产环节转移至发展中国家，而这必将进一步刺激知识的溢出，一些有胆识的企业会开始尝试加工组装外的其他环节，如自主研发、创建自主品牌等，最终实现企业在全球价值链中地位的提升。

3. 服务业的支持

制造业的发展离不开服务业的支持。虽然制造业和服务业的行业属性有所不同，但在全球价值链中，服务业几乎贯穿制造业的整个过程。为了实现自身效益最大化，一些发达国家或跨国公司的制造业会选择将某些环节外包出去，如物流仓储、金融服务等生产性服务，这就使得一些发展中国家得以在生产性服务领域大施拳脚。一般而言，高端的制造业的发展，离不开高端的生产性服务。发展中国家在承接生产性服务的过程中，一方面因跻身全球价值链而获得收益，另一方面也因重视生产性服务而能有效提高本国制造业的生产效率和生产质量，有利于制造业高端化发展，提高本国制造业的国际竞争力。此外，发展中国家能承接的生产环节也由简单的加工组装向技术含量较高的生产性服务扩展，在全球价值链中的地位也有所提升。

3.4 制造业转型升级指标筛选与量化

本节主要论述制造业转型升级指标筛选的依据和基本原则，构建不同维度的指标体系，对制造业转型升级量化方法进行必要说明。

3.4.1 指标筛选依据和基本原则

新常态下，研究制造业的转型升级，对于推动我国制造业迈向中高端发展，无疑有着重要意义。因此，如何选择正确的指标进行量化，就显得至关重要。

1. 制造业转型升级量化指标筛选依据

制造业升级是一个动态发展、不断提高的过程，从这个角度来说，制造业升级量化指标的筛选也应与时俱进，尽可能涵盖不同阶段的制造业的内涵特征。而从科学的角度来说，制造业升级量化指标的筛选也应突出重点，具有科学依据。

（1）量化目标。制造业是实体经济的主体，是经济转型升级的主要领域，制造业的转型是一个长期持续动态的过程。刘翀（2006）、郭巍等（2011）选择使用经济创造能力指标来评价制造业发展水平，但这种做法较为片面，没有深刻地诠释制造业转型升级的内涵及其动态变化，得出的结论经不起推敲。筛选兼具典型性、全面性和动态性的制造业转型升级量化指标势在必行。鉴于此，本书对制造业转型升级量化的目标大致包括以下几点：阐述西部地区制造业的发展历程并透视现状；通过区域间、行业间、企业间的比较剖析西部地区制造业转型发展的异质性；为实证全球价值链视角下西部地区制造业转型的主要影响因素及机理，奠定数据基础；为制造业转型提出升级模式及路径建议。

（2）量化范围与内容。制造业转型升级的量化，是对制造业发展特征事实的客观描述。由于制造业在不同时期、不同行业、不同区域所表现出来的特征不尽相同，因此，在确定制造业转型升级的量化范围时，应尽可能涵盖制造业转型升级过程中所有阶段的特征，展现其动态轨迹，这样所量化得到的制造业升级才更加合理，得到的研究结论也才更加具有说服力。

2. 制造业转型升级量化指标筛选基本原则

在筛选我国制造业转型升级量化指标时，本书认为应当遵守以下几个原则。

（1）科学性。指标的筛选必须以科学性为原则，在产业升级相关理论框架内，筛选具有典型代表性的指标，不能过多过细，使指标过于烦琐、相互重叠，也不能过少过简，避免指标信息遗漏，出现错误、不真实现象。在此基础上，还要基于我国国情，进一步筛选出足够反映我国产业升级状况的衡量指标，以求对我国产业升级作出一个真实、可靠的评价，客观真实地反映其升级现状以及未来的发展能力，客观全面地反映出各指标之间的真实关系。

（2）全面性。单一指标不能反映产业升级的全貌，只有遵循全面性原则，构建指标体系，才能真实展现产业升级的“本来面目”。这里就需要对一般指标进行详略取舍，尽可能选取典型性和代表性较强的关键性指标，放弃一些“细枝末节”，做到各方面指标间既相互独立，又相互联系、补充，共同构成一个有机整体。本书构建一个完善的评价体系，全方位考察制造业的升级，以反映不同地区、不同层面产业升级的情况。

（3）实用性。制造业升级量化指标筛选的实用性原则具体有两层含义：一是量化指标的可行性。在筛选制造业升级量化指标时，应充分考虑统计资料的局限性以及口径变换牵制等现实层面的障碍，以“数据可获性”为出发点，对于那些无法在统计上获取的指标，只能“忍痛割爱”，并以保证量化指标的可行性为首要出发点。二是量化指标的可比性。为成功反映西部地区制造业转型升级的情况，指标的计算口径和方法等都应具备可比性。这一可比性主要体现在两个方面：一是时间序列上的纵向可比性，即实现现阶段制造业发展水平与以往发展状态的比较；二是截面上的横向可比性，即能实现不同地区的制造业在同一时间点上发展状态的比较。

（4）动态性。制造业升级是一个动态发展、不断变化的过程，不同发展阶段的目标和任务均有所不同。因此，若要反映制造业升级的真实状况，就必须将这一动态变化过程展现出来，制造业升级量化指标要体现这一动态性。

3.4.2　不同维度的指标体系构建

一般来说，产业升级所涉及的范围较为广泛，可以概括为四个层次，分别为工艺流程升级、产品升级、功能升级、价值链升级。因此，从能够较为全面地反映产业升级的期望出发，在构建产业升级指标过程中应该尽可能从多视角、多维度进行考虑。然而在现有研究中，涉及产业升级的指标仅从一两个侧面较为狭隘地反映了产业升级的某些共性，尚未真正触及具有区域特色和具有产业特征的差异化升级。尤其对于在全球产业链分工体系中，作为承接东部地区转移产业主体的西部地区，其产业升级的选择相对于东部地区具有更强的主动性和远见性，而且又不能够脱离经济实力依然较弱的现实束缚。鉴于此，本书将在现有研究的基础上构建适合西部地区制造业升级的指标体系。现有研究基础主要如下：马珩和李东（2012）从制造业高级化的概念、内涵和评价方法等方面对中国东部地区制造业转型升级进行了深入分析，并从制造业结构优度和价值链高度两个维度出发，设计出包含要素密集程度的产业比重、科研投入、盈利能力等 10 个二级指标来评价制造业高级化的程度，这也从侧面反映了产业升级的方向应该向价值链两端攀升并实现整个产业链的跃迁。李廉水和周勇（2005）选择从“新型制造业”概念出发，构建了一个包含经济创造能力、科技竞争能力、环境资源保护能力三个主指标以及 20 个子指标的指标体系，2015 年，他们又将该指标体系进一步扩展为经济指标、科技指标、能源指标、环境指标和社会服务指标这五个维度，以此评价各地区制造业的“新型化”状况。其他学者根据所研究的问题也分别提出相应的评价产业升级的指标。蔡昉等（2009）利用全要素生产率作为产业升级的指标得出中西部地区应发挥劳动力丰富的比较优势承接东部沿海地区转移产业的结论；田洪川和石美遐（2013）为研究制造业细分行业升级对就业数量的影响，分别从产业规模的扩大、产业结构的演进、产业价值链提升三个层次对我国制造业升级进行了评价；一些学者基于我国对环境保护力度的加大又进一步提出了绿色技术进步作为评价产业升级的指标（王永兴和景维民，2014）；然而，无论是从区域视角还是从产业视角对产业升级进行评价并没有将二者联系起来深入探讨产业升级的内部逻辑，目前，越来越多的学者也认为，只有将产业进行细分，甚至细分到产品层次，评价结果才能较为真实地反映实际情况（靖学青，2004；陈建军，2004；邱风等，2005）。

结合现有研究以及西部地区现实情况，本书构建起一个包含经济创造能力、科技创新能力、两化融合能力、资源节约能力、环境保护能力、社会服务能力在内的指标体系，具体如下。

1. 经济创造能力指标

经济创造能力，既是西部地区进行制造业升级的根本动力，又是西部地区制造业升级的有力保障。这是因为，长期以来我国二元经济结构特征使得西部地区经济发展水平严重滞后于东部地区，随着“长江经济带”战略和“一带一路”倡议稳步推进，国家政策逐渐向西部地区倾斜的有利背景下，西部地区能够充分发挥廉价劳动力和丰富自然资源的比较优势积极承接东部地区转移产业，不断增强本地区经济实力，解决当地就业问题，改善人民生活。随着经济实力和人力资本质量的提升，为获得更加全面和健康的发展，西部地区会有进一步促进制造业升级的动力，而前期积累的资金又为产业升级提供了有力保障。为保持区域层面、行业层面、企业层面评价指标一致，本书选择从产业规模、经济效益、生产效率和国内竞争力四个方面衡量经济创造能力。选取制造业销售产值、制造业销售产值占 GDP 比重两个三级指标来衡量产业规模，选取制造业利润总额、制造业就业人员人均利润率两个三级指标来衡量经济效益，选取各省区市制造业就业人员劳动生产率这一个三级指标来衡量生产效率，选取制造业产品销售率、制造业销售收入占工业销售收入比重这两个三级指标来衡量国内竞争力。其中，区域层面指标以各省区市为单位，行业层面指标以各行业为单位，以下指标核算标准以此为例。

2. 科技创新能力指标

一般来说，在全球价值链分工体系中，存在一条用于描述经济活动增值过程的"微笑"曲线，其两端代表增值较多的产品研发活动和最终产品销售活动，而中间最低端代表增值最少的产品组装活动。改革开放以来，我国制造业虽然借助国际资本实现了从无到有的突破，但是，与世界先进水平相比，我国制造业仍然大而不强，其中自主创新能力薄弱是阻碍我国制造业向"微笑曲线"两端攀升的主要因素。另外，考虑到资源的稀缺性和环境承载能力的有限性，过度依靠传统要素驱动经济增长的粗放式发展方式所造成的环境恶化、生态灾害频发、资源浪费等问题日益凸显。因此，在环境和资源承载能力到达最大阈值之前，西部地区应大力发展和扶持高新技术产业，避免长期因承接过多的低技术产业将自身经济活动锁定在价值链低端。本书将分别从科研实力、产品开发、技术含量和技术转化四个方面构建科技创新能力指标。科研实力反映了创新主体前期科研投入的力度，这种之前的投入经过积累和学习会对制造业潜在创新能力产生影响，本书以制造业科研经费支出、制造业科研人员全时当量、制造业科研投入强度、制造业科研人员占就业人员人数比重来衡量。当一项技术不再具有优势，要想获得超额经济利润就必须研发新的产品，产品开发反映了企业当期开发新产品的各项投入，以制造业新产品开发项目数和制造业新产品开发经费作为产品开发的评价指标。一般来说，产品所蕴含的技术能够直接反映制造业所处价值链位置的高度以及增值能力，此处，本书以制造业专利申请数、制造业专利拥有数、制造业驰名商标数来衡量产品的技术含量。一项技术只有成功转化为现实生产力才能够提升制造业价值链高度，因此本书选取新产品产值、新产品产值率、技术创新投入产值系数三个指标来衡量技术转化能力。

3. 两化融合能力指标

新一代信息技术与制造业的深度融合，正在引发一场深刻的产业变革，在这一变革中，新的生产方式、产业形态、商业模式和经济增长点即将诞生。《中国制造 2025》中明确提出，要加快推动新一代信息技术与制造技术融合发展，把智能制造作为两化深度融合的主攻方向。近年来，随着互联网的普及，一些传统制造业通过与互联网的深度融合重新焕发生机，如自行车制造行业与互联网的结合形成了共享经济这一新兴业态。而且信息化也极大地提升了技术扩散效率。舒尔茨指出，没有技术扩散，创新不可能有经济影响，这是因为技术扩散能促使创新在更大范围内产生经济效益和社会效益，推进一个区域技术进步和产业结构优化，促进区域经济的发展。随着信息技术与制造业融合程度的进一步加深，企业一方面通过互联网获得最新技术的信息，从而不断模仿、学习以提高生产效率，另一方面能够准确、及时地获得市场需求信息调整创新方向，避免进入技术陷阱。本书从信息基础设施水平、社会信息化普及水平、信息产业发展水平和产业融合水平四个方面构建两化融合能力指标。信息基础设施水平关系到能否获取信息的可能性，是两化融合的先决条件，选取移动光缆长度、移动用户交换机容量作为评价指标。社会信息化普及水平反映信息市场容量，信息化普及水平越高，信息化能力也越高，两化融合能力也会提升，分别选取万人因特网用户数、百人固定电话和移动电话用户数、百户居民计算机拥有量来评价社会信息化普及水平。信息产业包含了信息基础设备的生产和信息服务，其发展水平能够反映一国信息化水平，选取信息产业从业人员数占比、软件企业数占比、电子信息产业出口交货值占比、信息系统集成服务收入占比、信息技术咨询服务收入占比作为信息产业发展水平的评价指标。为了反映行业层面的信息化水平，本书选取高新技术产业化水平、信息产业从业人数占工业从业人数比重、高新技术产业劳动生产率衡量产业融合水平。

4. 资源节约能力指标

资源节约能力是体现制造业生产过程中减少资源损失和浪费，更加有效和合理地利用资源的能力。一直以来，我国工业高投入、高能耗、高污染和低效益的粗放型生产模式已经造成了资源的严重浪费与生态环境的急剧恶化，而这些被大量使用和浪费的资源往往具有不可再生性。在我国工业化初期，西部地区为支援东部地区发展，长期处于资源供给者的角色，当前西部地区一些资源型城市已经面临着资源耗竭所导致的发展后劲不足的困境，因此，在未来发展过程中西部地区制造业只有合理利用资源和提高资源利用率才是可持续发展最现实、最有效的途径。考虑到数据的可获得性、连续性和完整性，本书只从能源消耗和电力消耗这两个角度考虑西部地区制造业资源节约能力。其中，在能源消耗方面，选取能源消耗总量、单位产值能源消耗量、能源消费弹性系数三个指标来衡量。能源消耗总量能够反映区域或行业的能源需求量，并且能够预测长期中区域或产业能源节约能力的变动；单位产值能源消耗量能够很好地度量各区域制造业能源生产效率，能够为区域发展能源节约、提高能源利用率的产业提供借鉴；能源消费弹性系数是反映能源消费增长速度与区域经济增长速度之间比例关系的指标，很好地反映了区域或行业是粗放型还是集约型发展方式。一般来说，电力可以利用核能、水能、太阳能等转化而来，相比煤炭、石油等不可再生能源具有清洁性和可再生性的优势，而且在一定程度上能够反映区域制造业新型化程度，因此本书单独考虑了电力消耗情况，并以电力消耗总量、单位产值电力消耗量和电力消耗占能源消耗总量的比例来衡量。

5. 环境保护能力指标

经济与环境和谐发展的要求呼唤制造业应走绿色升级道路。工业和信息化部在《工业绿色发展规划（2016—2020 年）》中指出，我国总体上尚未摆脱高投入、高消耗、高排放的发展方式，资源能源消耗量大，生态环境问题比较突出，形势依然十分严峻，迫切需要加快构建科技含量高、资源消耗低、环境污染少的绿色制造体系。国家对生态环境保护的一再呼吁，使得人们的环保意识也在逐渐增强，先污染后治理的发展方式已经不符合当今世界绿色发展的主题，只有生产和生态保护并重才能够实现经济社会的可持续发展，因此，如何实现环境保护与制造业发展的双赢就显得至关重要。这里，我们将环境保护能力定义为西部地区制造业升级的重要组成部分，并将污染排放和环境规制作为本书中环境保护能力的指标。污染排放方面，本书选取单位产值废水排放量、单位产值废气排放量、单位产值固体废物排放量这几个子指标。随着西部地区对外开放力度的进一步加大，越来越多的国际资本也将进入西部地区，并带动其发展。然而，由于可能存在的环保力度“逐底行为”，西部地区制造业将可能被锁定在高污染行业，而阻碍西部地区制造业绿色升级。根据“波特假说”，适当的环境规制强度将有利于企业创新，环境规制的强弱也表明政府走绿色升级道路的决心，因此本书选取三废综合利用产品产值、工业污染治理设备投入量、治污设备年运行费用和三废去除量作为衡量环境规制的指标。环境现状往往能够反映区域环境治理和环境保护的力度。

6. 社会服务能力指标

经济发展的根本目标在于改善居民的福利水平，而这一福利水平表现在收入水平、就业机会、基本公共服务等多个方面。西部地区如重庆地势陡峭，四面环山，不利于大农业的发展，因此增加就业机会、稳定居民收入水平、完善基本公共服务等问题也是制造业升级需要考虑的重要指标。随着劳动力成本持续攀升，东部地区将不具有比较优势的劳动密集型产业加快向西部内陆地区转移。对于西部地区而言，发展劳动密集型制造业能够有效缓解就业压力，而且相对丰富而廉价的人力资本也为发展劳动密集型制造业提供了有力支撑。学术界认为，西部地区适度发展劳动密集型产业并没有与其制造业升级的战略相冲突。这是因为，这部分劳动密集型制造业相对于西部地区目前自身产业发展的程度还具有一定的“高端”性质，而且也将提升西部地区人力资本的整体质量，为西部地区创新发展提供必要的人才保障。然而，引进过多的劳动密集型产业将不利于西部地区制造业的升级，甚至还可能对西部地区制造业形成低端锁定。因此，西部地区在兼顾经济发展的同时不被劳动密集型产业低端锁定将是制造业升级需要权衡的。基于上述考虑，本书选取就业能力和创税能力两个指标来衡量制造业社会服务能力。选取制造业就业人员人数、制造业就业人员人数占总就业人数比重来评价其就业能力。对于西部地区而言，制造业能带动的就业人数越多说明其发展的程度相对越高，否则越低。创税能力决定了当地政府为居民提供基本公共服务的能力，选取制造业企业利税总额和制造业就业人员人均利税额两个三级指标来衡量。制造业升级指标体系见表 3-2。

表 3-2　制造业升级指标体系

一级指标	二级指标	三级指标
制造业升级能力	经济创造能力	制造业销售产值
		制造业销售产值占 GDP 比重
		制造业利润总额
		制造业就业人员人均利润率
		制造业销售收入占工业销售收入比重
	科技创新能力	制造业科研经费支出
		制造业科研人员全时当量
		制造业科研投入强度
		制造业专利申请数
		制造业专利拥有数
	两化融合能力	移动光缆长度
		移动用户交换机容量
		万人因特网用户数
		百户居民计算机拥有量
		信息产业从业人员数占比
	资源节约能力	制造业能源消耗总量
		制造业单位产值能源消耗量
		制造业电力消耗总量
		制造业单位产值电力消耗量
		电力消耗占能源消耗总量的比例

续表

一级指标	二级指标	三级指标
制造业升级能力	环境保护能力	制造业单位产值废水排放量
		制造业单位产值废气排放量
		制造业单位产值固体废物排放量
		制造业污染治理设备投入量
		制造业治污设备年运行费用
	社会服务能力	制造业就业人员人数
		制造业就业人员人数占总就业人数比重
		制造业企业利税总额
		制造业就业人员人均利税额

3.4.3　量化处理方法选取与说明

常用的产业升级量化方法主要包括层次分析法（analytic hierarchy process，AHP）、灰色关联度分析法、Bootstrap-DEA 法等。

1. *层次分析法*

1977 年，美国匹兹堡大学运筹学家 Saaty 最早提出层次分析法，用于研究多目标决策优化问题。该方法将定性问题定量化处理并进行多因素评价，从而实现了定性分析与定量分析的完美结合，能有效避免逻辑推理中由于研究问题结构的复杂性和方案选择的不同而产生的差错。由于该方法具有较强的系统性和逻辑性，因而被广泛使用，如城市的设计规划、项目的经营管理、水平的测度评价等。

层次分析法的核心思想是将一个相对复杂且目标较多的决策优化问题视为一个系统，并进而将总目标分解成为多个子目标或子准则，然后将这些新的目标或准则进行二次分解，转化为由多层子指标组成的指标体系，并依据指标间的重要程度在每一层次上建立不同的专家判断矩阵，通过计算判断矩阵的最大特征值以及对应的特征向量，得出该层次的矩阵权重，并进一步按照层次间的逻辑关系合成不同层次的权重，从而得到总目标值，最终为最佳方案的选择提供依据。

该方法在量化定性问题上具有一定的优势，但是仍然存在一定的缺陷，如该方法只适用于选择方案，而不适用于生成方案；在构建指标层次和判断矩阵时，也完全依赖于人的主观判断，易造成决策上的失误。

2. *灰色关联度分析法*

现实中，事物之间的关系往往存在不可预知性，而事物变化的随机性也进一步使得人们无法掌握全部信息，增加了人们正确认识客观事物的难度，影响人们的判断。针对这种情况，运用灰色关联度分析法进行分析就显得尤为必要。

灰色关联度分析法是一种依据不同数据序列之间发展趋势的相近程度来判断数据序列之间关联程度的分析方法。该方法以分析系统中主因子与相关因子的密切程度为基础，判断引起主因子变化的相关因子有哪些，然后以灰色系统内各个相关因子与主因子之间的关联系数和关联度为依据，通过对关联度或关联系数大小的排序，来确定相关因子中的主要因素和次要因素。一般来说，如果系统中不同因素的变化趋势趋于一致，那么表明两者的灰色关联度较高；如果趋势度一般，则表明灰色关联度较小。

灰色关联度分析法旨在寻找系统中的主要因素与次要因素，通过把握各个影响因素之间的关系，从而掌握事物的主要特征。该方法对样本的要求较低，不需要有典型分布的特征，对样本总体容量也没有过多要求，测得结果与定性分析也较为吻合。

3. Bootstrap-DEA 法

数据包络分析（data envelopment analysis，DEA）方法是由 Charnes 等于 1978 年首先提出的，它是一种通过求解数学规划问题来评价具有多项投入和多项产出的决策单元相对效率的一种非参数评价方法。具体而言，就是先将决策单元的输入和输出数据投影到几何空间中，找出最高产出与最低投入所确定的效率前沿的投入—产出组合关系的包络面，然后通过对比决策单元与 DEA 前沿面的偏离程度来评估决策单元的相对效率。依据规模报酬是否可变，学者在 DEA 方法的基础上又分别构建起了 DEA-BCC 模型和 DEA-CCR 模型。DEA 方法最大的优点就在于不受生产函数设置上的主观随意性的影响，假定条件较少，因此所得结论更加具有客观性，适用范围也更广。

虽然 DEA 具有一些参数估计方法不可比拟的优点，但它难以回避样本敏感性和极端值影响的问题，在小样本情况下极易产生效率评价的偏差。因而，Simar 和 Wilson（2000）从数据生成过程出发，尝试将 Efron 所提出的 Bootstrap 方法应用于非参数包络分析中，Bootstrap-DEA 法得以诞生。该方法在一定程度上修正了单纯依赖 DEA 效率估计所产生的偏差，有效规避了模型设定风险、样本敏感性、极端值影响等问题，并能给出效率测度的置信区间。

具体估计过程如下：首先，利用 DEA 对每一个决策单元 DMU (X_K,Y_K) 计算效率值 $\hat{\theta}_k$（其中，$k=1,2,\cdots,n$），然后针对每个效率值运用 Bootstrap 产生随机效率值 $\theta^*_{1b},\theta^*_{2b},\cdots,\theta^*_{nb}$（其中，$b$ 表示使用 Bootstrap 的第 b 次迭代），令 $X^*_{kb}=(\hat{\theta}_k/\theta^*_{nb})\times X_k$，计算模拟样本（$X^*_{kb},Y_k$），并运用 DEA 对每一个模拟样本计算效率值 $\hat{\theta}^*_{kb}$，然后

继续使用 Bootstrap 进行多次迭代并进而产生一系列效率值。Bootstrap-DEA 修正 DEA 结果得到的效率值的估计量为$\tilde{\theta}_k = 2\hat{\theta}_k - B^{-1}\sum_{b}^{B}(\hat{\theta}_{kb}^{*})$。

3.5　本 章 小 结

本章主要就全球价值链视角下制造业转型升级问题进行了理论分析。在界定了制造业、转型升级、全球价值链等概念的基础上，本章明晰了全球价值链与制造业升级之间的内在联系，并就全球价值链下制造业的转型升级进行了逻辑演绎及推导，最后对制造业转型升级的指标进行了筛选与量化，结果如下。

（1）全球价值链分工体系为制造业转型升级创造新的机遇，产业转型发展进一步促进价值链层级跃升。具体来看，全球价值链分工体系使得发展中国家的制造业得以进入价值链中某一产品的生产或者生产中的某个环节，从而发挥比较优势，形成专业化、规模化生产；制造业本身的转型升级不仅提升了发展中国家的技术水平，也大大增加了其可选择的价值链环节，在价值链中的地位也就相应有所提升。

（2）基于全球价值链视角，制造业的转型存在多种升级模式，如生产环节的升级、产品结构的升级以及产业种类的升级。而这些升级模式的背后需要多重条件的保障，如资金保障、知识溢出、服务业的支持等。

（3）全球价值链视角下，衡量制造业转型升级须从经济创造、科技创新、两化融合、资源节约、环境保护和社会服务等多个维度进行综合量化。

第 4 章　全球价值链视角下西部地区制造业发展历程与现状透视

本章的主要内容是在全球价值链视角下分析西部地区制造业发展历程和现状，通过回顾西部地区制造业发展历程，归纳其演进轨迹和特征，对西部地区制造业发展所取得的成就进行评析。在此基础上，从整体发展水平、区域特征表现、行业经营状况以及企业个案考察等多个维度，阐述当前西部地区制造业发展现状和特征。

4.1　西部地区制造业演进轨迹与成就

本节主要回顾西部地区制造业演进轨迹和取得成就，对西部地区制造业发展进行历史评析。

4.1.1　发展历程回顾

西部地区作为我国经济发展战略计划中的重要工业基地之一，其工业化历程可以说是一个不断升级的过程，每一阶段都涌现出对原有体制进行有益补充的新发展模式。

1. 重工爆发的计划经济时期（1949～1978 年）

在此期间，西部地区已发展成为一个以重工业为主、种类较为齐全的战略后方基地，承担了当时国防、电子、机械等相当部分的生产能力。随着中华人民共和国“一五”计划基本建设的展开，西部地区制造业得到了快速的发展。1955 年起，政府先后对工业发展提出了不符合当时中国国情的指标，工业上“以钢为纲”，导致轻工业和重工业比例失调且钢铁行业急速发展。20 世纪 60 年代，国家开始了大三线调整，以铁路工业为先导，视国防工业为重点，兼顾能源、钢铁、机械、化学工业等产业，建设以四川、贵州、云南、陕西、甘肃等 8 个省区市为主的“三线”，累计投入资金近 2000 亿元，创办了超过 29000 个国有企业，建成了近 2000 个大型骨干企业和科研企业。在中华人民共和国成立之后的 29 年中，中国模仿苏联的计划经济体系建立了较为完整的制造业体系，中西部地区的工业生产增长速度高于沿海地区。但制造业产品以工业产品为主，在消费品制造方面极其薄弱。

2. 快速繁荣的改革开放时期（1979～1996 年）

在此期间，西部地区受益于政策开放、外商引进、民间生产力释放、国内需求上升等要素，从而使得制造业经济高速发展，工业结构持续优化，逐渐融入全球价值链分工中。1980 年起，国家逐渐重视农业、轻工业、重工业的均衡发展。1988 年后，沿海地区的开放程度逐渐升高，个体经济在政策上得到鼓励支持。一方面，民营、外资企业在制造业中的地位逐渐升高，促进了轻工业和医药、电子信息、汽车制造、航空航天制造等高科技产业的迅速发展，形成了珠三角、长三角和环渤海经济圈等重点工业区域；另一方面，重点工业区域的形成又促使了一大批中外合资、外资等企业的入驻，带来了先进技术和管理经验，推动了加工贸易积极开展。以重工业为主的西部地区制造业虽然竞争力大不如前，但在改革开放的大背景下仍得到了发展且融入了全球价值链之中。

3. 新型工业化道路探索时期（1997～2014 年）

在此期间，我国面临国际产业分工格局重塑的现状，西部地区亟须向全球价值链上游转型升级。1997 年之后是我国新型工业化道路的探索形成阶段，是坚持以信息化带动工业化，以工业化促进信息化，走出一条科技含量高、经济效益好、资源消耗低、环境污染少、人力资源优势得到充分发挥的新型工业化路子。国内稳定发展的经济环境吸引了大批国外制造业企业入驻，尤其是加入世界贸易组织之后，中国逐渐成为全球制造业的基地，制造业的规模和产量都迅速扩张。但此期间的快速增长仍是以投资为导向，对外依存度过高且东西部地区制造业发展极不平衡。

4. 制造强国战略体系成型时期（2015 年至今）

在此期间，我国政府指导西部地区创新发展信息技术、轨道交通装备、电力装备、新材料、生物医药、农机装备制造、节能与新能源汽车等产业，促进了生产性服务业与制造业的融合，提升了地区制造业层次和核心竞争力。2015 年 3 月，我国政府宣布了制造业强国战略纲领《中国制造 2025》，以此指导中国制造业发展模式向创新驱动、质量效益竞争优势、绿色制造和服务型制造转变，力争在十年以内跻身世界制造强国之列。该战略纲领以“自主创新”和“自主保障”为目标，引领社会创新要素向企业积聚，推动制造业企业研发投入不断增长，促进全国制造业产业提质增效，优化制造业产业结构。针对西部地区，政府出台了中西部地区外商投资优势产业的目录和产业转移指导目录，引导外商向中西部地区投资，指导中西部地区合理承接转移产业。

4.1.2 演进轨迹特征

经过长期发展，西部地区已经发展为我国重要的制造业基地和我国最大的国防装备制造基地，对区域发展有至关重要的作用。西部地区制造业从无到有，从小到大，从弱到强，其发展过程呈现出一些明显的特点。以改革开放为时间节点，对比分析改革开放前后西部地区制造业的主要特征如下。

1. 产业主体：由重工为主到均衡发展

改革开放前，西部地区受客观环境影响，制造业发展多与军事因素有关。“三线建设”时期，西部地区制造业得到快速发展。改革开放后，国家逐渐重视农业、轻工业、重工业的均衡发展，鼓励消费品制造，引导西部地区制造业均衡发展。以2016年为例，西部地区制造业主要以计算机、通信和其他电子设备制造业（18.93%）、交通运输设备制造业（10.26%）、电气机械和器材制造业（8.89%）、化学原料和化学制品制造业（8.39%）、非金属矿物制品业（6.20%）、通用设备制造业（5.32%）为主导产业，说明西部地区制造业产业结构逐渐趋于均衡。

2. 发展方式：由计划推动到市场调节

改革开放前，西部地区制造业的建立和发展多受计划经济调节，以国家意志为主导，受行政手段所调控。无论是抗日战争时期，还是中华人民共和国成立后“156项工程”建设和“三线建设”时期，西部地区制造业的发展都是国家意志的集中体现，缺乏必要的市场经济机制的内在驱动。“一五”计划时期，为使国民经济均衡发展，国家将“156 项工程”的大部分项目安排在西部地区，推动西部地区制造业在现代化的道路上迈出了一大步。“三线建设”时期，基于对当时国际形势的判断，国家重点建设西南、西北地区，投资高达2000亿元，从而使得西部地区制造业发展进一步提高。改革开放后，政府逐渐重视市场经济机制的刺激作用，鼓励民营、外资企业的建立和发展，西部地区制造业生产也开始以市场为导向。

3. 企业个体：由单一形式到多元并举

受历史因素影响，西部地区制造业多是为国家战略布局服务的重大技术装备制造业，军工企业多、国有企业多。改革开放前，受国有经济布局调整力度不够和机制僵化的影响，西部地区装备制造业国有控股企业一直占据主导地位，非国有经济控股企业所占比重很低，资本结构极为单一，限制企业发展能力，影响产业发展速度。改革开放后，特别是中国加入世界贸易组织以后，随着外资深入和民营企业的不断兴起，西部地区制造业资本结构渐趋多元化、企业形式逐渐丰富化。以2016年为例，西部地区制造业外商直接投资资本占比超过20.82%。

4. 竞争能力：由优势明显到不大不强

改革开放前，西部地区制造业是我国新兴的制造业基地，技术水平高，发展速度快，特色突出，优势明显。改革开放后，沿海地区优先获得了国家资金以及政策上的支持，先于西部地区与国际市场接轨。相比之下，西部地区制造业的发展速度明显减慢，存在如体制改革滞后、企业机制僵硬、经济环境堪忧、市场发育滞后、整体投入不足、技术改造落后等问题。以西部地区的装备制造业为例，许多国有企业内部组织结构按隶属关系被条块分割、自成体系，产业整合和企业重组困难重重，企业经济规模有限或市场竞争力不强，自身技术和设备老化过时。这些都严重影响了西部地区制造业企业的生产效率、产品质量以及经济效益，制约了行业的进一步发展。

5. 国际分工：由加工制造到创新研发

由于深处内陆，西部地区制造业受改革开放政策支持相对滞后且发展起步较晚，一直以来只能凭借劳动力和土地的生产要素优势，承接劳动密集型产业，承担国际分工中附加值最低的加工生产环节。但在西部大开发战略和“中国制造2025”的战略背景下，西部地区制造业逐渐重视产业结构调整，特别是在制造领域，西部各省区市纷纷出台了关于制造业的发展规划。基于西部地区有较强研发能力的历史基础，西部地区制造业注重研发经费的投入，攻坚核心制造技术和发展自主知识产权，培养自主创新的意识和动力，提高制成品的技术含量，提升制造业整体利润总额。以 2016 年为例，西部地区制造业高新技术产品出口额占制造业出口总额的比重超过 42.40%。

6. 政府指导：由摇摆不定到思路清楚

2015 年《中国制造 2025》的出台，使得西部地区制造业发展思路更加明晰。《中国制造 2025》是从我国政府的角度，严谨部署了发展战略，确定了重点产业领域，提供了详尽的对策方法，形成了西部地区优势产业突出的发展思路，并制定了分省市的发展指南。西部地区政府则在此指导下，因地因时制宜确立了在“中国制造 2025”领域的发展目标、各产业和投资侧重，确保实施政策落地。例如，陕西、甘肃等地出台的行动纲要提出了具体的产业项目和投资金额；广西规划重点发展轨道交通运输装备制造和服务业，发展北部湾经济区沿海海洋工程装备业，积极发展工业机器人等；重庆则着眼于战略性新兴产业，主要围绕集成电路、液晶面板、物联网、机器人、石墨烯和纳米新材料、新能源及智能汽车、页岩气、MDI（二苯基甲烷二异氰酸酯）一体化、生物医药、环保装备等产业领域。

4.1.3 历史成就评析

自中华人民共和国成立以来，中国在物质基础薄弱的环境中逐步建立起工业种类齐全的现代工业体系，逐渐从贫穷落后的农业大国演化成工业大国，尤其是改革开放以来，取得了一系列举世瞩目的成就。作为我国重要的老工业基地，西部地区为中国制造业发展做出了不可磨灭的历史贡献。

1. 中国制造大国的格局基本形成

由世界银行WDI数据库的统计数据可知，1978年中国制造业增加值为1624亿美元，2000年增加值为3849亿美元，2016年增加值以30798亿美元位居世界第一。改革开放以来，中国制造业发展空前迅速，制造业增加值在整个国民经济中的比重一直在30%～40%，其在工业乃至整个国家经济中的重要性日益凸显。根据德勤有限公司与美国竞争力委员会联合发布的《2016全球制造业竞争力指数》报告，在2016年全球制造业竞争力排行中，中国居首位。作为重要组成部分的西部地区制造业，一直以来为中国制造业的崛起做出了重要贡献。一方面，西部地区发挥了劳动力、土地等优势，积极融入国际产业链，整体提升了制造业产值；另一方面，西部地区为国家的发展战略部署提供了重要支持。

2. 制成品出口能力不断提升

在各种生产要素充分涌入制造业的背景下，中国制造业生产体系日益完备、生产规模不断扩大、工业制成品数量急剧增长。其中，中国工业制成品不仅满足了国内市场日益多元化的需求，而且也成为了满足世界各国工业产品需求的重要来源，广受海外青睐。此外，制成品出口结构也发生了较大变化，传统产品出口规模不断增加，有些制成品出口从无到有，并且市场份额大幅度提升，出口产品的技术含量和市场竞争力也在不断提高。2016年，西部地区制造业制成品出口额占总货物出口额的比重为0.08%，而高新技术产品出口额占制造业出口额的比重超过42.40%。

3. 对外资的吸引力明显增强

制造业完整的产业配套体系、质优价廉的产品生产能力和不断提高的技术创新能力使中国成为国际价值链垂直分工格局下重要的制造业基地，吸引跨国公司投资。2016年，中国流入非金融类外资1390亿美元。其中，西部地区制造业外商直接投资资本占比达到20.82%。西部地区制造业凭借劳动力、土地等生产要素优势，对外资流入具有较强的吸引力。

4. 世界级制造企业成长速度加快

随着工业领域垄断程度的降低、市场壁垒的降低和市场竞争程度的增强、大型国有企业改革的不断深化和民营企业成长的制度体制环境不断优化，西部地区制造业的发展迎来了新的春天：一大批民营企业迅速成长、国有企业不断扩大，部分企业盈利能力大幅提升，一些制造业企业的国际市场份额不断提升、国际竞争优势凸显，甚至成为制造业相关领域的国际知名企业。2016 年，近 60 家中国的制造业企业入选了《财富》杂志评选的世界 500 强，其中西部地区有三家。在社会主义市场经济的驱动下，西部地区制造业积极参与国际竞争，开拓出了较为广阔的国际市场空间。

5. 对制造业转型升级规律的认知更加清晰

西部地区制造业发展历史悠久，发展历程曲折，发展成果突出。由此，从经验教训中认知的制造业转型升级规律更为清晰。我国政府发布的《中国制造 2025》战略纲领正是对规律的系统性把握和遵循，明确“四大转变”的目标，拟定“创新驱动、质量为先、绿色发展、结构优化”的发展方针，提出八项战略对策和系列行动计划。归纳来说，一是制造业根基仍是制造业产品的生产，需要满足社会对物质产品的需求；二是制造业转型升级的重要路径是融合，融合技术、产业、管理等不同领域；三是企业竞争力的形成要素应是创新，用创新驱动制造业产业发展。

4.2　西部地区制造业的发展现状概览

本节主要从整体、区域、行业和企业等不同维度对西部地区制造业发展现状进行梳理和分析，总结其发展特征。

4.2.1　整体发展水平

在“一五”、“二五”和“三线建设”时期，西部地区制造业借助国家在资金、技术、人力等方面的政策支持迅速崛起。川、渝、黔、陕、甘等省区市嵌入式构筑以装备制造业为主的工业体系，造就了航天航空、军工、机器、纺织、化工等一批在全国有影响力的制造产业，迅速成为全国最具实力的制造业基地之一，为国防安全和西部开发做出了重要贡献。但改革开放以来，东部沿海地区充分利用地理区位优势和国家给予的政策优惠，通过对外开放和招商引资大力发展制造业，形成了以家电、电子通信等新兴制造业为代表的产业集群和制造业基地。相比之下，西南、西北、东北等地区的一批老工业基地却由于体制转型、技术老化、国企改革等而发展相对滞后，逐渐衰落。从统计数据来看，截至 2016 年，在制造业 31 个细分行业中，东部地区有 1 个行业所占份额超过 80%，20 个行业所占份额超过 60%，仅有 6 个行业所占份额低于 50%。而西部地区仅有 2 个行业所占份额超过 30%，分别是酒、饮料和精制茶制造业（31.50%）和烟草制品业（32.55%）。显然，西部地区制造业的经济效益一直低于东部地区且受制于多重困境。

如图 4-1 所示，自 2003 年以来，西部地区制造业销售产值逐年平稳攀升，到 2016 年，制造业销售产值达到 127724.63 亿元。制造业销售产值指数增长速度平稳波动，2003～2004 年增长速度较快，2004～2005 年有所回落，2005～2007 年稳健上升，2008 年又出现低谷，2009～2012 年略有起伏但波动不大，2013 年之后增速逐渐下降。在这 14 年间，最高与最低增速相差了 14.83 个百分点。

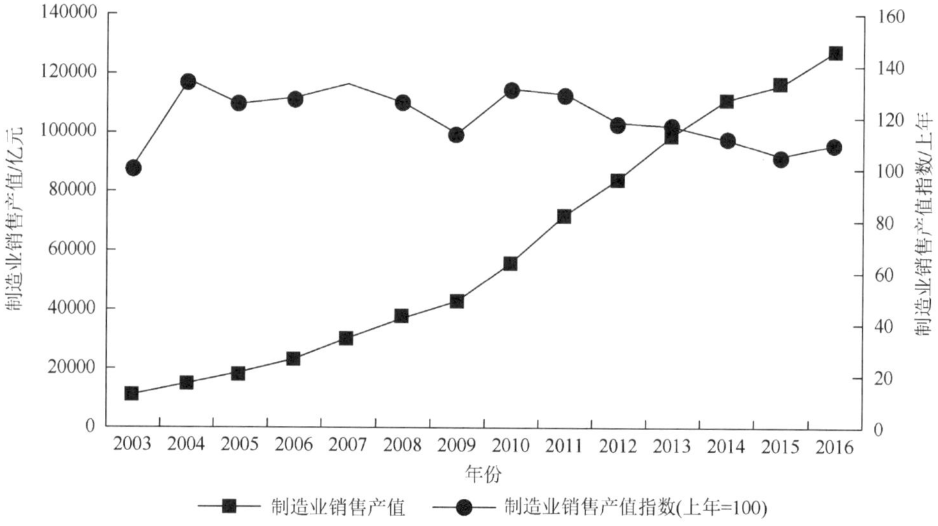

图 4-1 西部地区制造业销售产值与制造业销售产值指数走势图

资料来源：2004～2017 年《中国工业统计年鉴》。

如图 4-2 所示，西部地区制造业利润总额呈现良好发展态势，由 2003 年的 3635.02 亿元增长到 2016 年的 39763.28 亿元，增长了 9.9 倍。但西部地区制造业利润总额指数增长速度起伏波动较大，呈现出多个波峰、高位震荡的现象，平均增速为 20.87%，最高与最低占比相差 37.98 个百分点。受 2008 年金融危机的滞后影响，2010 年利润增速明显下滑，西部地区制造业也出现明显回落。

如图 4-3 所示，在科技创新方面，西部地区研发经费投入和专利拥有数呈整体上升趋势。2003～2010 年，研发经费投入低位起伏、波动明显，专利拥有数缓慢上升、增速较慢；但在 2010 年后，研发经费投入增长速度明显加快。研发经费投入从 2010 年的 312.12 亿元提高到 2016 年的 1131.67 亿元，增长了 2.63 倍。专利拥有数自 2011 年后大幅回落，2013 年后又重新提高，从 29229 件升至 2016 年的 70787 件，增长了 1.42 倍。

如图 4-4 所示，西部地区制造业单位产值能源消耗量逐年下降，并且下降趋势明显；治污设备年运行费用整体呈上升趋势，在 2007～2008 年和 2012～2013 年出现两次较大幅度的波动，呈现出两个波谷。

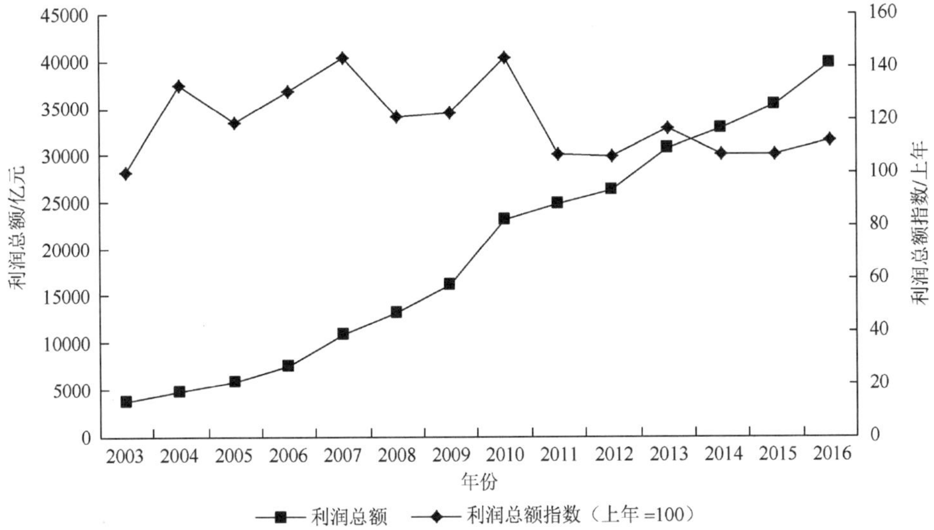

图 4-2　西部地区制造业利润总额与利润总额指数走势图

资料来源：2004～2017 年《中国工业统计年鉴》。

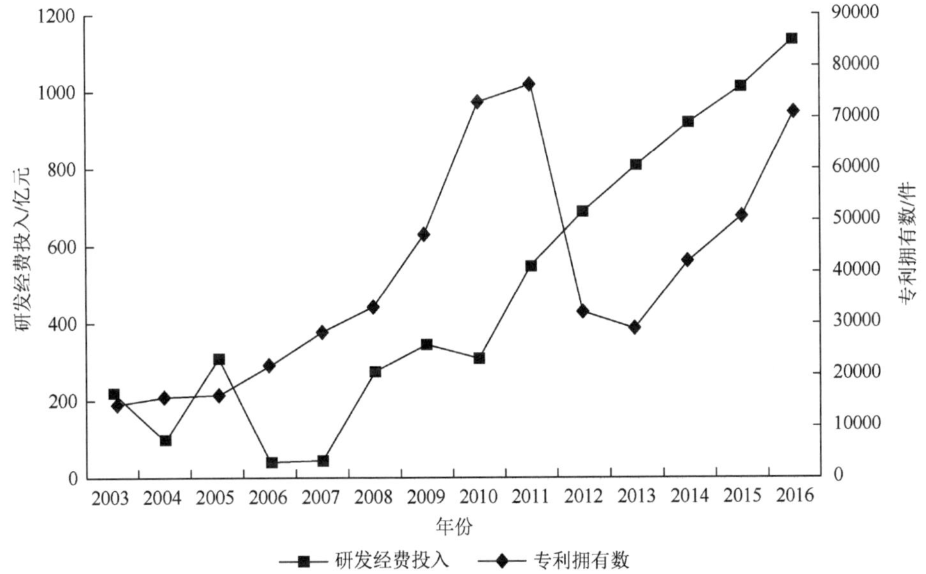

图 4-3　西部地区制造业研发经费投入与专利拥有数走势图

资料来源：2004～2017 年《中国高技术产业统计年鉴》。

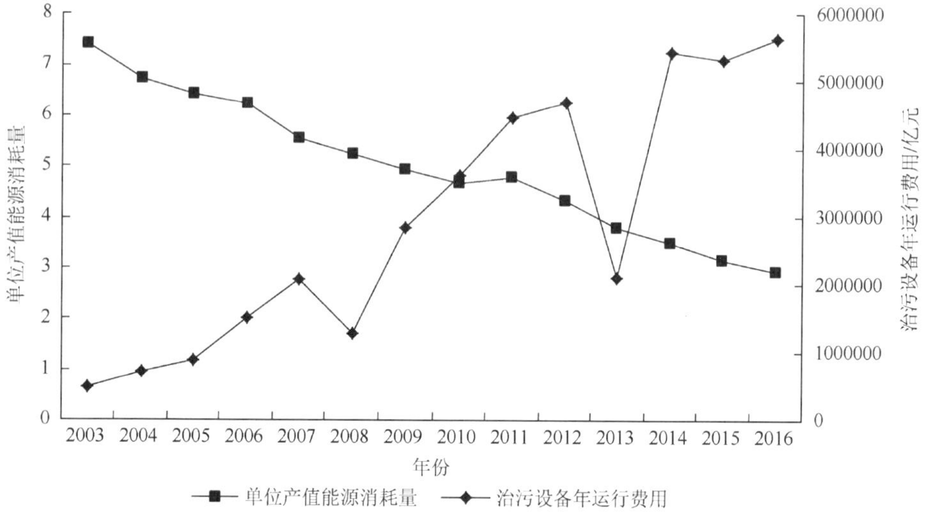

图 4-4 西部地区制造业单位产值能源消耗量与治污设备年运行费用走势图

资料来源：2004～2017 年《中国统计年鉴》。

如图 4-5 所示，西部地区制造业出口量在 2003～2008 年呈平稳上升趋势，增速较慢；在 2008～2009 年出现波动，形成波谷；2009～2013 年呈迅速上升趋势，增速较快；2013～2015 年有小幅度下降，但仍保持在相对较高的值上；2015～2016 年有所回转。

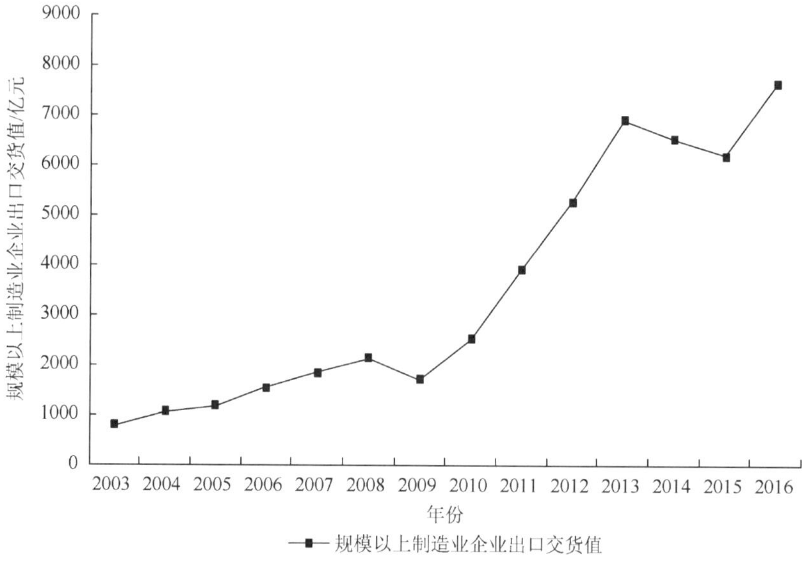

图 4-5 西部地区规模以上制造业企业出口交货值走势图

资料来源：2004～2017 年《中国工业统计年鉴》。

从表 4-1 中可以看出，西部地区制造业主要产品类型仍以农副食品、金属制品和非金属矿制品、原油制品、汽车装备、化学原料和化学制品、计算机、通信和其他电子设备为主。2014～2016 年，各主要产品产量稳定上升，说明西部地区制造业发展较为平稳；其中，移动通信设备等高新技术产品产量在近年来大幅上涨，说明西部地区制造业有向高新技术产业转型升级的趋势。

表 4-1　西部地区制造业主要产品类型及产量

主要产品类型	单位	2014 年	2015 年	2016 年
原油产量	万吨	7041.56	6946.54	6437.91
天然气产量	亿米 ^{3}	1053.2	1081.26	1116.55
原盐产量	万吨	1858.77	1904.03	1920.11
成品糖产量	万吨	1436.42	1302.73	1266.71
啤酒产量	万吨	1046.62	1054	1046.51
卷烟产量	亿只	9540.59	9504.3	8685.97
布产量	亿米	34.95	34.6	36.85
机制纸及纸板产量	万吨	1098.8	1007.7	1057.35
焦炭产量	万吨	15514.68	13632.96	13559.36
硫酸（折 100%）产量	万吨	4227.6	4376.1	4411.19
烧碱（折 100%）产量	万吨	887.83	871.5	938.86
纯碱（碳酸钠）产量	万吨	715.34	675.9	712.52
乙烯产量	万吨	191.5	173.3	182.53
农用氮、磷、钾化肥产量	万吨	2858.24	3254.3	3016.75
化学农药原药产量	万吨	29.6	30.8	30.61
初级形态的塑料产量	万吨	1667.32	1968.97	2190.17
化学纤维产量	万吨	182.59	183.3	203.18
水泥产量	万吨	80972.26	78890.63	82299.98
平板玻璃产量	万重量箱	12279.32	12198.72	13993.36
生铁产量	万吨	10612.45	8977.5	8806.21
粗钢产量	万吨	12646.6	11324.2	10925.7
钢材产量	万吨	16349.94	15606.5	15192.18
金属切削机床产量	万台	10.6	6.6	4.59
大中型拖拉机产量	万台	20.31	23.91	23.34
汽车产量	万辆	525.65	585.03	627.01
轿车产量	万辆	143.02	139.4	128.22

资料来源：2015～2017 年西部地区省市统计年鉴。

纵观 2003～2016 年西部地区制造业，其发展特征主要包括以下几个方面。

（1）总体呈现良好发展态势。2016 年西部地区制造业销售产值 127724.63 亿元，制造业增加值 8884.41 亿元，制造业销售收入 127608 亿元，制造业就业人员超过 1070.53 万人，制造业从业人员人均利润率达到 35.3%，制造业利润总额超过 5877.75 亿元，制造业销售收入占工业销售收入比重为 8.01%，制造业出口交货值超过 7642.25 亿元。

（2）产业结构逐渐趋于合理。拥有军工装备制造历史的西部地区制造业依托资源禀赋，在机床、煤机、汽摩、工业自动化仪表、能源化工、制糖、生物制药、电子信息等多个产业领域综合布局且加速发展，传统优势产业稳健增长。例如，陕西重型汽车产业营收直追 500 亿元，云南生物医药产业经济总量超过 1000 亿元，贵州白酒产业产量突破 130 亿升，重庆汽摩产业销售收入突破 3000 亿元等；电子信息产业新兴发展，形成品牌商、代工商、零部件企业垂直整合集群发展的态势；生产性服务业发展迈上新台阶，加工贸易结算业务总量突破千亿元，为制造业转型升级奠定了坚实基础。

（3）技术创新能力大幅提升。国际分工背景下的西部地区制造业在处于次优选择的被动环境中，通过“引进—模仿—学习—自主创新”的途径，各省市因地制宜差异化自主创新，逐渐突破技术瓶颈。截至 2016 年，西部地区研发经费支出超过 1011 亿元，占销售收入的 0.86%，申请专利数 72705 件，拥有专利 70787 件。

（4）可持续发展能力显著增强。根据单位产值能源消耗量的逐年下降趋势和治污设备年运行费用投入的不断提高，西部地区制造业资源节约意识和环境保护意识不断增强，不再只顾追求产值的增长，更为注重产业发展质量，发展方式明显改善。

总体来看，西部地区制造业发展步伐加快，制造业销售产值增长明显，制造业体系逐渐完善，自主创新能力提升并形成了高素质的人才储备。但仍然存在一些问题：一是制造业经济总量不够大。在全国制造业所占市场份额比重相对有限，与东中部地区制造业相比有较大差距。二是制造业产业结构不完善。西部地区制造业仍以装备制造业为主，新兴行业领域发展不充分，产业结构的优化和制造业转型升级的问题亟须解决。三是制造业空间布局不全面。多数制造业集中在四川、重庆、陕西、贵州等省市，各省市制造业又主要分布在主城周边，导致贫富差距、区域差距拉大，其他地区制造业发展较弱，特色不明显，难以充分利用地区资源。四是可持续发展能力有待进一步加强。面对制造业产值增长的刚性需求与能源环境制约的客观矛盾，如何改变制造业发展方式及推动制造业转型升级是西部地区制造业现阶段需要重视的主要问题。

4.2.2　区域特征表现

如图 4-6 所示，以 2016 年为例，在西部地区各省区市中，各省区市之间产值差距悬殊较大，最高产值与最低产值相差 27468.04 亿元，最高利润总额与最低利润总额相差 1495.84 亿元。

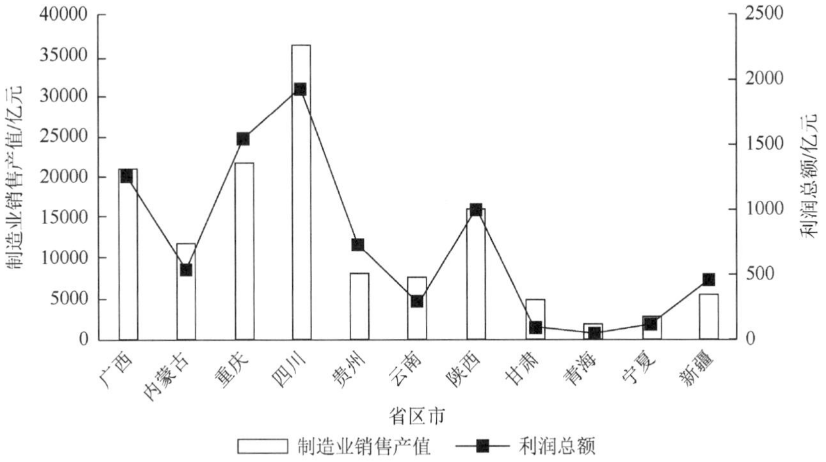

图 4-6　2016 年西部地区各省区市制造业销售产值与利润总额

资料来源：2017 年《中国工业统计年鉴》(西藏数据缺失)。

如图 4-7 所示，以 2016 年为例，在西部地区各省区市中，重庆、陕西、内蒙古的研发经费投入力度相对较大，分别达到了 1686413 亿元、1255539 亿元、881289.58 亿元。在专利拥有数方面，四川、陕西、重庆分别以 24065 件、11520 件和 8585 件相对突出。

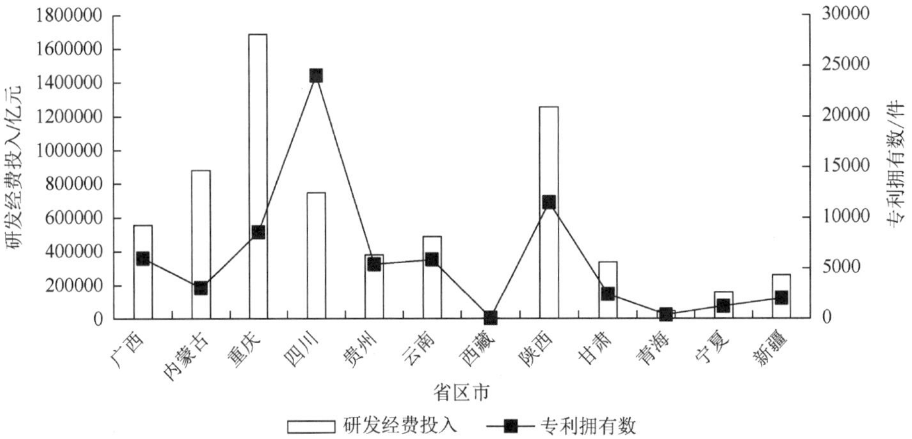

图 4-7　2016 年西部地区各省区市制造业研发经费投入与专利拥有数

资料来源：2017 年《中国高技术产业统计年鉴》。

如图 4-8 所示，以 2016 年为例，内蒙古、新疆、陕西的能源消耗总量相对较高，分别为 42198.45 万吨标准煤、25647.39 万吨标准煤、24499.67 万吨标准煤。在电力消耗方面，新疆、内蒙古、四川分别以 3416.46kW·h、2605.03kW·h 和 2101.02kW·h 居于前列。

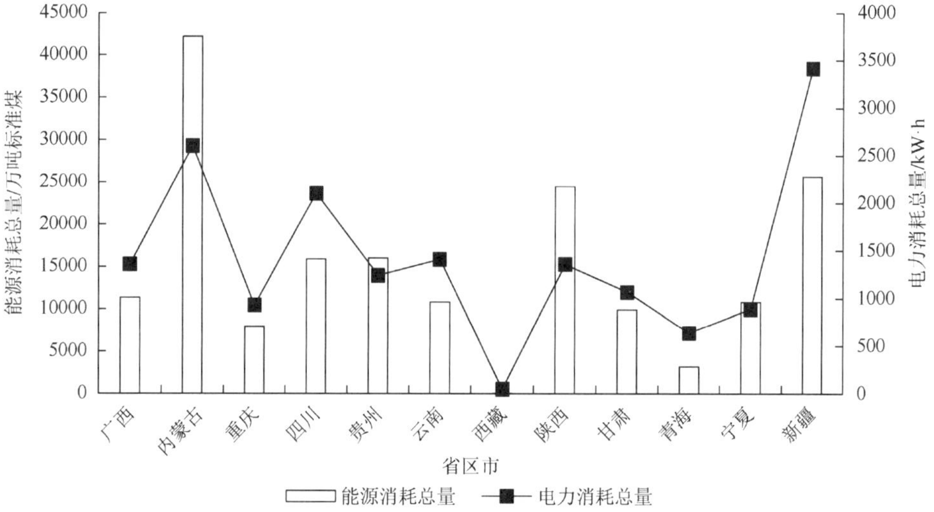

图 4-8 2016 年西部地区各省区市能源消耗量图

资料来源：2017 年《中国统计年鉴》。

如图 4-9 所示，以 2016 年为例，西部地区制造业出口交货值区域差异明显，重庆、四川、广西、陕西的出口交货值相对较高，分别为 2924.89 亿元、2234.36 亿元、843.22 亿元、757.01 亿元，但西藏出口交货值仅为 0.03 亿元。

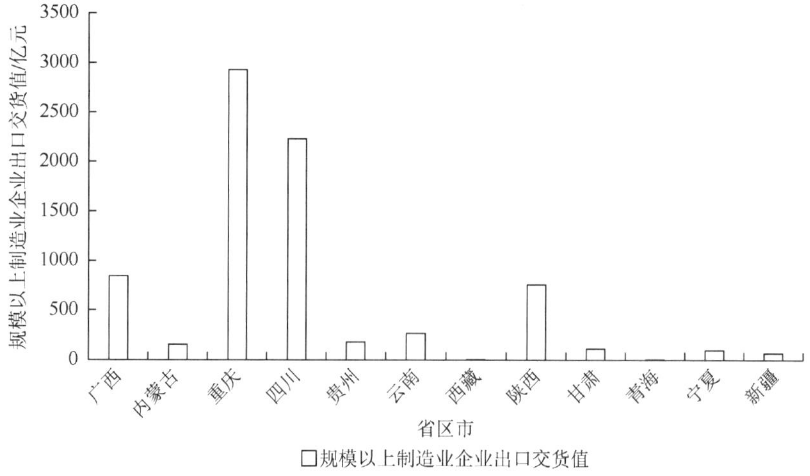

图 4-9 2016 年西部地区各省区市规模以上制造业企业出口交货值

资料来源：2017 年《中国高技术统计年鉴》。

西部地区各省区市制造业产品区域特征差异明显，四川、重庆、陕西等省区市产品类型更为丰富，各产品生产总量相对较高。从表4-2中可以看出，各省区市制造业仍主要依靠自然资源禀赋生产，如陕西、贵州、宁夏、甘肃等地制造业产品以能源制品、金属矿制品和非金属矿制品为主，广西中成药产量相对较高，四川白酒产量稳定；各省区市制造业受历史因素影响较大，如四川、重庆等地装备制造产品仍占较大比重；西南地区省区市制造业转型升级趋势更为明显，如重庆率先生产移动通信设备等电子产品，四川家用电器产品产量一直领先等。

表4-2　2016西部地区各省区市主要产品类型及产量

省区市	主要产品	单位	产量	在西部地区所占比重
四川	电视机	万台	1106.03	72.42%
	化学农药原药	万吨	17.81	58.18%
	化学纤维	万吨	118.06	58.11%
	布	亿米	19.97	54.19%
	白酒	万千升	370.90	52.25%
重庆	移动通信手持机	万台	25499.99	78.66%
	房间空调器	万台	707.27	77.67%
	轿车	万辆	97.95	76.39%
	大中型拖拉机	万台	14.47	62.00%
	微型电子计算机	万台	6764.65	51.96%
陕西	金属切削机	万台	1.47	32.03%
	焦炭	万吨	3921.17	28.91%
	布	亿米	8.84	23.98%
贵州	家用电冰箱	万台	146.99	39.02%
	农用氮磷钾化肥	万吨	628.36	20.83%
	硫酸	万吨	847.80	19.22%
云南	卷烟	亿支/万箱	3736.89	43.02%
	大中型拖拉机	万台	8.41	36.03%
	硫酸	万吨	1317.15	29.86%
西藏	啤酒	万千升/万吨	16.55	1.58%
	机制纸及纸板	万吨	11.10	1.05%
广西	成品糖	万吨	914.68	72.21%
	汽车	万辆	245.30	39.12%
	机制纸及纸板	万吨	288.71	27.31%
宁夏	化学农药原药	万吨	3.10	10.13%
	初级形态的塑料	万吨	209.48	9.56%
	焦炭	万吨	768.42	5.67%

续表

省区市	主要产品	单位	产量	在西部地区所占比重
甘肃	乙烯	万吨	51.73	28.34%
	硫酸	万吨	18.12	10.88%
青海	碳酸钠（纯碱）	万吨	367.73	51.61%
	农用氮磷钾化肥	万吨	536.87	17.80%
内蒙古	烧碱	万吨	297.34	31.67%
	初级形态的塑料	万吨	494.25	22.57%
	化学农药原药	万吨	6.41	20.94%
新疆	乙烯	万吨	130.80	71.66%
	原盐	万吨	659.80	34.26%
	化学纤维	万吨	67.43	33.19%

资料来源：2017 年西部地区各省区市统计年鉴。

结合上面的描述分析，西部地区各省区市制造业发展情况主要包括以下几个方面。

（1）西部地区制造业区域发展不平衡。从西部地区各省区市制造业产值、利润总额和出口量的结构可以看出，西部地区制造业主要集中在四川、重庆、广西、陕西等相对发达的地区，4 个省区市的产值之和在西部地区制造业整体占比超过了 70%。而较为落后的地区制造业基础水平极为薄弱。

（2）各省区市科技创新投入悬殊。受经济能力、制造业发展水平和人文社会环境影响，重庆、陕西、内蒙古、四川等省区市科技投入力度更大。而青海、西藏等省区市投入极为有限。这会进一步拉大区域间的发展差距。

（3）发展方式仍以粗放式为主。虽然西部地区制造业整体符合资源节约型、环境友好型的发展方向。但个别发展起步较晚、基础薄弱的省区市，仍然选择粗放的发展方式，特别是内蒙古、新疆、陕西等以能源制造、装备制造为主的省区市问题尤为突出。

（4）区域主要产业不同。宁夏的机床、煤机、工业自动化仪表制造，陕西的能源化工、重型汽车制造，新疆的石油化工制造，贵州的白酒制造，云南的医药制造，四川的电子信息和装备制造，青海的中藏药及生物制品，内蒙古的装备制造，重庆的移动通信手持机制造，广西的制糖行业等。

4.2.3　行业经营状况

从表 4-3 中可以看出，以 2016 年为例，西部地区制造业主要以计算机、通信和其他电子设备制造业（18.93%）、交通运输设备制造业（10.26%）、电气机械和器材制造业（8.89%）、化学原料和化学制品制造业（8.39%）、非金属矿物制品业（6.20%）、通用设备制造业（5.32%）为主导产业，并且每年各产业在西部地区制造业所占比重变化幅度极小、趋于稳定，说明西部地区制造业发展较为平稳。

表 4-3　制造业主要细分行业占制造业销售产值百分比（单位：%）

制造细分行业	2014 年	2015 年	2016 年
纺织业	4.83	4.78	4.57
化学纤维制造业	1.09	1.13	1.15
金属制品业	4.02	4.02	3.98
农副食品加工业	4.22	4.20	4.16
食品制造业	1.65	1.71	1.73
通用设备制造业	5.59	5.44	5.32
烟草制品业	0.78	0.77	0.66
医药制造业	2.57	2.64	2.73
酒、饮料和精制茶制造业	1.48	1.47	1.46
专用设备制造业	4.15	4.09	4.11
纺织服装、服饰业	3.05	3.00	2.94
计算机、通信和其他电子设备制造业	18.32	18.57	18.93
石油、煤炭及其他燃料加工业	1.49	1.51	1.55
交通运输设备制造业	9.66	9.75	10.26
仪器仪表制造业	3.60	3.55	3.49
化学原料和化学制品制造业	8.33	8.39	8.39
黑色金属冶炼和压延加工业	4.76	4.61	4.22
有色金属冶炼和压延加工业	3.43	3.52	3.46
造纸和纸制品业	1.89	1.85	1.81
非金属矿物制品业	6.13	6.17	6.20
电气机械和器材制造业	8.94	8.81	8.89

资料来源：2015～2017 年《中国工业统计年鉴》。

由表 4-4 可知，自 2014～2016 年，西部地区制造业的各行业贡献率整体平稳、变化不大。以 2016 年为例，有色金属冶炼和压延加工业（18.93%）、农副食品加工业（18.60%）以及纺织服装、服饰业（16.85%）、交通工具制造业（11.12%）、电气机械和器材制造业（8.89%）的行业贡献率最为突出，表明能源化工、装备制造仍在西部地区制造业中占据举足轻重的地位。

表 4-4 制造业主要行业贡献率（单位：%）

制造行业细分	2014 年	2015 年	2016 年
农副食品加工业	18.23	18.36	18.60
食品制造业	3.50	3.46	3.39
酒、饮料和精制茶制造业	6.07	5.90	5.79
烟草制品业	8.70	8.57	8.69
纺织业	4.01	4.01	3.98
纺织服装、服饰业	16.92	16.86	16.85
造纸和纸制品业	3.60	3.55	3.49
石油、煤炭及其他燃料加工业	3.32	3.47	3.32
化学原料和化学制品制造业	5.59	5.44	5.32
医药制造业	3.81	3.79	3.75
化学纤维制造业	5.48	5.32	5.22
非金属矿物制品业	3.43	3.52	3.46
黑色金属冶炼和压延加工业	1.48	1.47	1.46
有色金属冶炼和压延加工业	18.32	18.57	18.93
金属制品业	1.48	1.47	1.47
通用设备制造业	3.42	351	3.47
专用设备制造业	1.16	1.15	1.13
交通运输设备制造业	11.00	10.93	11.12
电气机械和器材制造业	8.94	8.81	8.89
计算机、通信和其他电子设备制造业	3.99	4.04	4.08
仪器仪表制造业	4.02	4.02	3.98

资料来源：2015～2017 年《中国工业统计年鉴》。

本书以重庆市为例具体分析制造业出口情况。重庆市位于“一带一路”与长江经济带的联结点，为制造业全球化发展和制造业产品对外出口提供了天然优势。在 2016 年，重庆市以 2924.89 亿元位居西部省区市出口量第一。重庆市制造业各行业出口量具有相对参考性和一定概括性。如表 4-5 所示，横向来看，重庆市制造业出口产品涉及行业较多，技术密集型行业出口交货值相对更高。其中，计算机、通信及其他电子设备制造业的出口交货值（23035163 万元）最高且与其他行业出口交货值差距悬殊。纵向对比，重庆市制造业多数行业的出口交货值呈逐年上升趋势，少数行业呈下降趋势，个别行业有大幅波动。

表 4-5　重庆市制造业主要行业出口交货值（单位：万元）

制造行业细分	2014 年	2015 年	2016 年
黑色金属冶炼及压延加工业	84722	134717	143832
木材加工及木、竹、藤、棕、草制品业	14633	19707	21448
家具制造业	716	—	213
造纸及纸制品业	41604	39998	45238
印刷和记录媒介复制业	105363	119460	78605
文教、工美、体育和娱乐用品制造业	75816	101003	103375
化学原料和化学制品制造业	221341	432640	223012
医药制造业	218335	228335	283172
化学纤维制造业	202	96	4639
橡胶和塑料制品业	135183	170976	149187
非金属矿物制品业	151501	136434	136742
有色金属冶炼和压延加工业	245176	408462	402594
金属制品业	150556	116289	190674
通用设备制造业	485874	485169	520333
专用设备制造业	171721	210012	155173
汽车制造业	707657	713494	761433
铁路、船舶、航空航天和其他运输设备制造业	1764882	1930433	1861784
电气机械和器材制造业	220908	211257	292935
计算机、通信和其他电子设备制造业	21606175	20506329	23035163
仪器仪表制造业	64238	54994	39763
其他制造业	66566	54898	65676

资料来源：2015～2017 年《重庆统计年鉴》。

本书主要采用制造业企业的年销售收入具体分析 31 个制造业细分行业中西部地区具有相对优势和劣势的行业。将相对竞争力定义为：地区制造业行业占全国同行业的市场份额与地区生产总值占全国生产总值的市场份额之比值。根据相对竞争力的差异，西部地区制造业各行业划分为四组：第一组为竞争力最强，即相对竞争力大于 1 且大于中部地区和东部地区；第二组为竞争力强，即相对竞争力大于 1 但小于中部地区和东部地区；第三组为竞争力弱，即相对竞争力小于 1 但大于中部地区和东部地区；第四组为竞争力最弱，即相对竞争力小于 1 且小于中部地区和东部地区。如表 4-6 所示，西部地区制造业主要在酒、饮料和精制茶制造业、烟草制品业、有色金属冶炼和压延加工业等细分行业具有相对竞争力。

表 4-6　西部地区制造行业相对竞争力与中部、东部比较

制造行业细分	西部地区		中部地区		东部地区	
	全国份额/%	相对竞争力	全国份额/%	相对竞争力	全国份额/%	相对竞争力
农副食品加工业	15.94	0.74	37.61	1.44	46.45	0.78
食品制造业	16.39	0.76	33.94	1.30	49.67	0.84
酒、饮料和精制茶制造业	31.50	1.46	33.00	1.27	35.50	0.60
烟草制品业	32.55	1.51	29.11	1.12	38.34	0.65
纺织业	6.35	0.30	19.90	0.76	73.75	1.24
纺织服装、服饰业	3.29	0.15	22.62	0.87	74.08	1.25
皮革、毛皮、羽毛及其制品和制鞋业	4.95	0.23	21.92	0.84	73.13	1.23
木材加工及木、竹、藤、棕、草制品	14.06	0.65	31.92	1.22	54.02	0.91
家具制造业	9.85	0.46	23.81	0.91	66.34	1.12
造纸和纸制品	10.74	0.50	22.16	0.85	67.10	1.13
印刷和记录媒介复制业	12.29	0.57	28.56	1.10	59.15	1.00
文教、工美、体育和娱乐用品制造业	3.95	0.18	16.79	0.64	79.26	1.33
石油、煤炭及其他燃料加工业	18.66	0.87	15.54	0.60	65.81	1.11
化学原料和化学制品制造业	12.09	0.56	21.66	0.83	66.25	1.12
医药制造业	14.94	0.69	31.46	1.21	53.60	0.90
化学纤维制造业	4.36	0.20	5.95	0.23	89.69	1.51
橡胶和塑料制品业	8.97	0.42	20.38	0.78	70.65	1.19
非金属物矿制品业	16.53	0.77	36.95	1.42	46.52	0.78
黑色金属冶炼和压延加工业	16.80	0.78	20.48	0.79	62.72	1.06
有色金属冶炼和压延加工业	21.89	1.02	34.55	1.32	43.56	0.73
金属制品业	8.80	0.41	18.93	0.73	72.27	1.22
通用设备制造业	8.56	0.40	20.88	0.80	70.56	1.19
专用设备制造业	9.18	0.43	28.81	1.10	62.01	1.04
汽车制造业	15.43	0.72	27.44	1.05	57.13	0.96
铁路、船舶、航空航天和其他运输设备制造业	15.92	0.74	19.23	0.74	64.84	1.09
电气机械和器材制造业	7.59	0.35	20.99	0.80	71.41	1.20
计算机、通信和其他电子设备制造业	10.05	0.47	12.54	0.48	77.41	1.30
仪器仪表制造业	5.92	0.28	14.28	0.55	79.80	1.34
其他制造业	15.85	0.74	26.31	1.01	57.84	0.97
废弃资源综合利用业	12.62	0.59	27.27	1.05	60.11	1.01
金属制品、机械和设备修理业	8.57	0.40	14.97	0.57	76.46	1.29

资料来源：2017 年《中国工业统计年鉴》。

4.2.4　案例个体考察

2016 年是“十三五”规划的开局之年，工业和信息化部重点关注高端装备制造业、战略性新兴产业和传统产业的改造升级。在此政策背景下，制造企业转型升级必然增速。为了从微观层面了解西部地区制造业转型升级过程中的具体举措及特征，本书对 10 家案例个体在 2016 年实施的转型升级相关战略进行了分析。

1. 案例个体的基本情况

10 家案例个体的背景信息如表 4-7 所示。首先，按照案例研究选择的典型性要求，10 家案例个体分布在西部 8 个省区市，具有一定的地区代表性。案例个体所关注的行业覆盖了汽车制造业、专用设备制造业、电气机械和器材机械制造业、医药制造业等，均为当前制造业转型升级的重点行业。另外，遵循多案例研究的对比性原则，本书选择的案例个体在近几年均面临过转型升级的压力，并且都实施了转型升级的相关措施，引起了新闻媒体和社会的广泛关注。最后，按照资料获取的便利性和准确性原则，本书选取 9 家上市国有企业和西安光机所作为案例样本。

表 4-7　案例个体背景

企业名称	所在省区市	性质	关注行业	主营业务
长安汽车	重庆	国有企业	汽车制造业	制造和销售汽车（含轿车）、制造汽车发动机系列产品
兰石重装	甘肃	国有企业	专用设备制造业	炼油、化工、煤化工、核电、生物医药等能源行业高端压力容器、快速锻压机组、板式换热器等装备的研发、设计、制造及产品检测、维检修服务，以及项目的工程总承包
陕鼓动力	陕西	国有企业	电气机械和器材制造业	大型压缩机、鼓风机、通风机及各种透平机械的开发、制造、销售、维修服务、技术咨询、技术服务、技术转让、技术培训；各种通用（透平）机械设计、成套安装、调试；货物和技术的进出口经营（国家禁止和限制的货物、技术除外）
云南白药	云南	国有企业	医药制造业	化学原料药、化学药制剂、中成药、中药材、生物制品、医疗器械、保健食品、食品、饮料、特种劳动防护用品、非家用纺织成品、日化用品、化妆品、户外用品的研制、生产及销售；橡胶膏剂、贴膏剂、消毒产品、电子和数码产品的销售；信息技术、科技及经济技术咨询服务；货物进出口；物业经营管理（凭资质证开展经营活动）
四川长虹	四川	国有企业	计算机、通信和其他电子设备制造业	电视、冰箱、空调、冰箱压缩机等产品线的研发、制造、销售与服务
柳钢股份	广西	国有企业	黑色金属冶炼和压延加工业	烧结、炼铁、炼钢及其副产品的销售，钢材轧制、加工及其副产品的销售；炼焦及其副产品的销售。主要产品涵盖中板材、小型材、中型材、钢坯等，主要分为板材、角钢、槽钢、圆钢、螺纹钢、高线等品种

续表

企业名称	所在省区市	性质	关注行业	主营业务
青海华鼎	青海	国有企业	通用设备制造业	主要从事数控机床产品、食品机械、电梯配件、照明设备等的研发、生产及销售
贵绳股份	贵州	国有企业	金属制品业	主营各种用途的钢丝、各种结构的钢绳产品、预应力钢绞线及相关设备、材料、技术的研究、生产、加工、销售及进出口业务、高科技产品的研制、开发与技术服务
五粮液集团	四川	国有企业	酒、饮料和精制茶制造业	主要生产经营五粮液及其一系列酒，涉及现代制造业、现代工业包装、光电玻璃、现代物流、橡胶制品、现代制药等多个产业
西安光机所	陕西	科研机构	电气机械和器材制造业	主要研究领域包括基础光学、空间光学、光电工程，主要研究方向包括瞬态光学与光子学理论与技术、空间光学遥感技术、干涉光谱成像理论与技术、光电信息技术

资料来源：笔者根据相关整理得来。柳钢股份全称为广西柳州钢铁集团有限公司。青海华鼎全称为青海华鼎重型机床有限责任公司。贵绳股份全称为贵州钢绳（集团）有限责任公司。五粮液集团全称为四川省宜宾五粮液集团有限公司。西安光机所全称为中国科学院西安光学精密机械研究所。

2. 企业转型升级的特征分析

案例企业均为实力雄厚的上市国有企业或科研机构，控制了各自所在价值链的生产、研发和销售环节，可以自由地选择升级方式。但是各个企业内外部环境条件和资源禀赋均具有明显差异，因此案例企业在选择转型升级方式时存在各自显著的特征。案例企业转型升级方式如表 4-8 所示。

表 4-8　2016 年案例企业转型升级方式概况

案例企业	转型方式	转型的主要措施及事实
长安汽车	功能升级 部门间升级	长安汽车以新能源技术为突破口，以信息技术创新为手段，加快企业从传统汽车向新能源汽车，传统制造业向制造服务型企业转型，并积极开拓海外市场
兰石重装	功能升级 部门间升级	兰石重装积极践行了四大转型：一是由传统装备制造向新能源装备制造转型；二是由装备制造向制造加服务转型；三是由国内市场向国内加国际市场转型（积极与国际主流容器承包商对接，大力开拓国际市场）；四是由单一装备制造向工程总包转型
陕鼓动力	功能升级 部门间升级	陕鼓动力转型升级的重要发展方向聚焦在三个方面：一是加速发展分布式（可再生）能源技术，由单一产品制造商向分布式能源领域系统解决方案提供商和服务商转变；二是实施“互联网＋智能云”引领工业企业服务型制造全面升级；三是加快推进国际化业务发展，逐步加大国际市场比重，已经形成了以印度、越南、土耳其、印度尼西亚等新兴市场为主、以现有主导产品为突破口的多重市场体系；四是进入并拓展军工行业市场领域，实现部门间升级
云南白药	流程升级 功能升级	以信息技术 4.0 对生产系统进行升级，提高了生产效率；基于大数据、移动技术及互联网技术的业务模式，逐步实现由单一产品向服务、信息、产品三位一体的服务商角色转变

续表

案例企业	转型方式	转型的主要措施及事实
四川长虹	产品升级 部门间升级	四川长虹聚焦于做大做强综合家电产业与军工产业，另外，企业围绕移动、智能服务、供应链服务、金融、新领域等五个方面积极拓展新兴产业，寻求新的增长极
柳钢股份	流程升级 产品升级 功能升级	柳钢股份大力投资生产流程的绿色改造，节约了大笔购电成本；在稳定现有普通产品产量、质量和市场的基础上，提升产品档次，实现产品结构提升；另外，企业拓展市场，积极由“制造商”向“服务商”转变
青海华鼎	产品升级 部门间升级	青海华鼎整合装备制造业向高端制造业发展；在现有健康产业的基础上培养新的增长点产业，涉及大健康、节能环保等新领域
贵绳股份	产品升级	贵绳股份致力于最大限度地提高线材的加工深度，通过高新技术的开发与应用提高产品的技术含量附加值，增强公司的整体实力，将公司打造成为具有较强国际竞争力的金属制品生产企业
五粮液集团	产品升级 流程升级	五粮液集团自 2013 年开始大力进行产品结构调整，推动高质量发展、加强白酒品牌建设、引领白酒消费需求、持续调整产品结构、加强技术创新、创新营销模式、推动产业融合整合发展
西安光机所	流程升级 功能升级 部门间升级	西安光机所围绕产业链搭建创新链，以市场为导向，促进科技成果转移转化的产业化。近五年来，围绕战略性新兴产业重点领域持续引进海内外高端人才，创新体制机制，形成了以“人才＋技术＋资本＋服务”的科技成果转化模式，孵化出炬光科技、飞秒光电、中科华芯等高科技企业，在部分光电信息产业领域实现了从“跟跑者”到“领跑者”的转型

资料来源：笔者根据相关整理得来。炬光科技全称为西安炬火科技股份有限公司。飞秒光电全称为飞秒光电科技（西安）有限公司。中科华芯全称为西安中科华芯测控有限公司。

从表 4-8 可以看出，10 家案例个体在 2016 年分别实施了不同层次的转型升级。转型升级的大致趋势呈现出产品由低层次向高品质、高附加值转型；企业由单一制造企业向服务型制造企业转型，由传统制造业向智能化、新能源方向转型，由专注深耕国内市场向拓展国际市场转型。归纳案例企业转型升级主要特征，主要包括以下四个方面。

（1）通过信息技术嵌入工艺流程提高生产效率，循环流程再造实现资源集约利用。具体来看，在流程升级这一层次中，云南白药借助信息技术对生产流程进行优化升级。柳钢股份则大力投资生产流程的绿色改造，使得公司节约了大笔购电成本，同时也获得了废弃物的资源化和无害化处理的收益。五粮液集团利用数字化技术为流程内最终用户、经销商、合作伙伴及员工提供差异化的优质用户体验，在商业模式创新、市场激活、精准行动、敏捷运营、生态协同、组织创新六个方面建立五粮液数字化转型的能力体系。西安光机所以市场需求为导向，搭建创新链，形成了以“人才＋技术＋资本＋服务”的科技成果转化流程。基于这三家案例个体流程升级的具体方式可以看出，新兴技术在企业流程升级中扮演着十分重要的角色。积极引入高科技技术优化改造企业的生产流程是提高生产效率、扩大盈利能力的有效方式。

（2）借助高新技术提升产品质量及智能化程度，实现产品结构优化和档次提升。在产品升级这一层次中，四川长虹、柳钢股份、青海华鼎、贵绳股份这四家案例企业进行了升级。其中，四川长虹通过强化产品质量，提升产品的智能化水平以增强盈利能力，实现产品升级。柳钢股份采取的措施是在稳定现有普通产品产量、质量和市场的基础上，大力发展高端产品提升产品档次，实现产品价值提升。青海华鼎与贵绳股份在产品升级方面采用的方式较为相似，均是加大自主创新突破力度，通过高新技术的开发与应用来提高产品的技术含量附加值，以此实现公司产品由低端向高端层次跃迁。五粮液集团通过完善产品线布局，聚焦力量打造“$1+5+N$”品牌体系，形成五粮春、五粮醇、绵柔尖庄、五粮特曲、头曲系列以及五粮液低度系列产品，深耕区域市场，拓展新的经济发展增长点。

（3）强化服务功能，改造传统制造业经营模式。在功能升级这一层次中，有兰石重装、陕鼓动力、云南白药、柳钢股份四家案例企业和西安光机所进行了升级。四家案例企业采取的升级措施极为相似，均是由传统制造商向服务加制造商的角色转变。西安光机所则是由传统的科研功能转型为科研成果转化研究，促进科研成果孵化和新兴科技创业。这表明，目前西部具备一定实力的制造企业除加强制造业务的转型升级，更加倾向于服务意识与水平的提高，实现与其所在产业链上的其他合作主体和谐发展。形成制造业在选择过程中出现这一整体倾向的原因可能是产品制造参与的主体增多，主体间流程衔接的增加致使制造企业更加重视提升服务质量。

（4）汇聚核心竞争力，开拓新能源、节能环保等新兴领域。在部门间升级这一层次中，六家案例企业进行了升级。有三家案例企业均是利用各自在原来所处行业的核心竞争力，积极探索新能源领域。例如，长安汽车正加快向新能源汽车领域发展；兰石重装积极向新能源装备制造转型；陕鼓动力加速发展分布式能源技术，向分布式能源领域系统解决方案提供和服务商转变。这表明大量的传统制造业正在向新能源领域涌入，未来这一领域将得到快速发展。另外，陕鼓动力积极向军工行业市场领域拓展，四川长虹着力向移动、智能服务、供应链服务、金融等领域拓展，青海华鼎向大健康、节能环保等新领域拓展，西安光机所建立开放式创新平台，面向不同产业领域。这表明，西部地区制造业企业在国家政策刺激以及经济环境推动下，正结合自身资源禀赋，逐渐向新兴产业转型。

4.3 本章小结

本章研究基于全球价值链视角对西部地区制造业发展历程和现状进行全面回顾与总结，研究结果如下。

（1）西部地区制造业发展大致经历四个历史时期，每个时期具有不同阶段性特征，取得一系列较为显著的发展成就。西部地区制造业发展变革大致经历重工爆发的计划经济时期、快速繁荣的改革开放时期、新型工业化道路探索时期、制造强国战略体系成型时期等四个历史发展阶段。改革开放以来，西部地区制造业产业主体由重工为主到均衡发展，发展方式由计划推动到市场调节，企业个体由单一形式到多元并举，竞争能力由优势明显到不大不强，国际分工由加工制造到创新研发，政府指导由摇摆不定到思路清楚，体现出明显的发展转变特征。回顾西部地区制造业发展，其主要历史贡献在于助力中国成为制造业大国，提升制成品出口能力，吸引外资作用明显，成长起世界级制造业企业，对制造业转型升级规律的认知也越来越清晰。

（2）西部地区制造业整体发展水平不断提升，但发展过程中仍存在一定问题。自 2003 年以来，西部地区制造业销售产值逐年平稳攀升，到 2016 年，制造业销售产值达到 127724.63 亿元。利润总额呈现良好发展态势，由 2003 年的 3635.02 亿元增长到 2016 年的 39763.28 亿元，增长了 9.9 倍。在 2010 年后，研发经费投入与专利拥有数增长速度明显加快。研发经费投入从 2010 年的 312.12 亿元提高到 2016 年的 1131.67 亿元，增长了 2.63 倍。单位产值能源消耗量逐年下降且下降趋势明显；治污设备年运行费用整体呈上升趋势。目前，西部地区制造业发展存在的问题主要是在全国制造业所占市场份额比重相对有限，与东中部地区制造业相比有较大差距，仍以装备制造业为主，新兴行业领域发展不充分。制造业空间布局不全面，多数制造业集中在川、渝、陕、贵等省区市。单位产值能源消耗量下降速度减缓，可持续发展能力有待加强。

（3）西部地区制造业发展在不同区域之间存在较为明显的差距。从西部地区各省区市制造业产值和利润总额的结构可以看出，西部地区制造业主要集中在四川、重庆、广西、陕西等相对发达的地区，4 个省区市的产值之和在西部地区制造业整体占比超过了 70%。而较为落后的地区制造业基础水平极为薄弱。受经济能力、制造业发展水平和人文社会环境影响，重庆、陕西、内蒙古、四川等省区市科技投入力度更大。而青海、西藏等省区市投入极为有限。这会进一步拉大区域间的发展差距。对于个别发展起步较晚、基础薄弱的省区市，仍然选择粗放的发展方式，特别是内蒙古、新疆、陕西等以能源制造、装备制造为主的省区市问题尤为突出。

（4）西部地区制造业产业结构较为稳定，在劳动密集型行业上具有相对竞争力，但在技术密集型行业中缺乏竞争力。以 2016 年为例，西部地区制造业主要以计算机、通信和其他电子设备制造业（18.93%）、交通运输设备制造业（10.26%）、电气机械和器材制造业（8.89%）、化学原料和化学制品制造业（8.39%）、非金属矿物制品业（6.20%）、通用设备制造业（5.32%）为主导产业，并且每年各产业在西部地区制造业所占比重变化幅度极小、趋于稳定。西部地区制造业主要在酒、饮料和精制茶制造业、烟草制品业、有色金属冶炼和压延加工业等劳动密集型行业上具有相对竞争力，而在交通运输设备制造业、电气机械和器材制造业，以及计算机、通信和其他电子设备制造业、仪器仪表制造业等技术密集型行业缺乏竞争力。

（5）西部地区制造业企业正在努力通过多种方式实现产业转型升级。10 家案例企业和单位在 2016 年分别实施了不同层次的转型升级。转型升级的大致趋势呈现出产品由低层次向高品质、高附加值转型；企业由单一制造企业向服务型制造企业转型，由传统制造业向智能化、新能源方向转型，由专注深耕国内市场向拓展国际市场转型。主要手段：一是通过信息技术嵌入工艺流程提高生产效率，循环流程再造实现资源集约利用；二是借助高新技术提升产品质量及智能化程度，实现产品结构优化和档次提升；三是强化服务功能，改造传统制造业经营模式；四是汇聚核心竞争力，开拓新能源、节能环保等新兴领域。

第 5 章　全球价值链视角下西部地区制造业转型升级趋势和比较

本章主要内容基于前述全球价值链视角下制造业转型升级理论分析，以及西部地区制造业发展现状分析，对制造业转型升级进行综合测度，分析西部地区制造业整体转型升级趋势，从区域和行业两个维度对比分析西部地区制造业转型升级特征，指出西部地区制造业转型升级尚存问题。

5.1　制造业转型升级的综合测度

本节主要对制造业转型升级测度数据来源、实施过程进行阐述，对测度结果进行简要分析，为后续实证研究的开展奠定基础。

5.1.1　数据来源与处理

本书研究指标量化所需数据来源于 2004～2017 年的《中国统计年鉴》《中国工业统计年鉴》《中国高技术产业统计年鉴》《中国科技统计年鉴》《中国电子信息产业统计年鉴》以及《中国环境统计年鉴》。区域层面原始数据为制造业各细分行业加总数据。而行业层面原始数据，由于部分区域中制造业部分细分行业数据严重缺失，本书仅筛选出包括农副食品加工业，食品制造业，酒、饮料和精制茶制造业，烟草制品业，纺织业，纺织服装、服饰业，造纸和纸制品业，石油、煤炭及其他燃料加工业，化学原料和化学制品业，医药制造业，化学纤维制造业，非金属矿物制品业，黑色金属冶炼和压延加工业，有色金属冶炼和压延加工业，金属制品业，通用设备制造业，专用设备制造业，汽车制造业，铁路、船舶、航空航天和其他运输设备制造业，电气机械和器材制造业，计算机、通信和其他电子设备制造业，仪器仪表制造业等 22 个制造业细分行业。考虑到国家统计局在《国民经济行业分类》（GB/T 4754—2011）中，重新对工业细分行业进行了分类，其中交通运输设备制造业被拆分为汽车制造业及铁路、船舶、航空航天和其他运输设备制造业。对于上述情况，为了保持 2012 年前后制造业细分行业口径一致，本书将 2012 年之后的汽车制造业及铁路、船舶、航空航天和其他运输设备制造业归并为交通运输设备制造业。至此，最终获得 21 个制造业细分行业。同时，对于 2012 年的工业部门细分种类的就业人数缺失的情况，本书采用线性拟合的方法补齐，其他缺失数据也按此方法补齐。最后，将制造业各细分行业按照东部地区、中部地区和西部地区进行加总。

5.1.2　测度实施的过程

本书从多维视角探析西部地区制造业转型升级能力，同时考虑到区域层面制造业与制造业内部细分行业发展目标不一致和数据可获得性等情况，因此需要分别对区域层面和行业层面制造业升级能力进行测度。

1. 区域层面制造业升级能力指标测度过程

确定各级指标权重是测度区域层面制造业升级能力的第一步，本书采用前述层次分析法确定 29 个三级指标和 6 个二级指标权重。权重的确定需要经过构造判断矩阵、指标权重求解和一致性检验三个步骤。

第一步，构造判断矩阵。

本书的判断矩阵根据多个专家对各个评价指标的重要程度来确定，具体方法是依据表 5-1 所示的标度进行两两比较，并将比较结果 $a_{ij}(i,j=1,2,\cdots,n)$ 写成 $\boldsymbol{A}_{ij}=(a_{ij})_{n\times n}$。

表 5-1　判断矩阵的标度和含义

标度值	含义
1	表示因素 i 与 j 比较，具有同等的重要性
3	表示因素 i 与 j 比较，i 比 j 稍微重要
5	表示因素 i 与 j 比较，i 比 j 明显重要
7	表示因素 i 与 j 比较，i 比 j 强烈重要
9	表示因素 i 与 j 比较，i 比 j 极端重要
2, 4, 6, 8	2, 4, 6, 8 分别表示相邻判断 1～3，3～5，5～7，7～9 的中值
倒数	表示因素 i 与 j 比较的判断 a_{ij}，j 与 i 比较的判断 $a_{ji}=1/a_{ij}$

第二步，指标权重求解。

首先，将判断矩阵 $\boldsymbol{A}$ 按列做归一化处理：

$$\overline{a}_{ij}=\frac{a_{ij}}{\sum_{i=1}^{n}a_{ij}},\quad i,j=1,2,\cdots,n \tag{5-1}$$

其次，求判断矩阵各元素之和：

$$\overline{w}_i=\sum_{j=1}^{n}\overline{a}_{ij},\quad i,j=1,2,\cdots,n \tag{5-2}$$

最后，做归一化处理得到

$$w_i=\frac{\overline{w}_i}{\sum_{i=1}^{n}\overline{w}},\quad i,j=1,2,\cdots,n \tag{5-3}$$

则 $w_1+w_2+\cdots+w_n=1$ 即为所求的 n 个指标所对应的权重向量，并且有 $\boldsymbol{w}=(w_1,w_2,\cdots,w_n)^{\mathrm{T}}$。

第三步，一致性检验。

由于对客观事物的片面认识和客观事物的复杂性，对于所构造的判断矩阵要进行一致性检验的方法如下。

根据 $\boldsymbol{Aw}=\lambda_{\max}\boldsymbol{w}$，求出判断矩阵的最大特征值：

$$\lambda_{\max}=\frac{1}{n}\sum_{i=1}^{n}\frac{(\boldsymbol{Aw})_i}{w_i},\quad i=1,2,\cdots,n \tag{5-4}$$

计算一致性指标：

$$\mathrm{CI}=\frac{\lambda_{\max}-n}{n-1} \tag{5-5}$$

式中，n 为评价指标个数，查表 5-2，找出相应平均随机一致性指标：

$$\mathrm{RI}=(\mathrm{CI}_1+\mathrm{CI}_2+\cdots+\mathrm{CI}_n)/n \tag{5-6}$$

计算一致性比率：

$$\mathrm{CR}=\mathrm{CI}/\mathrm{RI} \tag{5-7}$$

当 $\mathrm{CR}\geqslant 0.1$ 时，认为判断矩阵不符合随机一致性指标，一致性检验不通过。

当 $\mathrm{CR}<0.1$ 时，认为判断矩阵符合随机一致性指标，权重分配是合理的。

表 5-2　层次分析法的平均随机一致性指标值

n	RI	n	RI	n	RI
1，2	0	7	1.36	12	1.54
3	0.52	8	1.41	13	1.56
4	0.89	9	1.46	14	1.58
5	1.12	10	1.49	15	1.59
6	1.26	11	1.52		

在此基础上，运用 Matlab2015b 软件计算各级指标相关权重，结果如表 5-3 所示。

为了获得制造业转型升级能力这个综合指标，还需要运用灰色关联度分析法，将层次分析法得到的权重与所计算的灰色关联系数相结合，综合为蕴含制造业转型升级各方面的唯一指标。

$$L_{ij}=\frac{\min\limits_{i}\min\limits_{j}|x_{ij}-1|+\xi\max\limits_{i}\max\limits_{j}|x_{ij}-1|}{|x_{ij}-1|+\xi\max\limits_{i}\max\limits_{j}|x_{ij}-1|} \tag{5-8}$$

由于规范化后 $\min\limits_{i}\min\limits_{j}|x_{ij}-1|=0$，所以式（5-8）可以简化为

$$L_{ij} = \frac{\xi \max_i \max_j |x_{ij} - 1|}{|x_{ij} - 1| + \xi \max_i \max_j |x_{ij} - 1|} \tag{5-9}$$

式中，L_{ij} 为指标与上一层指标之间的灰色关联度；$\xi \in [0,1]$ 是给定的经验系数，一般取 0.5。

将层次分析法得到的权重与计算所得的灰色关联系数结合：

$$L_j = \sum_{i=1}^{n} L_{ij} w_i, \quad i = 1,2,\cdots,m \tag{5-10}$$

即不同年份和区域的制造业转型升级能力的衡量指标。需要说明的是，由于三级指标的量纲有所不同，所以不能用原始数据进行相关比较，采用式（5-11）将所有指标进行标准化处理。

$$X_{ij} = \frac{x_{ij} - x_{j\min}}{x_{j\max} - x_{j\min}} \tag{5-11}$$

表 5-3　区域制造业升级能力指标评价体系

一级指标	二级权重	二级指标	三级权重	三级指标
制造业升级能力	0.2422	经济创造能力	0.0379	制造业销售产值
			0.0565	制造业销售产值占 GDP 比重
			0.1502	制造业利润总额
			0.3014	制造业就业人员人均利润率
			0.4540	制造业销售收入占工业销售收入比重
	0.1093	科技创新能力	0.0360	制造业研发经费支出
			0.0523	制造业研发人员全时当量
			0.1191	制造业研发投入强度
			0.2147	制造业专利申请数
			0.5779	制造业专利拥有数
	0.0388	两化融合能力	0.0727	移动光缆长度
			0.0443	移动用户交换机容量
			0.1386	万人因特网用户数
			0.2333	百户居民计算机拥有量
			0.5111	信息产业从业人员数占比
	0.2209	资源节约能力	0.0510	制造业能源消耗总量
			0.0975	制造业单位产值能源消耗量
			0.1265	制造业电力消耗总量
			0.4006	制造业单位产值电力消耗量
			0.3244	电力消耗占能源消耗总量的比例

续表

一级指标	二级权重	二级指标	三级权重	三级指标
制造业升级能力	0.3007	环境保护能力	0.0913	制造业单位产值废水排放量
			0.0795	制造业单位产值废气排放量
			0.1251	制造业单位产值固体废物排放量
			0.2720	制造业污染治理设备投入量
			0.4321	制造业治污设备年运行费用
	0.0881	社会服务能力	0.0472	制造业就业人员人数
			0.1657	制造业就业人员人数占总就业人数比重
			0.2935	制造业企业利税总额
			0.4936	制造业就业人员人均利税额

2. 行业层面制造业升级能力指标测度过程

考虑到各省行业层面数据可获得性，本书仅以各行业生产效率作为衡量制造业各种类行业升级能力的指标。并且，生产效率往往用于衡量收益能力和成本节约能力，与制造业转型升级能力具有一致性。在测算食品加工企业生产率之前，还需要设定投入和产出指标。现有研究一般以资本存量与劳动资本作为两种要素投入，而以工业总产值、销售产值或营业收入作为预期产出。表 5-4 为各指标的描述性统计。

表 5-4　指标的描述性统计

指标名称	样本数	均值	标准差	最小值	最大值
资本投入	819	2141.04	2718.65	52.80	17338.61
劳动投入	819	169.24	153.55	0.04	778.36
经济产出	819	11777.98	14072.32	476.85	113569.10

资料来源：2004～2017 年《中国工业统计年鉴》。

（1）资本投入：已有研究大多采用永续盘存法来测算当期资本存量，但是这种方法对数据质量要求较高，考虑到数据可获得性以及质量，本书沿用刘传江和赵晓梦（2017）、原毅军和谢荣辉（2015）的方法，以固定资产与折旧的差值来计算各行业当期资本存量。

（2）劳动投入：由于各行业劳动力用工时间无法获取，本书利用《中国工业统计年鉴》中各行业平均从业人数代替人力资本投入。

（3）经济产出：现有研究一般用工业总产值（Hu et al.，2018）、销售产值（刘传江和赵晓梦，2017；原毅军和谢荣辉，2015）和营业收入来衡量。虽然工业总产值最能代表与投入相对应的产出概念，但由于 2011 年后国家统计局不再公布工业总产值，因此本书选择与工业总产值最相近的销售产值作为产出变量。

5.1.3　测度结果及讨论

由于区域层面和行业层面制造业转型升级能力指标不一致，因此本书分别对二者测度结果进行分析与讨论。

1. 区域层面制造业转型升级能力指标测度结果及讨论

根据前述数据与测度过程，本书对 2003～2016 年西部 12 个省区市的制造业转型升级能力进行了测度，具体结果如表 5-5 所示。

表 5-5　区域层面各级指标均值

地区	转型升级能力	经济创造能力	科技创新能力	两化融合能力	资源节约能力	环境保护能力	社会服务能力
内蒙古	0.345	0.392	0.339	0.405	0.418	0.380	0.387
广西	0.338	0.436	0.340	0.406	0.364	0.367	0.432
重庆	0.338	0.466	0.363	0.370	0.353	0.351	0.427
四川	0.347	0.461	0.351	0.449	0.372	0.377	0.422
贵州	0.338	0.385	0.339	0.386	0.412	0.354	0.371
云南	0.339	0.420	0.338	0.394	0.375	0.362	0.402
西藏	0.335	0.092	0.334	0.391	0.345	0.335	0.373
陕西	0.339	0.397	0.357	0.390	0.374	0.355	0.391
甘肃	0.337	0.403	0.341	0.375	0.378	0.348	0.388
青海	0.334	0.368	0.337	0.372	0.432	0.343	0.383
宁夏	0.335	0.383	0.337	0.356	0.426	0.343	0.378
新疆	0.338	0.376	0.337	0.386	0.414	0.353	0.369
均值	0.339	0.382	0.343	0.390	0.389	0.356	0.394

资料来源：根据 2004～2017 年《中国工业统计年鉴》等资料的原始数据计算得出。

总体来看，西部地区制造业转型升级能力均值为 0.339，整体偏弱，除了四川达到 0.347、内蒙古达到 0.345，其余省区市主要集中在[0.334，0.339]，其中广西、重庆、贵州和新疆制造业转型升级能力均为 0.338，云南和陕西为 0.339，严重制约了西部地区制造业转型升级能力的提升。

2. 行业层面制造业转型升级能力指标测度结果及讨论

本书基于 Bootstrap-SBM-DEA 方法，运用 Matlab2015b 软件对 2003～2016 年，

东、中、西三个区域，制造业 21 个细分行业的生产率进行了测度。需要说明的是，用 DEA 方法测算生产率对极值较为敏感，因此本书以每一年为周期对各行业的生产率进行测算。同时，为了探究不同种类制造业生产效率情况，本书将 21 个细分行业分为两大类：轻工制造业和重工制造业。具体分类结果见表 5-6。

表 5-6　21 个细分行业分类明细

类别	名称
轻工制造业	纺织业，化学纤维制造业，农副食品加工业，食品制造业，烟草制品业，酒、饮料和精制茶制造业，纺织服装、服饰业，造纸和纸制品业
重工制造业	金属制品业，医药制造业，通用设备制造业，专用设备制造业，计算机、通信和其他电子设备制造业，石油、煤炭及其他燃料加工业，交通运输设备制造业，仪器仪表制造业，化学原料和化学制品制造业，黑色金属冶炼和压延加工业，有色金属冶炼和压延加工业，非金属矿物制品业，电气机械和器材制造业

表 5-7 为西部地区制造业 21 个细分行业的 13 年平均 DEA 效率值和 DEA 修正值。DEA 效率值始终大于 DEA 修正值，这个结果与多数文献测得的结果一致，即普通 SBM-DEA 会高估生产效率（刘晓欣等，2011），因此本书主要集中在对 DEA 修正值的研究。轻工制造业与重工制造业之间比较结果表明，重工制造业生产效率平均值始终高于轻工制造业，西部地区轻工制造业、重工制造业均值之间的差距为 0.142，西部地区生产效率最高的三个行业分别是交通运输设备制造业（0.792）、计算机、通信和其他电子设备制造业（0.791）和烟草制品业（0.779）。

表 5-7　制造业细分行业生产效率均值

类别	行业	DEA 效率值	DEA 修正值
轻工制造业	纺织业	0.460	0.413
	化学纤维制造业	0.462	0.411
	农副食品加工业	0.521	0.487
	食品制造业	0.453	0.407
	烟草制品业	1.000	0.779
	酒、饮料和精茶制造业	0.425	0.371
	纺织服装、服饰业	0.624	0.578
	造纸和纸制品业	0.432	0.393
	均值	0.547	0.480
重工制造业	金属制品业	0.557	0.508
	医药制造业	0.546	0.511
	通用设备制造业	0.581	0.519
	专用设备制造业	0.582	0.539
	计算机、通信和其他电子设备制造业	0.981	0.791
	石油、煤炭及其他燃料加工业	0.720	0.607

续表

类别	行业	DEA 效率值	DEA 修正值
重工制造业	交通运输设备制造业	0.903	0.792
	仪器仪表制造业	0.728	0.665
	化学原料和化学制品制造业	0.778	0.715
	黑色金属冶炼和压延加工业	0.791	0.732
	有色金属冶炼和压延加工业	0.720	0.670
	非金属物矿制品业	0.471	0.439
	电气机械和器材制造业	0.679	0.594
	均值	0.695	0.622

资料来源：根据 2004～2017 年《中国工业统计年鉴》等资料的原始数据计算得出。

5.2 西部地区制造业转型升级趋势及特征

本节主要分析西部地区制造业转型升级在时间序列上的趋势，总结其变化的一般特征。

5.2.1 总体变化趋势

伴随着我国西部大开发战略的深入实施，西部地区制造业转型升级能力由之前缓慢上升趋势转变为如今快速增长的局面。如图 5-1 所示，2003～2011 年，政府

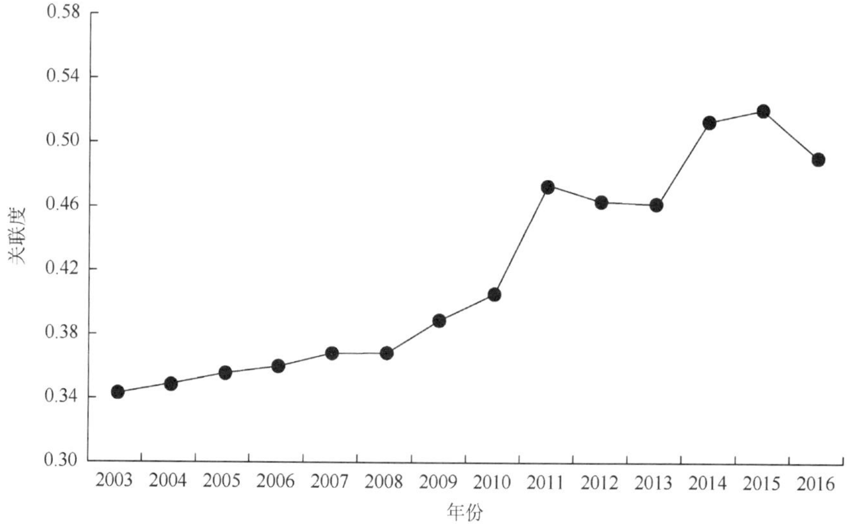

图 5-1 2003～2016 年西部地区制造业升级能力趋势变化图

数据来源：根据 2004～2017 年《中国工业统计年鉴》等资料的原始数据计算得出。

通过增加资金投入、改善投资环境、扩大对内对外开放等政策，为西部地区承接东部地区制造业转移奠定了较好的基础，使得制造业升级能力关联度由 0.34 上升到了 0.47 左右，表明西部地区制造业升级能力在此期间得到了相对较小幅度的上升。随着西部大开发第二个十年序幕的拉开，西部地区开始着力建设装备制造业基地以及战略性新兴产业基地，推进节能减排和循环经济的发展。经过 2012～2013 年的调整期后，2013 年后西部地区制造业升级能力触底反弹，这离不开西部 12 个省区市为推动制造业转型升级，在制造业的经济创造、科技创新、两化融合、资源节约、环境保护和社会服务等各方面做出的努力。

5.2.2　趋势特征描述

通过对西部地区制造业升级能力的总体变化趋势分析发现，西部地区制造业在实现转型升级过程中呈良好发展态势。具体从影响西部地区制造业升级能力的六大指标贡献度变化情况可以看出，自 2003 年以来，六大指标对制造业升级能力增长的贡献度非常接近，并且呈现出了明显的上升趋势。在经济创造能力方面，西部地区各省区市积极承接东部地区的产业转移和技术转移，培育形成了一批高附加值和高技术含量的战略性新兴产业，为拉动西部地区制造业产值的持续增长提供了较大动力，因此近年来西部地区总体经济创造能力大大提升。在科技创新能力方面，西部地区近年来的研发投入明显增加，科学技术发展和人才开发的力度不断增强，以此实现了科技创新能力的提升，为带动西部地区制造业转型升级提供了新动能。在两化融合能力方面，长期以来，西部地区各省区市坚持以信息化带动工业化，信息基础设施建设在 2003～2016 年得到了快速发展，信息产业规模迅速扩张，对推动西部地区传统制造业改造做出了较大贡献。从图 5-2 可以看出，西部地区制造业的资源节约能力在 2003～2016 年的变化情况与其他五大指标有一定差异。随着西部地区整体制造业升级能力的上升，资源节约能力对其贡献度排名逐渐下降，一定程度上代表了西部地区制造业节能增速放缓，因此，西部地区在推动制造业转型升级过程中，还需继续加快传统企业改造升级，适当控制高耗能产业的发展。西部地区制造业环境保护能力在 2003～2016 年同样获得了快速发展，尤其是在 2015～2016 年，环境保护能力对西部地区制造业转型升级能力的贡献度高于其他五大指标，表明西部地区制造业在减少污染物排放和环境治理方面取得了较大成功。最后，西部地区制造业社会服务能力有较大幅度提升，表明西部地区制造业总规模在不断扩大的情况下，社会效益也得到了提升。总体来看，西部地区制造业在政府的规划指导和大力投资下，以上六种能力均取得了较为明显且均衡的发展。此外，政府还需大力引导制造业绿色化发展，提高能源利用效率，进而提升西部地区制造业的资源节约能力。

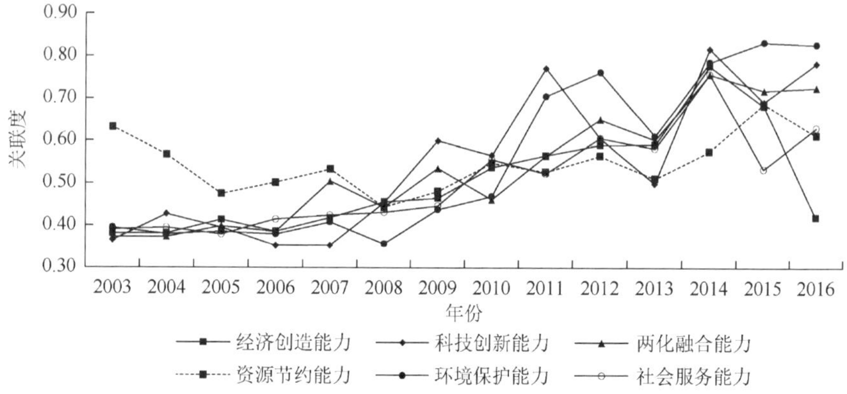

图 5-2 2003～2016 年西部地区制造业升级能力影响因素趋势变化图

数据来源：根据 2004～2017 年《中国工业统计年鉴》等资料的原始数据计算得出。

5.3 不同维度的制造业转型升级比较

本节从区域和行业两个维度具体分析西部地区制造业转型升级特征。

5.3.1 不同区域制造业转型的特点

为了了解西部地区 12 个省区市制造业转型的特点，本书结合西部地区制造业转型升级 2003～2016 年度各项指标数据，从影响西部地区制造业转型升级的经济创造能力、科技创新能力、两化融合能力、资源节约能力、环境保护能力、社会服务能力这六个方面进行比较分析，以明确西部地区不同省区市转型升级的主要特点和优劣势，为各区域相关部门制定合理的转型升级策略提供决策参考。

1. 重庆市制造业升级能力

随着重庆市政府对制造业的高强度投资以及对产业结构优化升级的持续推进，重庆市制造业升级能力近年来逐渐增强。从重庆市 2003～2016 年制造业升级能力的灰色关联度变化可以看出，重庆市制造业升级能力关联度整体呈上升趋势。从总体上看，2003～2006 年，重庆市制造业升级能力呈现出缓慢的上升趋势，关联度由 0.334 变化到 0.336 左右。到 2007 年，重庆市着力壮大产业集群，淘汰落后产能，推动国有资本向高新技术产业和高附加值产品集聚，这一系列举措的实施使得 2008 年重庆市制造业升级能力关联度由 0.335 上升到 0.341。而后在金融危机的影响下，重庆市制造业转型升级的脚步放缓，2009～2012 年重庆市制造业升级能力关联度维持在 0.336～0.339。随着 2013 年“6 + 1”支柱产业三年振兴规划的深入实施，重庆市制造业升级能力突飞猛进。2014 年重庆市“6＋1”产业集群持续发展，并布局了集成电路、液晶面板、页岩气等十大战略性新兴产业，制造业升级能力维持上升趋势。2015 年作为“十二五”的收官之年，重庆市在努力克服经济下行压力的情况下，以创新驱动制造业转型升级，由此加速了制造业升级能力的进步。2016 年，重庆市经济结构调整取得新的进展，形成了汽车、信息等千亿级产业集群，战略性新兴制造业获得了较快发展，对工业增长贡献率达到了 37.5%。从图 5-3 中可以看出，2016 年重庆市制造业升级能力明显高于以往年份，达到了 0.344 的水平。

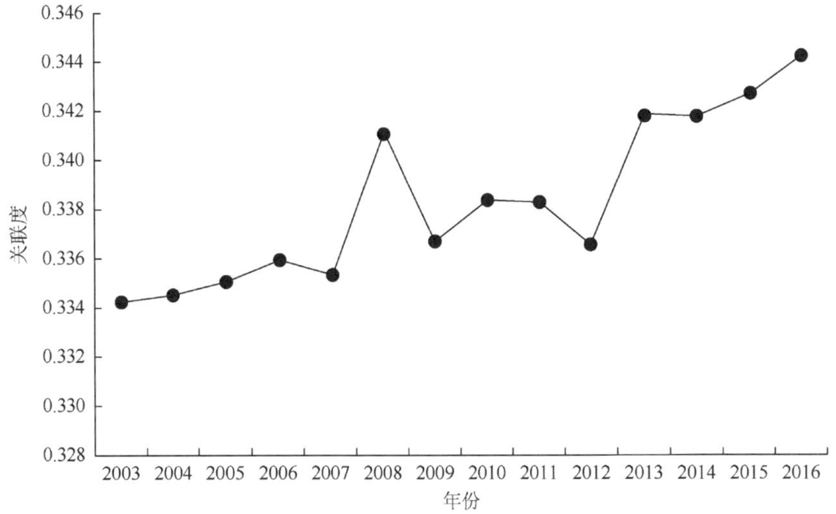

图 5-3　2003～2016 年重庆市制造业升级能力趋势变化图

数据来源：根据 2004～2017 年《中国工业统计年鉴》等资料的原始数据计算得出。

观察 2003 年以来六大指标对重庆市制造业升级能力的贡献度的变化，可以发现经济创造能力和社会服务能力对重庆市制造业升级能力的贡献较为明显，而科技创新能力、两化融合能力、资源节约能力和环境保护能力的贡献度较低。具体来看，重庆市是我国重要的现代制造业基地，制造业的产出对全市工业的贡献率可以达到 80%以上，因此重庆市制造业的经济创造能力相对较高。制造业是重庆市主导产业，制造业就业人数占总就业人数的比例较高，使得重庆市制造业的社会服务能力也相对较好。科技创新能力一直是西部地区较为欠缺的能力，可以从图 5-4 看出，长期以来，科技创新能力对重庆制造业升级的贡献较低。由于 2012 年是“十二五”规划深入实施的时期，重庆市对制造业的高强度投资效益开始显现，制造业的研发效率增大，因此科技创新能力对制造业升级的贡献在这一年尤其突出。从两化融合能力的关联度变化趋势可以看出，2012 年重庆市制造业的两化融合能力对重庆市制造业升级能力的贡献较为突出，这是由于重庆市在这一年里，信息基础设施不断完善，并且成功构建了“5 + 6 + 700”电子信息产业集群，使得两化融合能力有了较大幅度的提升。另外，从图中可以看出，资源节约能力和环境保护能力的关联度从2003年以来一直维持在0.35左右，因此，重庆市在推动制造业转型升级过程中，还应继续做好节能减排和环境保护工作，以提升资源节约能力和环境保护能力。

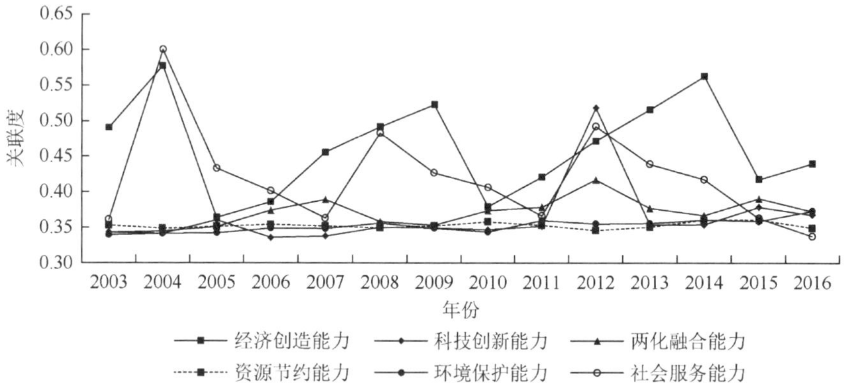

图 5-4　2003～2016 年重庆市制造业升级能力影响因素趋势变化图

数据来源：根据 2004～2017 年《中国工业统计年鉴》等资料的原始数据计算得出。

2. 四川省制造业升级能力

自 2003 年以来，四川省制造业升级能力表现出较为明显的上升趋势。2003～2005 年四川省坚持走新型工业化道路，以信息化带动工业化，制造业升级能力在此期间也得到了一定程度的提升。2006～2007 年，随着工业强省战略的推进，以及高新技术产业的快速成长，四川省制造业升级能力获得较快发展。2008 年，四川省在特大地震灾害和国际金融危机的双重影响下，全省经济发展严重受挫，制造业升级能力也出现了小幅度下降。之后的一段时间里，四川省在全面推进灾后恢复重建的同时，继续推进自主创新并加快制造业转型升级，使得2009～2011 年四川省制造业转型升级能力恢复到了地震灾害发生前的水平。2011 年，四川省灾后恢复重建基本完成，产业发展步伐也更加迅速。随着“7 + 3”产业发展规划和八大产业调整与振兴行动计划的深入实施，2012 年四川省制造业升级能力有了非常明显的上升趋势，达到考察期内的峰值 3.82。其后，四川省制造业升级能力迅速下降，并进入新一轮调整期，如图 5-5 所示。总体来看，四川省制造业升级能力表现出较好的上升趋势，未来随着四川省对五大高端成长型产业和轨道交通、石墨烯等重点产业的积极培育，预期四川省制造业升级能力仍会继续加强。

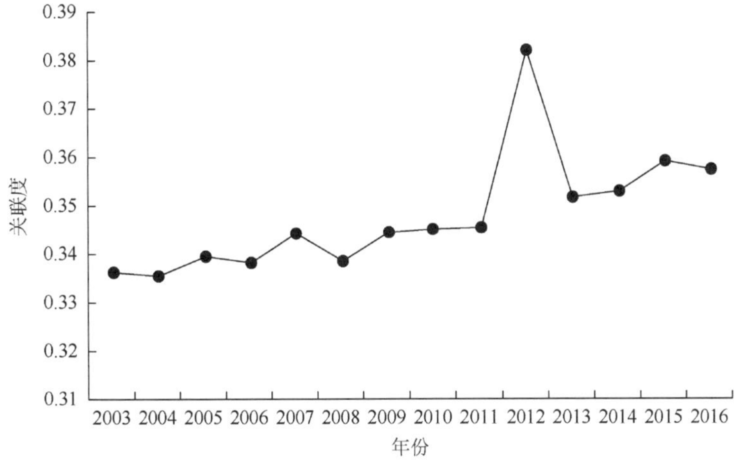

图5-5　2003～2016年四川省制造业升级能力趋势变化图

数据来源：根据2004～2017年《中国工业统计年鉴》等资料的原始数据计算得出。

从影响四川省制造业升级能力的六大指标贡献度变化情况可以看出，自2003年以来，经济创造能力对四川省制造业升级能力的贡献度最大，此后依次是两化融合能力、社会服务能力、环境保护能力、资源节约能力和科技创新能力。具体来看，四川省是我国装备制造业的重要基地，因此制造业的经济创造能力相对其他能力较强。长期以来，四川省注重培育信息产业，强调要以信息化带动工业化发展，从图5-6可以看出，四川省的两化融合能力确实对制造业升级能力做出了较大贡献。从图中还可以看出，四川省制造业的社会服务能力较好，从2003～2017年的《四川统计年鉴》获得的数据发现，四川省制造业就业人数

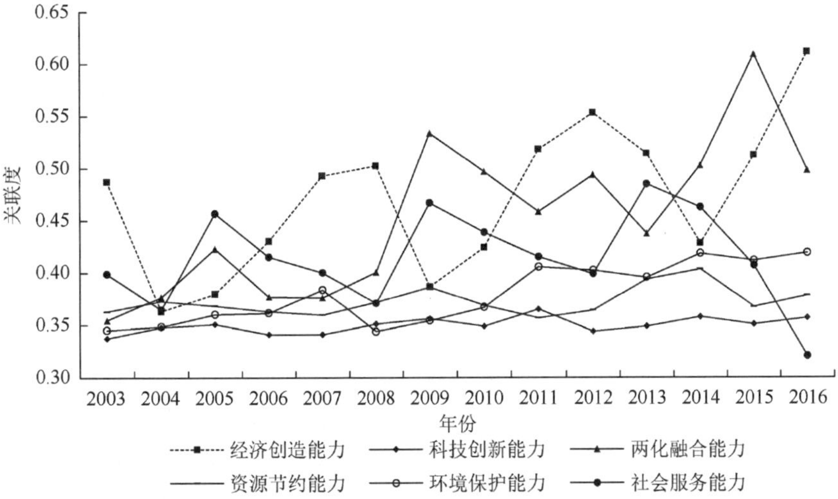

图5-6　2003～2016年四川省制造业升级能力影响因素趋势变化图

数据来源：根据2004～2017年《中国工业统计年鉴》等资料的原始数据计算得出。

在全省总就业人数中平均占比为 77.99%，这表明四川省在推动制造业采用大产业大集群式发展的同时，为社会提供了较多的就业岗位，由此增强了制造业的社会服务能力。“十二五”时期，四川省一方面加快淘汰落后产能，严格把控新上高耗能高污染项目；另一方面重点实施一大批节能减排工程，使得四川省制造业环境保护能力和资源节约能力得到了大幅度提升。前面五个能力在 2003～2016 年的变化与制造业升级能力的变化大致相似，均呈现缓慢上升的趋势，唯独科技创新能力在此期间一直在 0.35 上下波动，因此四川省还需继续加快科技成果转化进度，实现创新驱动制造业高速发展。

3. 贵州省制造业升级能力

长久以来，贵州省持续调整经济结构，着力扩大工业产业比重，从而使得制造业升级能力大幅度攀升。2003～2010 年贵州省持续调整工业结构，形成了以能源工业为第一支柱产业，原材料、烟酒、民族制药、特色食品、高新技术等其他产业不断壮大的局面。在此基础上，贵州省大力建设产业园区，引导产业向着集群、集聚、集约方向发展。到 2011 年，贵州省制造业升级能力明显增强。2012 年，贵州省继续深化产业结构调整，做大做强工业基地，不断加强制造企业的资源节约和环境保护能力，单位生产总值耗能下降 14.2%。同时，全省创新驱动能力也不断提升，科技进步对经济增长贡献率提高到 42.2%，由此贵州省制造业升级能力在 2012 年达到了历年最高水平。2013 年，贵州省出台深入实施工业强省战略、《加快推进工业转型升级的意见》，制定实施《贵州省提高工业经济比重五年行动计划（2013—2017 年）》。2014 年贵州省正式启动实施工业“百千万”工程，2015 年“百千万”工程推动贵州省形成了 6 个千亿级产业。相信随着“百千万”工程的深入实施，贵州省工业还将保持高速增长，总量规模将快速扩大。但是，从图 5-7 中可以看出，虽然贵州省制造业在“百千万”工程的影响下，总量规模不断扩大，但 2013～2015 年制造业升级能力却呈现出下降趋势。但值得注意的是，2016 年贵州省制造业升级能力又出现大幅度增强，达到峰值 0.345。由此表明，随着制造业总量规模的扩大，贵州省也越发注重制造业“质”方面的提升。

从影响贵州省制造业升级能力的六大指标贡献度变化情况可以看出，自 2003 年以来，资源节约能力对贵州省制造业升级能力的贡献度最大，此后依次是经济创造能力、两化融合能力、社会服务能力、环境保护能力和科技创新能力。具体来看，2003～2012 年，制造业资源节约能力对升级能力贡献最大，而 2012 年之后经济创造能力和两化融合能力超越了资源节约能力对升级能力的贡献。这是由于早期贵州省制造业水平并不发达，制造业发展非常滞后，所以制造业的经济创造能力和两化融合能力相对较弱。又由于贵州省一直高度重视资源节约，积极发展循环经济，因此资源节约能力相对较高。2012～2016 年，贵州省工业经济规模持续扩张，带动了制造

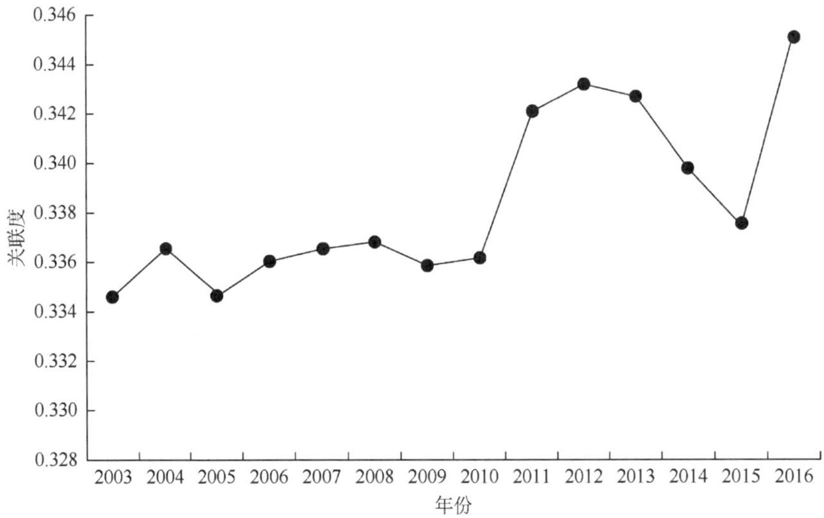

图 5-7　2003～2016 年贵州省制造业升级能力趋势变化图

数据来源：根据 2004～2017 年《中国工业统计年鉴》等资料的原始数据计算得出。

业的经济创造能力和两化融合能力的不断提升，因此出现了图 5-8 所示的经济创造能力和两化融合能力贡献度在 2012 年超越资源节约能力的走势。从图中可以看出，随着制造业规模的不断扩大，制造业的环境保护能力在 2010～2012 年逐渐上升，2012～2015 年走势逐渐平稳，表明贵州省在着力扩大制造业总量规模的同时，也加强了制造业污染物排放总量的控制。2003～2015 年，贵州省制造业就业人数占全省总就业人数比重有明显下降的趋势，社会服务能力也因此有所降低。与西部地区的其他省区市相似，贵州省制造业科技创新能力在 2003～2015 年一直较弱，因此贵州省在科技创新激励、科技基础设施建设、科技项目实施以及人才培养引进方面还需继续加强。

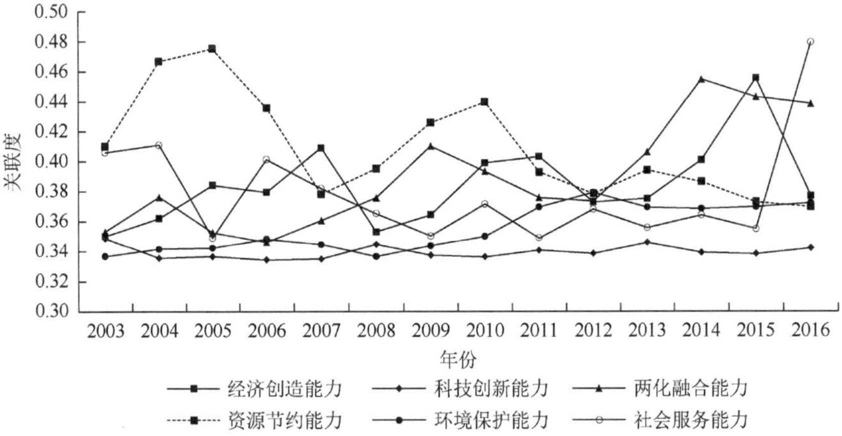

图 5-8　2003～2016 年贵州省制造业升级能力影响因素趋势变化图

数据来源：根据 2004～2017 年《中国工业统计年鉴》等资料的原始数据计算得出。

4. 陕西省制造业升级能力

陕西省在持续的产业结构调整和工业化进程中，逐渐由制造大省向制造强省转变，制造业升级能力呈波动上升趋势。2003～2007年，陕西省着力壮大优势特色产业，装备制造、能源化工和高新技术产业成为经济发展的有利支撑，由于陕西省将发展重点放在扩大制造业总规模上，因此制造业的升级能力在此期间相对平稳。到2008年，装备制造、能源化工和高新技术产业产值分别增长25.3%、37.3%和16.4%，工业经济效益综合指数创下了历史最好水平，加上“13115”科技创新工程的深入实施，陕西省的自主创新能力进一步增强，因此这一年陕西省制造业的升级能力突飞猛进。2009年陕西省出台了12个产业调整和振兴规划以及壮大产业集群、发挥科技支撑作用、开展质量兴省活动等重大举措，为之后陕西省制造业发展方式的转变奠定了较好的基础。2010年，陕西省制造业升级能力再次大幅度提升，装备制造业销售产值由691亿元跃升到2607亿元，科技创新驱动制造业转型升级效果显著。2011年陕西省通过政策调控减免先进装备制造业企业税负，同时对传统产业投入上千亿元加以改造。2012年陕西省传统产业改造步伐加快，优势产业支撑作用进一步加强，新兴产业也得到了快速发展。经过2011～2012年陕西省政府对制造业的大力投资和产业结构调整，陕西省制造业升级能力在2013～2014年出现强劲的上升趋势，并在2016年达到峰值，如图5-9所示。未来随着电子信息、新能源汽车、航空航天、新材料等新支柱产业的发展，陕西省制

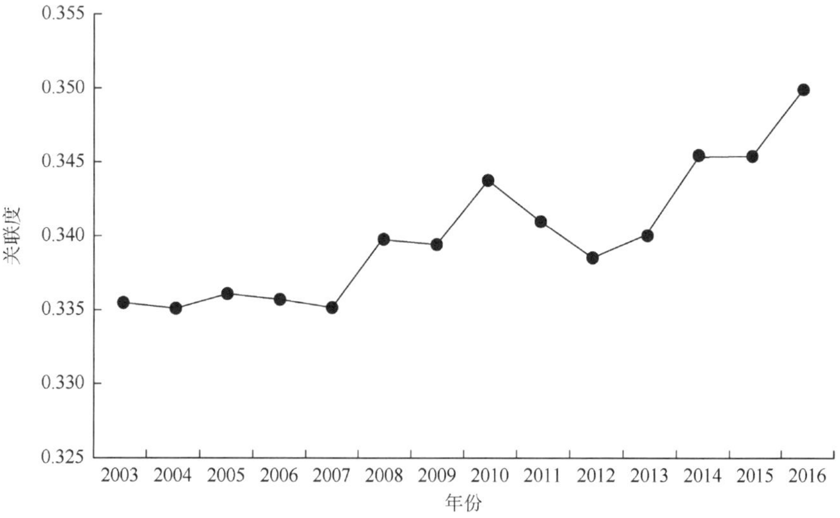

图5-9 2003～2016年陕西省制造业升级能力趋势变化图

数据来源：根据2004～2017年《中国工业统计年鉴》等资料的原始数据计算得出。

造业将会迎来新的经济增长点，这为全省集聚和培育高级生产要素，推动制造业转型升级奠定了基础。

在影响陕西省制造业升级能力的六大指标中，经济创造能力、两化融合能力、社会服务能力对制造业升级能力的贡献较大，之后依次为资源节约能力、环境保护能力和科技创新能力。六大指标在 2003～2016 年整体呈上升趋势，与制造业升级能力变化趋势大致吻合。另外，六大指标波动的范围非常相近，表明陕西省各项能力发展得比较均衡，各项指标对制造业升级的贡献度较为一致。具体来看，由于陕西省是制造大省，制造业每年创造的销售产值非常可观，信息化建设受到政府的高度重视，就业人数也相对较多，因此具有较好的经济创造能力、两化融合能力和社会服务能力。近年来，陕西省淘汰落后产能的力度不断加大，在环境治理方面也采取了多种举措，科技创新方面更是通过创新平台建设和人才引进获得了较大进步，以上各方面的努力使得陕西省制造业的资源节约能力、环境保护能力和科技创新能力呈现出如图 5-10 所示的上升趋势。因此，陕西省需要维持目前各种能力均衡发展的局面，逐渐改善要素禀赋结构，为将来制造业转型升级发展积蓄力量。

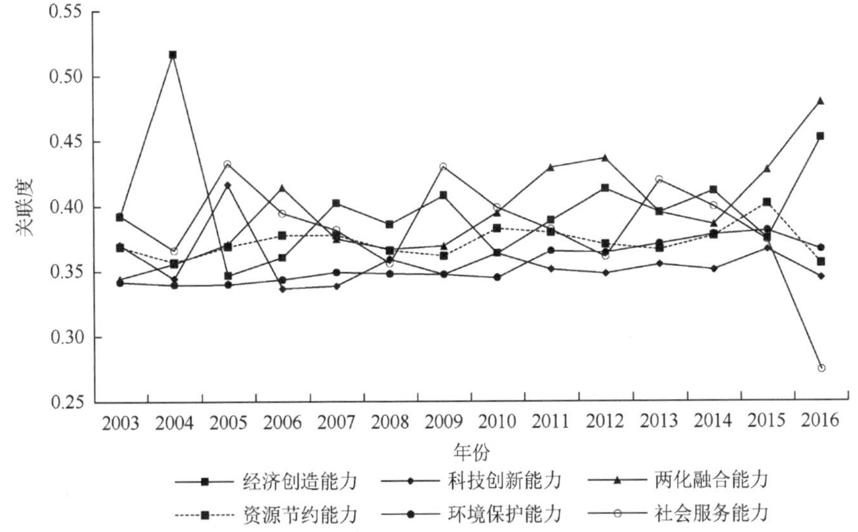

图 5-10　2003～2016 年陕西省制造业升级能力影响因素趋势变化图

数据来源：根据 2004～2017 年《中国工业统计年鉴》等资料的原始数据计算得出。

5. 云南省制造业升级能力

在考察期内，云南省制造业升级能力有升有降，但总体表现为上升趋势。具体来看，2003～2007 年，云南省制造业发展缓慢，升级能力有所提升。受 2008 年金融危机的影响，云南省虽采取了一些超常规措施来稳定制造业发展，但从图 5-11 中可以看出，制造业升级能力还是出现了小幅度下降。2009 年，云南省走出工业经济运行困境，制定并实施了 12 个工业行业发展行动计划。2010 年，云南省经济社会发展第十一个五年规划全面完成，制造业升级能力突飞猛进。之后的五年中，云南省持续推动制造业升级，并积极培育战略性新兴产业，投资并开工了一大批重大项目，虽然从图 5-11 中来看，制造业升级能力在这几年出现下降趋势，但是整体水平仍然高于 2003～2009 年的平均值，并且 2015～2016 年还出现了上升趋势。因此，云南省要大力发展制造业，还需持续转变发展方式，以创新驱动传统产业升级和新兴产业发展。

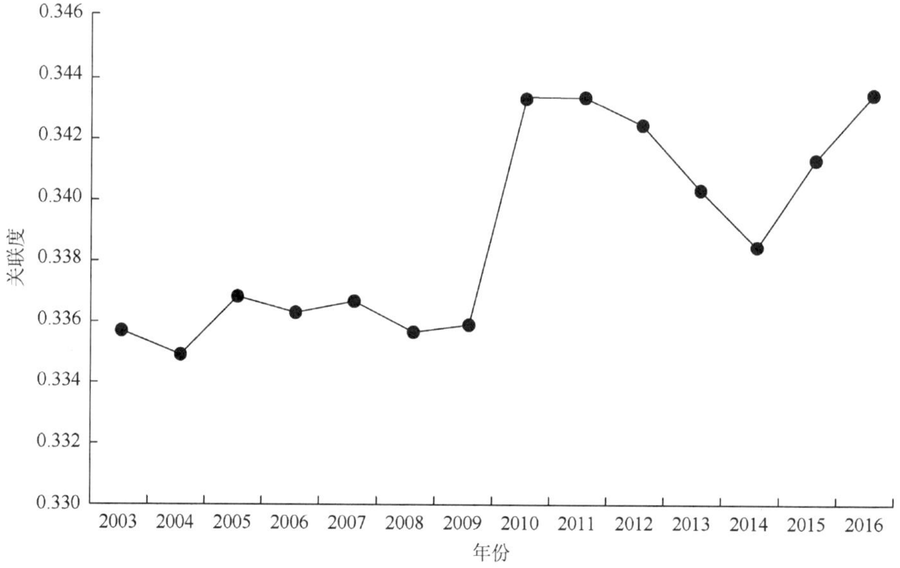

图 5-11　2003～2016 年云南省制造业升级能力趋势变化图

数据来源：根据 2004～2017 年《中国工业统计年鉴》等资料的原始数据计算得出。

从影响云南省制造业升级能力的六大指标的贡献度排名情况可以发现，与大多数西部省份相似，经济创造能力、社会服务能力和两化融合能力仍然排在前面。资源节约能力一直没有太大的波动，因此云南省政府还应加快淘汰落后产能，鼓励制造企业转型升级，提高资源利用效率。环境保护能力的变化趋势与制造业总的升级能力趋势变化非常吻合，平均水平在近几年有了提高，也表明云南省在环境治理方面取得了一定的成效。科技创新能力是驱动制造业转型升级的重要支撑力量，从图 5-12 分析来看，云南省政府仍需加大制造业的科研投入力度，积极培养和引进创新型人才。

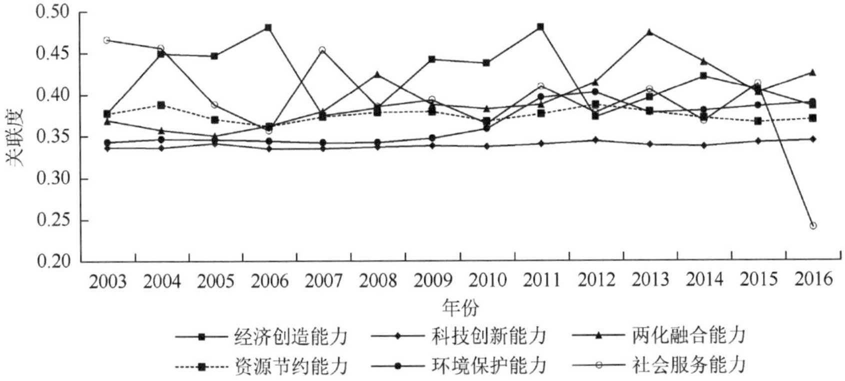

图 5-12　2003～2016 年云南省制造业升级能力影响因素趋势变化图

数据来源：根据 2004～2017 年《中国工业统计年鉴》等资料的原始数据计算得出。

6. 广西壮族自治区制造业升级能力

广西采取集中资源培育优势产业的方式，实现了制造业升级能力的持续攀升。如图 5-13 所示，2003～2009 年，广西壮族自治区制造业升级能力先是由 0.336 下降到 0.335，而后一直呈缓慢上升的趋势达到 0.337，整体上制造业升级能力仍然相对较弱。在此期间广西形成了食品、汽车、石化、有色金属、机械、冶金、电力等七大支柱产业，制造业的经济创造能力进一步增强。2010 年，广西制造业升级能力达到 0.343 左右，相较于 2009 年有了很大的提升。这是由于广西对产业结构调整的力度持续加大，技术改造投资由 275 亿元增加到 2000 亿元以上，从而有

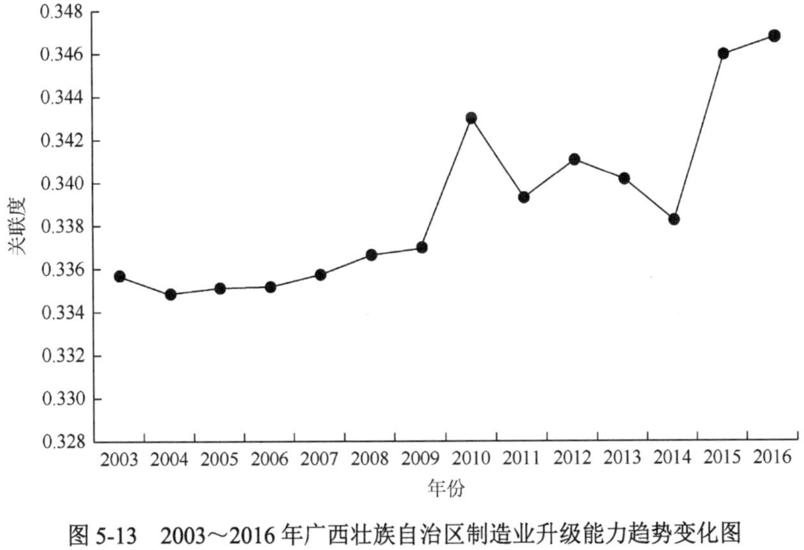

图 5-13　2003～2016 年广西壮族自治区制造业升级能力趋势变化图

数据来源：根据 2004～2017 年《中国工业统计年鉴》等资料的原始数据计算得出。

效促进了制造业的转型升级。2011～2014年，广西为加快制造业转型升级，开始着力培育新能源、新材料、生物医药等战略性新兴产业，并继续加强企业技术攻关，提升制造业信息化水平，虽然制造业升级能力较2010年有所下降，但平均升级能力仍然相对较强。2015～2016年，随着工业强桂战略的深入实施，传统产业升级取得新的进展，战略性新兴产业也获得了较快发展。在节能减排和淘汰落后产能方面，广西单位生产总值能耗下降3.7%，万元工业增加值能耗下降9.3%。尤其是2016年，在多方面共同努力下，广西制造业升级能力达到峰值。

考察影响广西壮族自治区制造业升级能力的六大指标可以发现，经济创造能力和社会服务能力对制造业升级能力贡献度最大，并且明显高于其他四个指标。此后依次是两化融合能力、资源节约能力、环境保护能力和科技创新能力。由于长期以来广西壮族自治区的产业结构都是工业占据主导地位，制造业对经济贡献较大，因此其经济创造能力相对较强，为社会提供的就业岗位同样较多。从两化融合能力的变化趋势可以看出，近年来，广西壮族自治区的信息化水平有较快发展，对制造业升级做出了不小贡献。在资源节约能力方面，广西壮族自治区近年来出现轻微下降趋势，而在环境保护方面有上升趋势，说明广西壮族自治区政府多年来在环境保护方面取得了一定成效，但仍需加快制造业技术改造，通过淘汰落后产能，以提高资源使用效率。从图5-14中可以看出广西科技创新能力有缓慢提升，表明在落实创新驱动战略上，有显著成效。

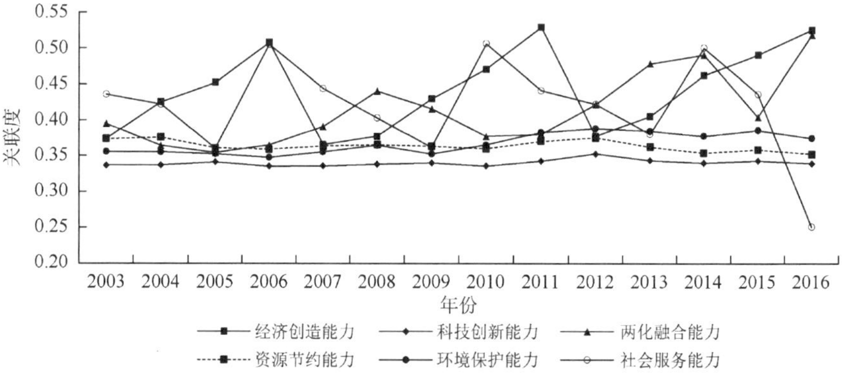

图5-14　2003～2016年广西壮族自治区制造业升级能力影响因素趋势变化图

数据来源：根据2004～2017年《中国工业统计年鉴》等资料的原始数据计算得出。

7. 甘肃省制造业升级能力

甘肃省通过技术改造和产业布局优化，考察期内制造业升级能力整体呈上升趋势。2003～2006年，甘肃省制造业产业规模不断扩大，但从图5-15可以看出，制造业升级能力的关联度始终维持在0.335左右，表明制造业升级能力相对较弱。

2006～2008 年，随着甘肃省工业强省战略的实施，石化、冶金、机械、建材等优势支柱产业完成了重大技术改造，同时节能减排工作获得强有力推进，制造业升级能力在此期间得到了快速发展，制造业升级能力关联度从 0.335 逐渐涨到 0.341 左右。2008～2009 年，甘肃省制造业升级能力经历了短暂的下滑，进入调整阶段，但整体平均水平仍然相对较高。2009～2012 年，在创新驱动发展战略的带动下，甘肃省制造业的综合实力平稳攀升，并在 2012～2013 年再次进入高位调整期。此后，甘肃省围绕循环经济发展和生态环境保护建设开展的系列措施为制造业转型升级提供了良好的环境，因此制造业升级能力出现了非常明显的上升趋势。

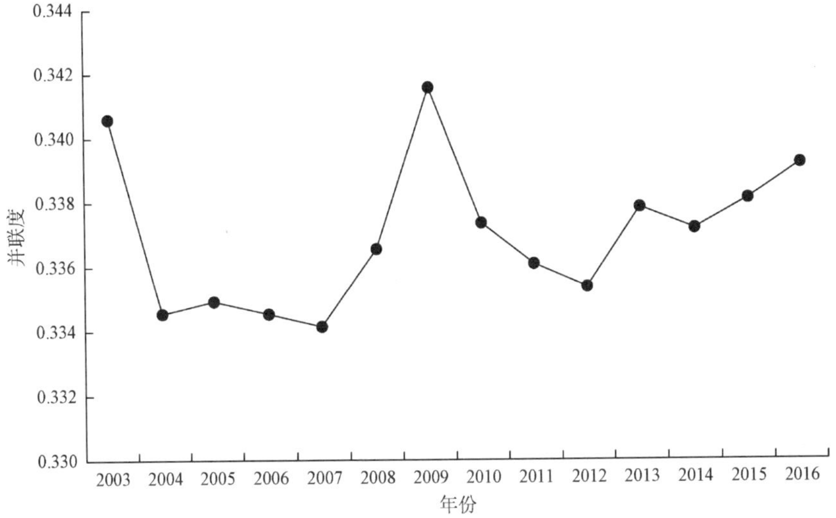

图 5-15　2003～2016 年甘肃省制造业升级能力趋势变化图

数据来源：根据 2004～2017 年《中国工业统计年鉴》等资料的原始数据计算得出。

从影响甘肃省制造业升级能力的六大指标在 2003～2016 年的变动趋势可以发现，同大多数西部省份相似，经济创造能力、社会服务能力和两化融合能力对甘肃省制造业升级能力的贡献度相对较大。此后依次是资源节约能力、环境保护能力和科技创新能力。与其他西部省份不同的是，甘肃省资源节约能力的贡献度较为突出，这离不开甘肃省政府为实现循环经济发展所做的大量努力。从图 5-16 还可以看出，甘肃省制造业的经济创造能力大体上呈现波动下降趋势，这有可能是受到大环境经济下行的影响，但仍需要甘肃省政府相关部门引起高度重视。在考察期内，甘肃省制造业社会服务能力在波动中持续增强，并在 2016 年达到峰值；而资源节约能力则未出现较大波动，关联度始终维持在固定范围内。两化融合能力、环境保护能力和科技创新能力在近几年均出现了小幅度上升趋势，对加快甘肃省制造业转型升级具有显著作用。通过以上分析，课题组认为甘肃省还需乘着目前全省战略性新兴产业快速发展的势头，继续扩大高端制造业产值规模，加快科学研究、技术研发投入，实现全省制造业高质量发展。

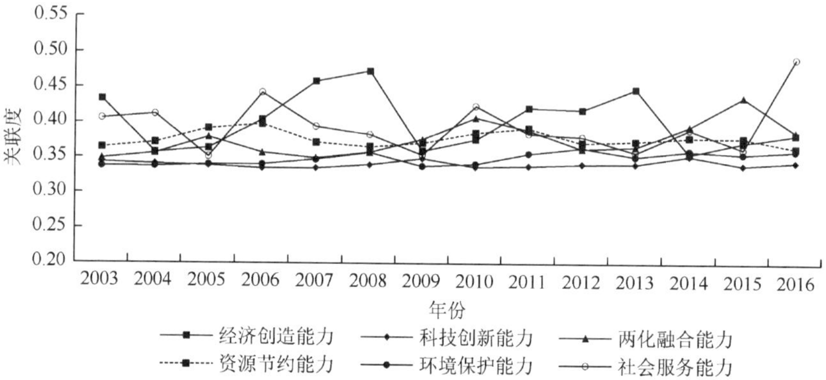

图 5-16　2003～2016 年甘肃省制造业升级能力影响因素趋势变化图

数据来源：根据 2004～2017 年《中国工业统计年鉴》等资料的原始数据计算得出。

8. 青海省制造业升级能力

青海省在推动优势产业发展、淘汰传统产业落后产能和大力发展新兴产业的过程中，制造业升级能力呈小幅度上升趋势。2003～2005 年，青海省制造业发展缓慢，并且优势产业不突出，因此升级能力相对较弱。2005～2007 年，青海省制造业发展速度加快，随着水电、盐湖、石油天然气和有色金属等支柱产业的不断壮大，制造业升级能力逐渐加强。2008～2010 年，青海省着力调整产业结构，大力培育新能源、新材料等新兴产业，为 2011～2014 年应对工业下滑提供了内生动力。从图 5-17 可以看出，2011～2014 年，青海省制造业升级能力基本维持在历年来相对较高的水平。这是由于青海省在此期间一直大力调整产业结构，高技术产业得到快速发展，并提前完成了“十二五”淘汰落后产能的目标。虽然 2015 年青海省制造业升级能力出现下降趋势，但下降幅度不大，应该属于正常波动。2016 年，青海省制造业转型升级能力大幅提高，表明经过 2015 年的短暂调整，青海省制造业囤积了雄厚的转型升级的实力。

从影响青海省制造业升级能力的指标构成（图 5-18）来看，在六个指标构成中，资源节约能力指标占据主导地位，但影响效果趋于减弱。具体而言，在 2003～2006 年和 2009～2010 年，资源节约能力明显高于其他分项指标，但自 2004 年达到峰值以后，该指标对青海省制造业升级能力的贡献趋于减弱。直至 2010 年，资源节约能力对制造业升级能力贡献的主导地位逐渐被社会服务能力和两化融合能力两个指标接替。值得注意的是，2016 年，除科技创新能力和环境保护能力有所提升之外，其他指标均表现出下降趋势，表明随着经济的发展青海省更加注重依靠科技创新能力和环境保护能力促进制造业创新发展与绿色发展。

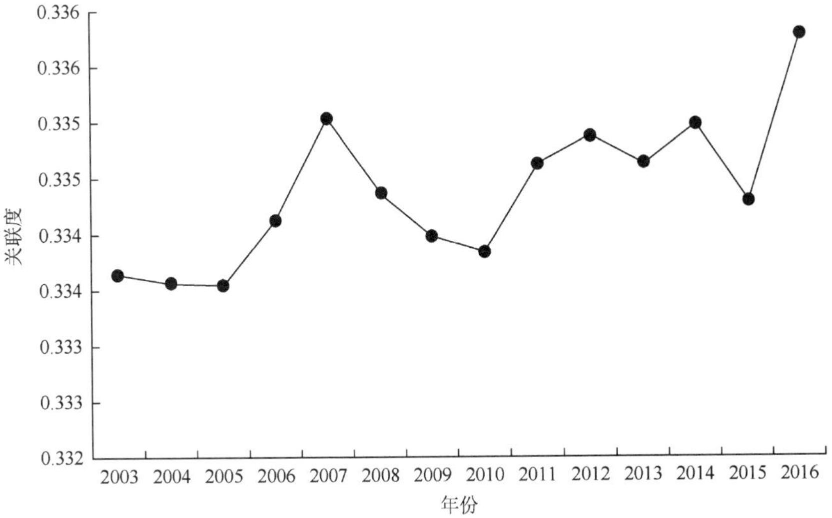

图 5-17　2003～2016 年青海省制造业升级能力趋势变化图

数据来源：根据 2004～2017 年《中国工业统计年鉴》等资料的原始数据计算得出。

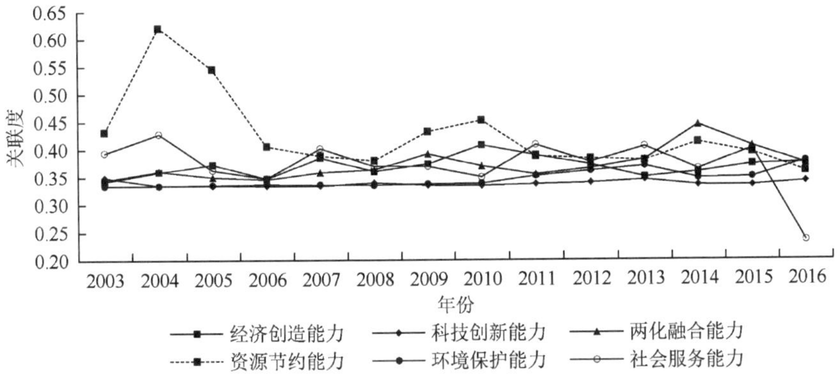

图 5-18　2003～2016 年青海省制造业升级能力影响因素趋势变化图

数据来源：根据 2004～2017 年《中国工业统计年鉴》等资料的原始数据计算得出。

9. 宁夏回族自治区制造业升级能力

宁夏回族自治区在全力推动新型工业发展过程中，制造业升级能力得到了快速提升。2003～2004 年，宁夏制造业升级能力关联度维持在 0.3335 左右，处于相对较弱水平。2005～2007 年，宁夏大力发展新型工业化，通过发挥重大项目的带动作用，加强企业技术创新，控制制造业能源消耗水平等一系列措施，实现了宁夏制造业升级能力的初步提升。2008～2009 年，受金融危机的影响，全国经济发展速度有所放缓，宁夏通过引导产业集群发展，全面启动新一轮技术改造，加大节能减排力度等措施，成功地在 2010 年实现了制造业升级能力的再次提升。从图 5-19 中可以看出 2011～2013 年，宁夏制造业升级能力虽呈现较明显的波动趋势，但关联度的整体平均水平相对较高，表明随着宁夏高耗能产业比重的降低，以及新型工业的快速发展，制造业升级能力已经能够维持在较高水平，其后 2014 年，宁夏制造业发展又进入调整阶段，这也为 2015～2016 年制造业的转型升级能力爆发性增长积蓄了力量。

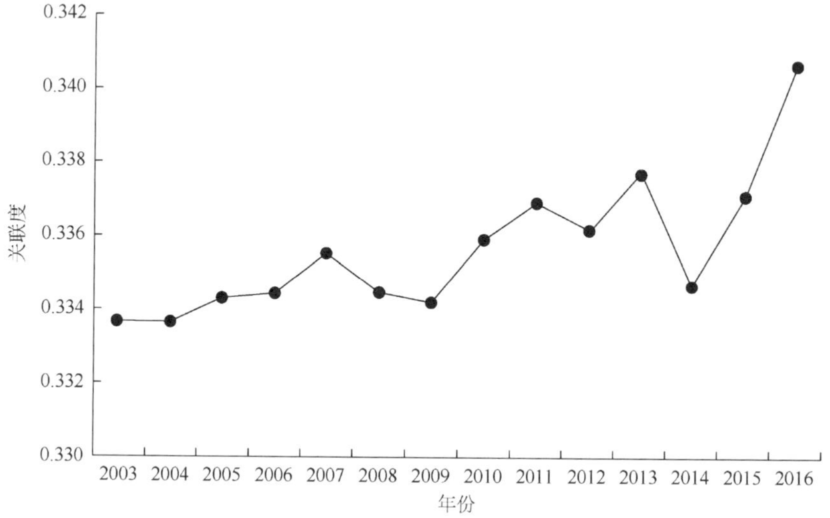

图 5-19　2003～2016 年宁夏回族自治区制造业升级能力趋势变化图

数据来源：根据 2004～2017 年《中国工业统计年鉴》等资料的原始数据计算得出。

观察影响宁夏回族自治区制造业升级能力的六大指标贡献度变化，可以发现资源节约能力对制造业升级能力贡献度明显高于其他五个指标。此后依次是经济创造能力、社会服务能力、两化融合能力、环境保护能力和科技创新能力。从图 5-20 中可以看出，宁夏资源节约能力的贡献度整体呈波动下降趋势，政府应该继续加大力度降低制造业耗能水平。宁夏经济创造能力和社会服务能力围绕相对固定的水平上下波动，表明制造业的销售产值和能够提供的就业岗位仍然有很大的提升空间。宁夏两化融合能力和环境保护能力近年来都有轻微上升。从图中还可以看出，宁夏制造业科技创新能力相对较为平稳，与部区、省际、高校、科研院所的合作还需进一步加强，创新团队和创新平台建设仍需加快。

10. 内蒙古自治区制造业升级能力

内蒙古自治区的制造业升级能力主要体现在主导产业的快速调整与发展。如图 5-21 所示，2003～2008 年，内蒙古以做大做强工业为目标，一方面积极培育优

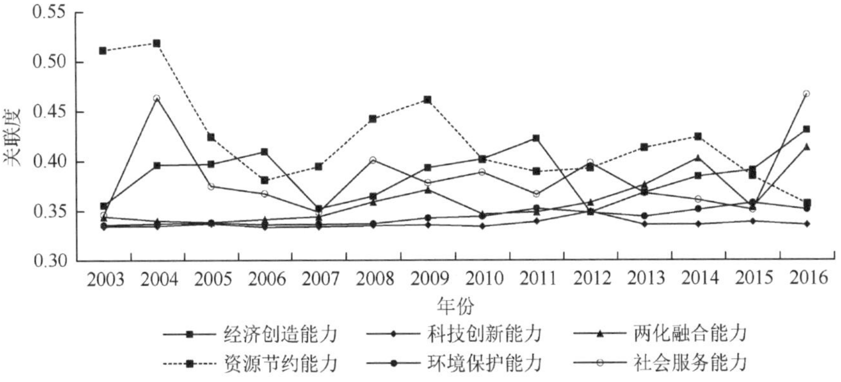

图 5-20 2003～2016 年宁夏回族自治区制造业升级能力影响因素趋势变化图

数据来源：根据 2004～2017 年《中国工业统计年鉴》等资料的原始数据计算得出。

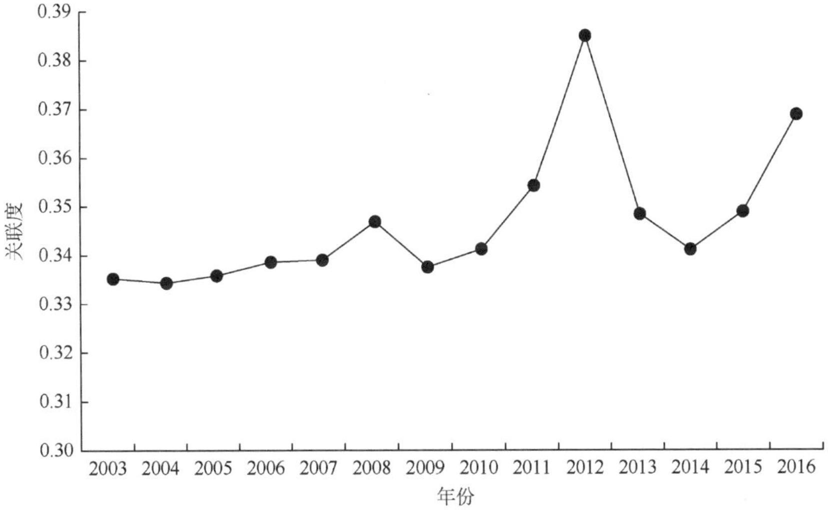

图 5-21 2003～2016 年内蒙古自治区制造业升级能力趋势变化图

数据来源：根据 2004～2017 年《中国工业统计年鉴》等资料的原始数据计算得出。

势产业；另一方面淘汰一大批落后产能，推动制造业升级能力缓慢上升。2009～2012 年，内蒙古制造业升级能力出现了先下降后上升的趋势，并在 2012 年达到了历年来的最高水平。这是由于内蒙古在此期间逐渐由资源优势向产业优势转变，大力发展了一批非资源型和战略性新兴产业，并推动了资源型产业转型升级。2013～2014 年，受经济下行压力影响，内蒙古制造业升级能力出现了较为明显的下降趋势。为了克服经济下行压力，内蒙古加快创新驱动制造业转型升级的步伐，着力培育新能源、稀土新材料等新兴支柱产业。2015 年～2016 年，内蒙古制造业升级能力触底反弹，迅速上升。

从影响内蒙古制造业升级能力的六大指标贡献度变化情况来看，2003～2016 年，经济创造能力、资源节约能力和社会服务能力的贡献度相对其他指标更大，两化融合能力和环境保护能力的贡献度由弱变强，科技创新能力的贡献度较为平稳，有较小幅度的上升趋势。具体来看，内蒙古制造业的经济创造能力和社会服务能力的贡献度围绕较高水平的固定值上下波动，并没有明显的上升或下降趋势，表明这两大能力一直保持在相对较高水平，并持续推动着内蒙古制造业转型升级步伐。从图 5-22 可以看出，内蒙古制造业的资源节约能力对制造业转型升级的贡献作用同样较大，并且整体上呈现出波动上升的趋势，这离不开内蒙古自治区政府长期以来坚持推动由资源优势向产业优势转变所做的努力。在两化融合能力方面，内蒙古制造业有较快提升，表明制造业信息化程度正在快速提高。环境保护能力方面近年来同样出现较为明显的上升趋势，表明内蒙古环境治理方面获得了显著成效。从图 5-22 中还可以看出，内蒙古制造业的科技创新能力近年来有微弱的上升趋势，但仍然处于较弱水平，因此内蒙古对制造业的研发投资力度还需继续加大，研发成果转化步伐还需继续加快。

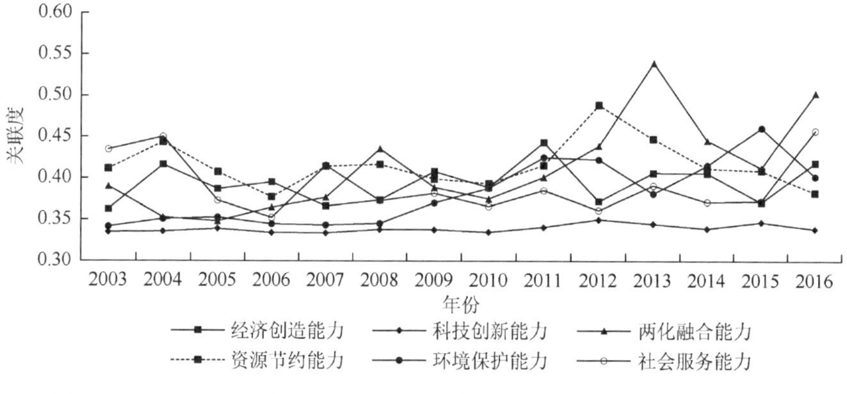

图 5-22 2003～2016 年内蒙古自治区制造业升级能力影响因素趋势变化图

数据来源：根据 2004～2017 年《中国工业统计年鉴》等资料的原始数据计算得出。

11. 新疆维吾尔自治区制造业升级能力

新疆维吾尔自治区通过做大做强优势特色产业，积极推进新型工业化发展，实现了制造业升级能力的快速提升。如图 5-23 所示，2003～2006 年，新疆大力开发优势资源，培育形成了一批特色重点产业，制造业升级能力也因此得到一定程度的提升。2007～2008 年，新疆对工业固定资产投资的力度进一步加大，抓紧建设了一大批项目。2009 年，前期投资效果得以显现，新疆维吾尔自治区制造业升级能力出现了再次提升。到 2012 年，新疆维吾尔自治区制造业升级能力关联度上升到了 0.343 左右，这是由于在此期间，新疆维吾尔自治区政府积极推进了新型工业化发展，通过创新等手段，加快了对传统制造业的改造升级，并孕育出一大批战略性新兴产业。2013～2016 年，随着新疆维吾尔自治区政府对工业转型升级的高度重视，制造业转型升级能力的提升速度再次加快。2016 年制造业升级能力关联度上升到了 0.354 左右，表明新疆在制造业转型升级过程中取得了突破性进展。

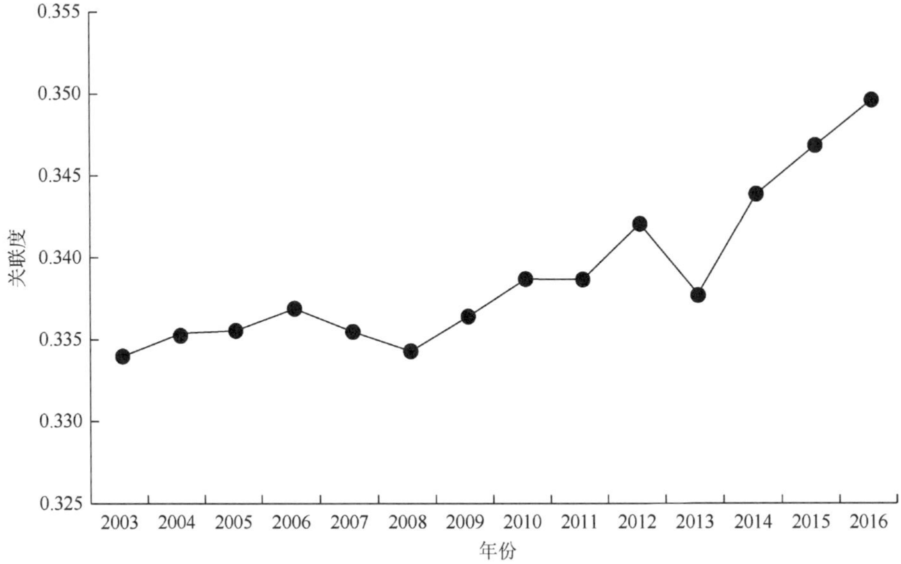

图 5-23 2003～2016 年新疆维吾尔自治区制造业升级能力趋势变化图

数据来源：根据 2004～2017 年《中国工业统计年鉴》等资料的原始数据计算得出。

观察影响新疆维吾尔自治区制造业升级能力六大指标的贡献度变化情况可以发现，除个别年份外，资源节约能力的贡献度均相对较高，此后是经济创造能力、两化融合能力和社会服务能力，三个指标的贡献度较为相似，贡献度较低的分别是环境保护能力和科技创新能力。具体来看，新疆维吾尔自治区制造业的资源节约能力对制造业升级的贡献力度最大，这与新疆维吾尔自治区政府长期以来要求制造企业技术改造和节能降耗有着密切的关系。从图 5-24 可以看出，新疆维吾尔自治区制造业的经济创造能力和社会服务能力对制造业升级能力的贡献度较为一般，应该还有很大的提升空间，新疆维吾尔自治区应继续做大做强制造业，扩大制造业总体规模。两化融合能力和环境保护能力相对有较明显的上升趋势，与图 5-23 中制造业升级能力的发展趋势较为吻合，表明制造业信息水平和废弃物排放与制造业升级息息相关，政府和企业应重视这两方面能力的培养，加大制造业信息化建设和废弃物无害化处理的投资力度。另外从图 5-24 中还可以看出，科技创新能力关联度一直维持在 0.34 左右，表明创新对制造业升级的带动作用还未有明显表现，新疆维吾尔自治区政府对科技创新的倡导和投资力度还需进一步加大。

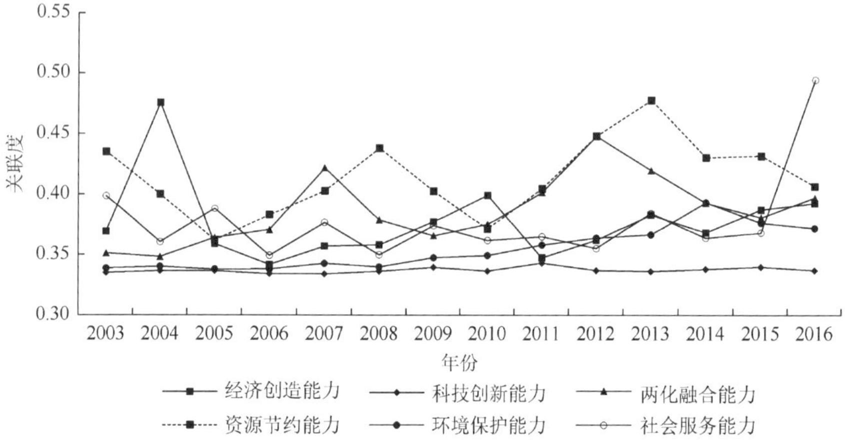

图 5-24　2003～2016 年新疆维吾尔自治区制造业升级能力影响因素趋势变化图

数据来源：根据 2004～2017 年《中国工业统计年鉴》等资料的原始数据计算得出。

12. 西藏自治区制造业升级能力

西藏自治区制造业在投资驱动作用下，总规模实现了快速扩张，但升级能力变化整体较为平稳。如图 5-25 所示，2004 年，西藏自治区制造业升级能力较为突出，这是由于西藏自治区政府在这一年大力加强产业建设，藏医药业、绿色食品业、民族手工业得到快速发展，升级能力也因此有所加强。2005～2008 年，西藏自治区制造业出现了轻微下滑趋势，制造业升级能力关联度由 0.336 下降到 0.334。2009～2010 年，西藏自治区制造业升级能力关联度突飞猛进，由 0.334 上升到了 0.344，达到了历年来的峰值，这与西藏自治区政府对制造业的政策引导和大力投资具有密切的关系。2011～2014 年，西藏自治区制造业升级能力关联度再次回落到 0.334，表明西藏自治区制造业经过 2009～2010 年的快速升级后逐渐出现较为稳定的缓慢增长趋势。2015 年，西藏自治区重点产业实现新的突破，藏医药业、民族手工业、食品饮料业、建筑建材业等迅速成长，科技创新为西藏自治区制造业的转型升级注入了新的活力，西藏自治区制造业升级能力得以显著提升。西藏自治区制造业转型升级能力在 2016 年出现下降趋势，表明西藏自治区的制造业进入了转型发展的关键时期，应该引起政府重视。

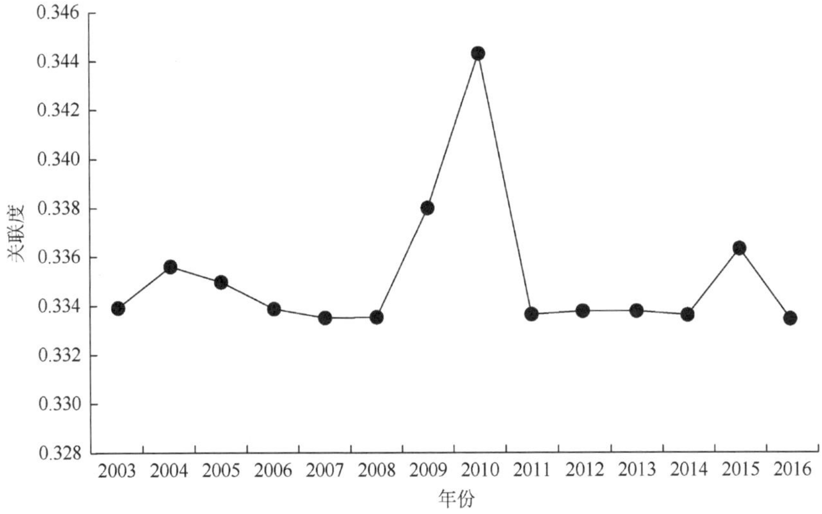

图 5-25　2003～2016 年西藏自治区制造业升级能力趋势变化图

数据来源：根据 2004～2017 年《中国工业统计年鉴》等资料的原始数据计算得出。

从影响西藏自治区制造业升级能力的六大指标贡献度变化情况（图 5-26）可以发现，两化融合能力对西藏自治区制造业升级能力贡献度相对其他指标更大。此后依次是社会服务能力、资源节约能力、环境保护能力、科技创新能力和经济创造能力。具体来看，两化融合能力和社会服务能力的波动趋势与制造业升级能力的波动趋势较为一致，表明这两大能力在驱动西藏自治区制造业转型升级方面具有明显作用。尤其是 2010 年，两化融合能力和社会服务能力水平均相对较高，由此促使西藏自治区制造业升级能力在 2010 年达到了一个峰值。资源节约能力关联度一直围绕 0.35 上下波动，因此对制造业升级能力的贡献度也相对较高。环境

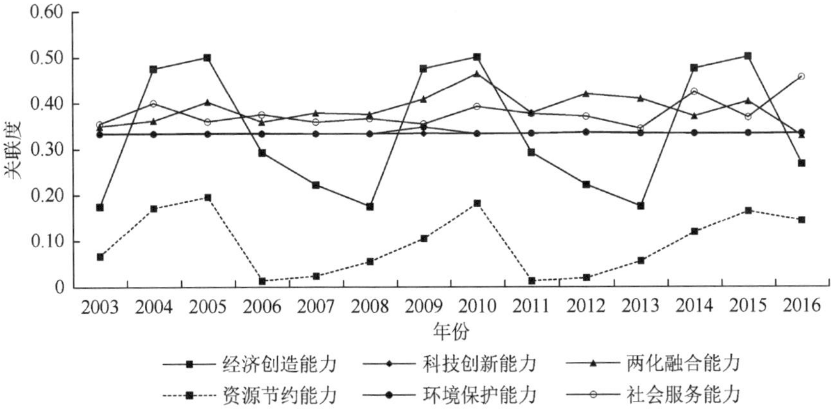

图 5-26　2003～2016 年西藏自治区制造业升级能力影响因素趋势变化图

数据来源：根据 2004～2017 年《中国工业统计年鉴》等资料的原始数据计算得出。

保护能力和科技创新能力对制造业升级能力的贡献度表现得非常平稳。科技创新能力作为驱动制造业转型升级的重要内生动力，还需进一步提升。最后，与西部其他省区市六大指标表现差异较大的是，西藏自治区制造业的经济创造能力关联度很低，这与西藏自治区独特的经济结构有密切关系。因此西藏自治区政府在推动制造业转型升级的过程中，还需因地制宜地培育主导产业，扩大制造业产值，依托创新驱动制造业高质量发展。

5.3.2 不同制造行业转型升级特征

为了解西部地区 12 个省区市不同制造行业转型升级的特征，本书结合 2003～2016 年西部各省区市制造行业指标数据，使用前述所提及的可变规模报酬 DEA 方法以及平滑 Bootstrap 方法，依次对西部地区纺织业、化学纤维制造业等 21 个行业进行分析。

1. 纺织业

2008 年以来，西部地区纺织业的投入产出率虽有所波动，但总体呈缓慢上升趋势。从 2003～2016 年西部地区纺织业投入产出率趋势变化图（图 5-27）可以看出，尽管 DEA 效率值和 DEA 修正值数值有所差异，但呈现出相似的变动趋势。2016 年西部地区纺织业投入产出率修正值达到 0.405，与 2003 年相比，整体提高了 13.5%。2003～2006 年西部地区纺织业投入产出率修正值变化程度较大。虽然 2005 年较 2004 年有所下滑，但波动幅度只有 3.6%，2005～2006 年有所提高。

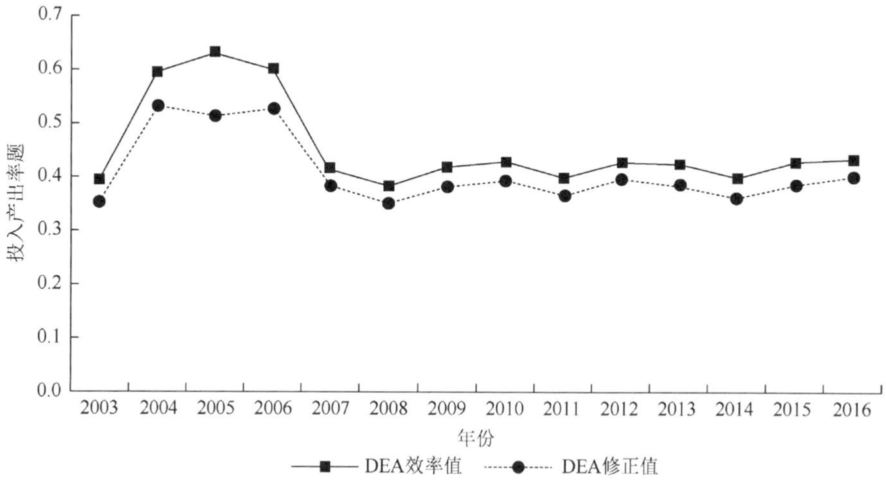

图 5-27 2003～2016 年西部地区纺织业投入产出率趋势变化图

数据来源：根据 2004～2017 年《中国工业统计年鉴》等资料的原始数据计算得出。

总体来说，2003～2006 年，投入产出率处于缓慢上升态势。2007 年，随着国内政策环境和国际市场环境的变化，国内外棉花产量减少、供应短缺、价格高企，劳动力成本逐渐增高，纺织业发展面临着巨大的压力和挑战，西部地区纺织业投入产出率急速下滑，跌至 0.384，降幅高达 27.7%。2008 年，全球金融危机发生，西部地区纺织业再受打击，投入产出率再次下滑，跌至 0.354。2008 年后，随着经济的复苏和居民收入及消费能力的不断提高，西部纺织业整体保持较快增长。2010 年，西部地区纺织业投入产出率增长至 0.396，相较 2008 年增加了 0.042。“十二五”期间，西部地区纺织业围绕“十二五”规划的中心任务和建设纺织科技强国战略目标，大力推动行业科技创新和成果转化，西部地区纺织业投入产出率处于缓慢提高的态势，西部地区纺织业转型升级能力有所提高。

2. 化学纤维制造业

随着工业化进程的加快，下游需求不断增加，极大地刺激了化学纤维制造业的发展，西部地区化学纤维制造业产品投入产出率稳步提高。从 2003～2016 年西部地区化学纤维制造业投入产出率趋势变化图（图 5-28）可以看出，2016 年西部地区化学纤维制造业投入产出率达到 0.618，相比 2003 年，增长幅度高达 62.6%。2003～2006 年，西部地区化学纤维制造业投入产出率变化处于平稳状态，虽然 2004 年比 2003 年降低了 6.3%，但 2004～2006 年波动幅度不超过 0.09%，变化很小。2007 年，化学纤维制造业呈现出快速发展的良好势头，投入产出率比 2006 年增

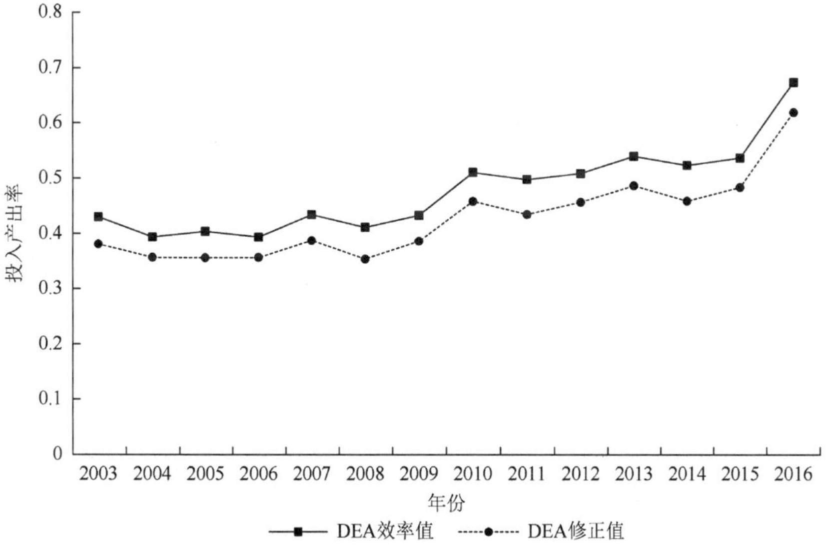

图 5-28　2003～2016 年西部地区化学纤维制造业投入产出率趋势变化图

数据来源：根据 2004～2017 年《中国工业统计年鉴》等资料的原始数据计算得出。

加了约 0.031，增幅为 8.7%。2008 年，受全球金融危机的影响，化学纤维制造业运行困难，投资增速明显下降，西部地区化学纤维制造业投入产出率快速下滑，跌至 0.353，降幅约 8.6%。2008 年后，国家陆续出台了一些扶持政策，化学纤维制造业开始走出低谷。2010 年，投入产出率上涨至 0.457，比 2008 年增加了 29.7%。“十二五”期间，随着世界经济的复苏和发展，西部地区化学纤维制造业与世界同行密切合作，不断推进自主创新，优化自身产业结构，扶持开发高附加值产品，化学纤维制造业综合竞争力不断提高。2010～2016 年，西部化学纤维制造业投入产出率保持增长态势，增长幅度达到 35.2%。这说明国际大环境和国内政策导向对西部地区化学纤维制造业的投入产出率都产生了显著影响。这意味着可以通过协调吸引国际资源和促进升级的政策目标，形成提升化学纤维制造业产业发展水平的合力，以此助力西部地区制造业转型。

3. 金属制品业

近年来，西部地区金属制品业投入产出率数值在前期波动幅度较大，但整体趋于不变。2016 年较 2003 年，西部地区金属制品业投入产出率基本持平。我国金属制品企业起步虽晚，但行业发展较为迅速。如图 5-29 所示，2003 年起，随着我国科技实力的提高，金属制品的应用范围日益扩大，人们对金属制品的需求逐渐增加。在此背景下，金属制品的产量逐年增加且质量也有所提升，西部地区金属制品业投入产出率直线上升。2004 年，投入产出率增长至 0.708，增长幅度高达 49.5%。2005 年，西部地区金属制品业管理费用、财务费用、销售成本同比增长约 25%，同时存在行业集中度低、企业平均规模小、产品过剩与结构性短缺并存等问题，导致西部地区金属制品业投入产出率快速下滑，跌至 0.598，降幅达到 15.5%。2006 年，我国宏观经济形势较为稳定，国家实行的基础设施建设、西部大开发等政策有效刺激了金属制品生产数量和品种的增加，金属制品行业整体发展形势较为良好，西部地区金属制品业投入产出率增至 0.703，与 2004 年基本持平，涨幅高达 17.6%。2007 年，我国金属制品业处于由世界大国向世界强国的转型期，行业群开始分化，切削工具制造、农用及园林用金属工具制造、集装箱制造等中游产业的景气程度开始回落，再加上受市场经济运行规律不确定性等外部因素的影响，西部地区金属制品业投入产出率下降至 0.454。2008～2016 年，我国进入工业化加速发展时期，企业的自主创新能力均有所提升，再加上我国对制造业的重视程度不断加深，甚至将振兴装备制造业提升至国家战略地位，这些均为金属制品业的快速发展创造了广阔的发展平台和坚实的发展基础。这说明产品投入产出率的提高受企业自身和政府政策的共同影响，协调政策目标和企业发展方向才能确保产业转型升级的有序发展。

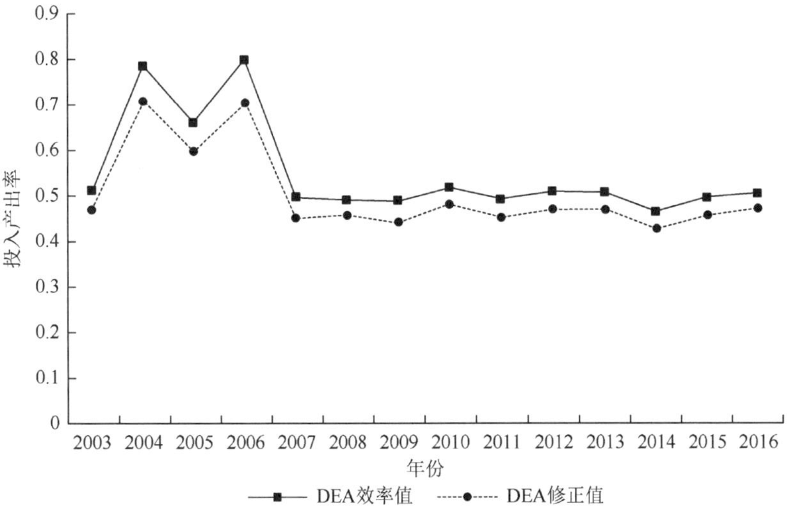

图 5-29　2003～2016 年西部地区金属制品业投入产出率趋势变化图

数据来源：根据 2004～2017 年《中国工业统计年鉴》等资料的原始数据计算得出。

4. 农副食品加工业

西部地区农副食品加工业产品投入产出率有升有降，处于长期波动状态。从 2003～2016 年西部地区农副食品加工业投入产出率趋势变化图（图 5-30）可以看出，总体呈波动状态。2016 年较 2003 年投入产出率下降了约 0.03，降幅近 6.5%，尽管幅度不算太大，但整体为波动下降趋势。2004 年开始，西部地区农副食品加工业规模以上企业中，国有企业的占比开始下滑，同时，西部地区农副食品加工业资本化程度明显提升，在一定程度上影响了技术进步的增长，阻碍了投入产出率的提高。2008 年，产品投入产出率下降到 0.456，降幅达 13.5%。2009 年，虽然西部地区农副食品加工业投入产出率有所提高，但 2010 年开始继续下滑，分析其主要原因是，相当多的中小食品企业技术装备落后，食品质量档次较低，社会经济效益差。2011 年，在我国宏观经济放缓的背景下，农副食品加工业物流逆势而上，保持较快增长的势头，物流效率不断提高，为“十二五”时期农副食品加工业发展打下良好基础，投入产出率开始慢慢回升。2014 年，企业各类负担加重，农产品加工企业运营成本上升较快，主营业务收入利润率下降。2016 年，国有企业私营化的远期效果已逐步形成，在一定程度上消除了行业垄断，打破了市场限制与准入壁垒，行业规模不断扩大，行业竞争日益激烈，企业之间展开充分竞争，中小型农产品加工企业活力增强，企业不断提高效率，盈利能力提高，西部地区农副食品加工业产品投入产出率也快速提升至 0.493。这说明技术进步在提高西部地区农副食品加工业产品投入产出率方面扮演着不可替代的角色，加强技术研发创新会推动农副食品加工业的转型升级。

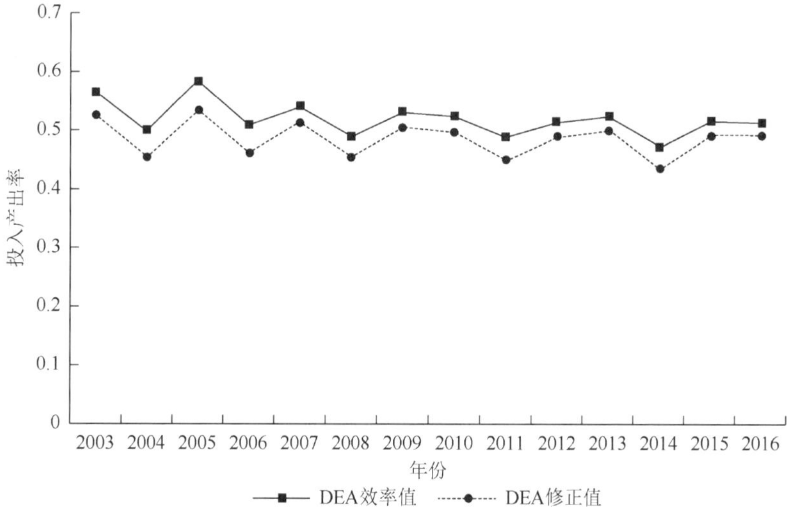

图 5-30　2003～2016 年西部地区农副食品加工业投入产出率趋势变化图

数据来源：根据 2004～2017 年《中国工业统计年鉴》等资料的原始数据计算得出。

5. 食品制造业

西部地区食品制造业经济和社会条件相对中东部地区较差，产品投入产出率呈下滑趋势。从 2003～2016 年西部地区食品制造业投入产出率趋势变化图（图 5-31）可以看出，2016 年较 2003 年，投入产出率下降了 0.03，降幅约为 8.3%。2003～2007 年，投入产出率波动幅度较大。2004 年，我国食品工业经济呈现出

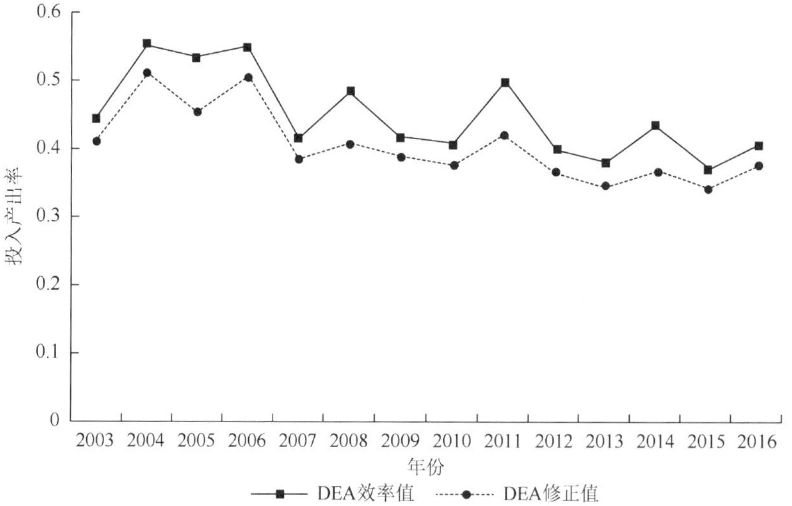

图 5-31　2003～2016 年西部地区食品制造业投入产出率趋势变化图

数据来源：根据 2004～2017 年《中国工业统计年鉴》等资料的原始数据计算得出。

良好的发展态势，与 2003 年相比，西部地区食品制造业投入产出率增长幅度达到 24.4%。2005 年，西部地区食品制造业成本增速不断提高，并且远高于 2004 年同期，导致产品投入产出率大幅下降，跌至 0.455，降幅约为 11%。2007 年，西部地区食品制造业面临的原材料价格上涨压力越来越大，食品价格上升，但产品投入产出率却大幅下降，下滑幅度高达 23.7%。2008 年开始，西部地区食品制造业规模不断扩大，但存在科技成果转化率过低、生产要素配置效率过低、技术落后等问题，导致产品投入产出率持续下滑，虽然国家针对不同食品制造业制定了不同的政策措施，2011 年投入产出率有所上升，但 2011 年后，投入产出率又开始逐步下滑，2016 年已下降至 0.378。这说明一个行业想提升产品投入产出率，必先控制成本，优化生产要素配置。

6. 通用设备制造业

近年来，西部地区通用设备制造业投入产出率处于波动状态，但总体数值变化不大。从 2003～2016 年西部地区通用设备制造业投入产出率趋势变化图（图 5-32）可以看出，2016 年较 2003 年投入产出率下降了 0.04，降幅为 6.3%。在考察期内，我国机械行业进入黄金发展期，行业产值规模快速扩大，产值年均增速超过 20%。通用设备制造业作为机械行业的一个重要子行业，同样进入了快速增长期。2004 年，西部地区通用设备制造业投入产出率快速增长至 0.696，同比增长 23.5%。2005 年，通用设备市场需求疲软，销售形势不乐观，产值下降，产品投入产出率也下滑至 0.468。2008 年，全球金融危机对西部地区通用设备制造业产生

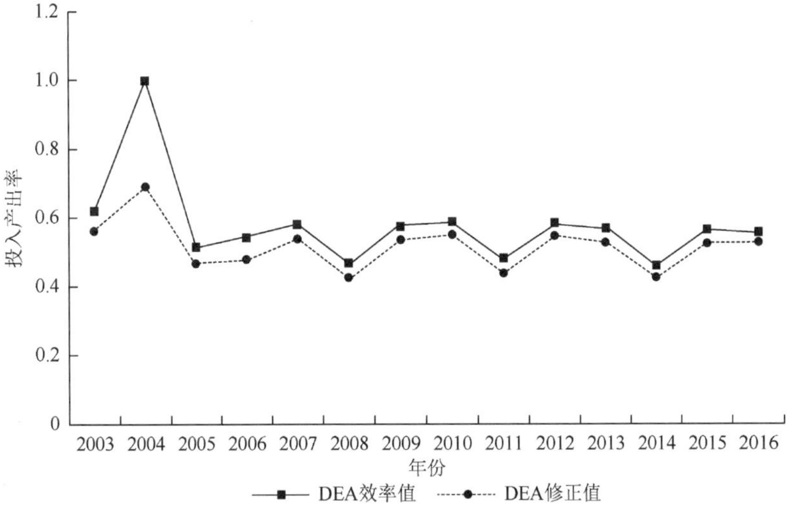

图 5-32　2003～2016 年西部地区通用设备制造业投入产出率趋势变化图

数据来源：根据 2004～2017 年《中国工业统计年鉴》等资料的原始数据计算得出。

了冲击，投入产出率下滑至 0.427。2009 年，政府十分重视通用设备制造业的发展，并给予重点培育，相关部门为企业开辟绿色道路、提供优质服务，取得明显成效，投入产出率回升至 0.537。2011 年，企业销售费用、管理费用逐步增高，利润下滑，产品投入产出率下降至 0.44。2014 年，西部地区通用设备制造业行业集中度普遍较低，行业内产品差异不大，在这种市场环境下，较高的企业成本导致产品投入产出率下滑至 0.428。2016 年，在制造业回归“本位”的经济环境下，随着高端装备制造业相关政策的落实、工业转型升级规划的实施，以及与机械行业相关的固定资产投资的增加，西部地区通用设备制造业保持稳定增长，升级能力稳步提高。

7. 医药制造业

随着我国经济实力的不断提升，医疗保障制度逐渐完善，西部地区医药制造业近年来发展趋势为总体稳中有进、稳中向好。从 2003～2016 年西部地区医药制造业投入产出率趋势变化图（图 5-33）可以看出，2016 年相较于 2003 年，投入产出率提高了 0.049，提高幅度约为 9.7%。2003～2007 年，投入产出率虽有所波动，但总体来说是增加的。由于 2008 年出现金融危机，医药中间体及医药产品出口下降，企业利益受损，抑制了企业研发投入的积极性，因此研发效率有所下降，导致西部地区医药制造业投入产出率跌至 0.471，下降幅度约为 14.4%。2009 年，政府先后出台包括产业发展规划、药品流通质量管理、基层医药市场建立等在内

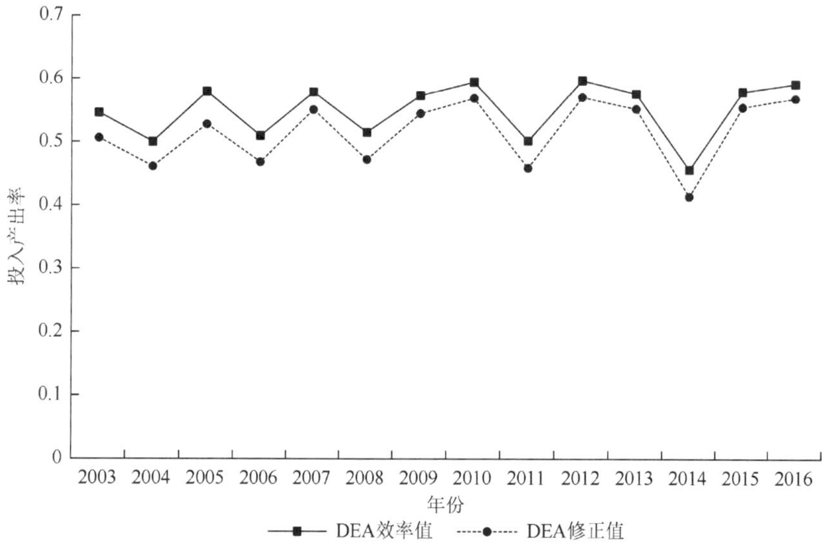

图 5-33　2003～2016 年西部地区医药制造业投入产出率趋势变化图

数据来源：根据 2004～2017 年《中国工业统计年鉴》等资料的原始数据计算得出。

的一系列医药卫生体制的改革政策，加强行业监管，有助于改善竞争环境，促进行业整合，促成了医药制造业的长期可持续发展，投入产出率逐渐提高。2014 年，随着政策人口红利逐渐退去，医药行业面临的挑战加剧：一是来自外部的医保控费、药品降价的压力，二是药企之间日益激烈的竞争压力，三是企业自身的业绩增长的压力。这些最终致使投入产出率大幅下滑，降至 0.413，降幅高达 25.1%。2016 年，国家卫生和计划生育委员会（现更名为国家卫生健康委员会）、国家发展和改革委员会等部门制定实施低价药政策，放开了一批低价药品最高零售限价，有利于企业根据市场调节价格，实现合理盈利，西部地区医药制造业投入产出率快速回升至 0.569。这说明政府政策对医药制造业投入产出率的影响不容小觑。

8. 酒、饮料和精制茶制造业

近年来，西部地区酒、饮料和精制茶制造业的总体走势为逐渐下滑，如图 5-34 所示。2016 年与 2003 年比较，西部地区酒、饮料和精制茶制造业投入产出率下降了 0.056，降幅达 13.9%。2003 年，随着收入的增长及人民生活水平的提高，消费者对各种饮料制品的需求快速增长。2004 年，西部地区酒、饮料和精制茶制造业不断发展和壮大，产品种类日趋多样化，产量逐年提高，投入产出率增至 0.478，增幅高达 17.6%。但西部地区酒、饮料和精制茶制造业的大部分企业存在规模不经济、管理者缺乏经营方面的理性、企业治理机制不完善及竞争无序等问题，2005 年开始，产品投入产出率逐步下滑，同比下降 0.092。直至 2008 年，西部地区酒、饮料和精制茶制造业产品投入产出率开始回升，究其原因是在利好政策的推动下，西部地区酒、饮料和精制茶制造业规模保持较快扩张。2010 年，西部地区饮料制造业产品投入产出率已增长至 0.385，较 2008 年提高了 17.1%。“十二五”期间，西部地区酒、饮料和精制茶制造业产品投入产出率呈缓慢提升态势。2011 年，统计中规模以上的酒、饮料和精制茶制造业企业数有所下降，导致投入产出率下滑至 0.318。2012 年后，在鼓励发展饮料行业，支持优势品牌企业跨地区兼并重组、技术改造和创新能力建设，优化产业布局等政策引导下，西部地区酒、饮料和精制茶制造业产品结构更趋合理，投入产出率有所提升。2014 年，国家各级监管部门不断加大市场管理和处罚力度，加强对市场上不合格产品和生产企业的打击力度，西部地区饮料制造企业的经营成本不断提高，行业内企业出现了明显的分化，部分食品饮料企业由于食品安全质量不达标，被迫退出了市场，投入产出率也随之下降至 0.288，较 2013 年下滑了 20.2%。但饮料市场作为我国食品行业中发展最快的市场之一，有更为广阔的市场前景和更好的发展环境，2016 年，西部地区酒、饮料和精制茶制造业投入产出率增至 0.426。重视本土市场需求的引致作用，同时追求外向与内向发展战略的适度平衡，有利于西部地区酒、饮料和精制茶制造业的转型升级。

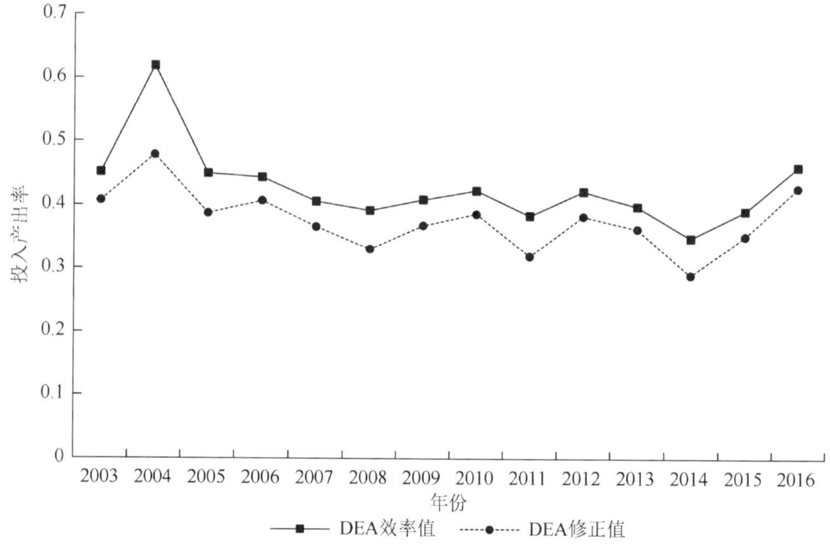

图 5-34　2003～2016 年西部地区酒、饮料和精制茶投入产出率趋势变化图

数据来源：根据 2004～2017 年《中国工业统计年鉴》等资料的原始数据计算得出。

9. 专用设备制造业

近年来，西部地区专用设备制造业产品投入产出率呈波动状态。从 2003～2016 年西部地区专业设备制造业投入产出率趋势变化图（图 5-35）可以看出，2016 年与 2003 年相比，产品投入产出率下降了 0.023，下滑幅度达到 4.1%。2005 年以后，国家大力推进产业结构调整，积极推进行业采用先进设备和技术，在很大程度上提高了西部地区专用设备制造业的科技水平，产品投入产出率也得到提高，2006 年已升至 0.71。2008 年，全球金融危机背景下，西部地区专用设备制造业盈利状况恶化，总需求增速下降，导致企业销售收入增速明显下降，利润增长率一直下滑，产品投入产出率也下降至 0.428。2009 年，市场风险则主要是由于经济放缓引起的需求下降和产业结构落后导致的结构调整。国务院常务会议研究部署进一步扩大内需促进经济平稳较快增长的措施，西部地区专用设备制造业增长的动力主要来自于国内需求，外需对经济增长的贡献由正变负，全年经济走势前低后高，需求的萎缩虽然直接影响公司的盈利能力，但是却间接促进了产业升级，预计落后的产能和技术含量低仅以价格取胜的产品都被市场淘汰。2009 年，西部地区专用设备制造业整体发展态势良好，产品投入产出率提高至 0.535。“十二五”期间，推进重点产业结构调整，提升自主创新能力，西部地区专用设备制造业产品投入产出率逐步提高，2016 年达到 0.534。这说明国家政策及产业结构调整对专用设备制造业产生了较大影响。

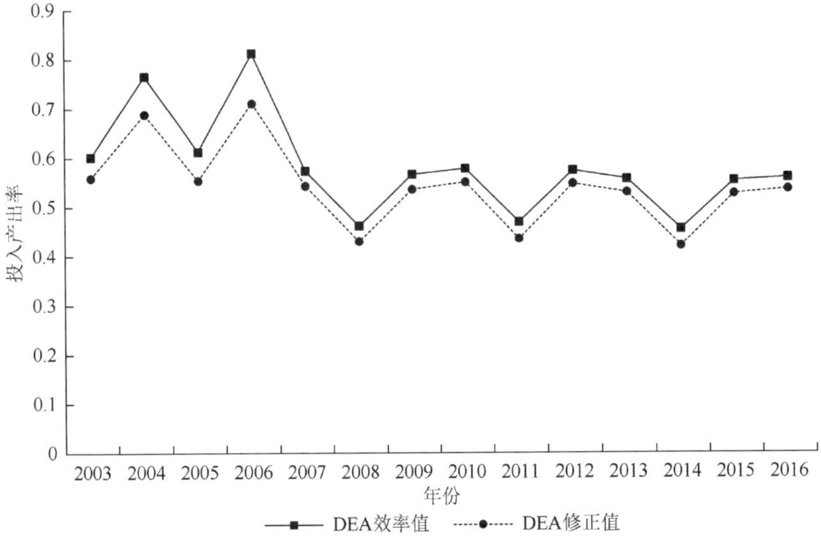

图 5-35 2003～2016 年西部地区专业设备制造业投入产出率趋势变化图

数据来源：根据 2004～2017 年《中国工业统计年鉴》等资料的原始数据计算得出。

10. 纺织服装、服饰业

近年来，西部地区纺织服装、服饰业产品投入产出率呈逐渐下滑趋势。从 2003～2016 年西部地区纺织服装、服饰业投入产出率趋势变化图（图 5-36）可以看出，2016 年相较于 2003 年，投入产出率下降了 0.14，幅度达到 21.1%。随着国民生活水平的提高，国内消费品市场的空间日益扩大，服装行业需求量旺盛，内需成为纺织行业平稳增长的重要支撑，2003～2006 年，西部地区纺织服装、服饰业产品投入产出率处于波动状态，但总体有所下滑，2006 年较 2003 年下降了 0.027，降幅约为 4.1%。2007 年，西部地区纺织行业受出口退税下调、劳动力成本上升等诸多因素的影响，投入产出率快速下滑，跌至 0.569。2008 年，全球金融危机的发生并未对我国纺织行业产生太大的负面冲击，西部地区纺织服装、服饰业产品投入产出率不减反增，增长至 0.589，涨幅约为 3.5%。2009 年，不少规模企业出口表现出两极分化现象，即骨干企业的出口增长明显高于行业平均水平，而中小企业出口下滑的情况严重，面临的经营形势悲观，另外不断增多的贸易保护主义、原材料涨价和人民币升值对中小弱势企业也造成了严重打击，西部地区纺织服装、服饰业产品投入产出率下滑至 0.563。2011 年起，服装子行业面临需求增长乏力的外部环境，但业内企业普遍在 2012 年才开始意识到战略调整的必要性，由于租金、人力成本的不断走高，费用支出依旧保持前期快速扩张时的惯性，在收入低增长的情况下，净利快速下行，纺织服装、服饰业受服装子行业拖累，西部地区纺织服装、服饰业产品投入产出率逐步下降，行业整体景气度逐渐走低。2014 年，纺织子行业原料价格持续下跌，产业链消化库存、谨慎下单，订单量、毛利率的压力对纺织服装、服饰业企业短期业绩带来一定的压制作用，受此影响，行业整体业绩增速放缓，西部地区纺织服装、服饰业升级能力逐步下滑。

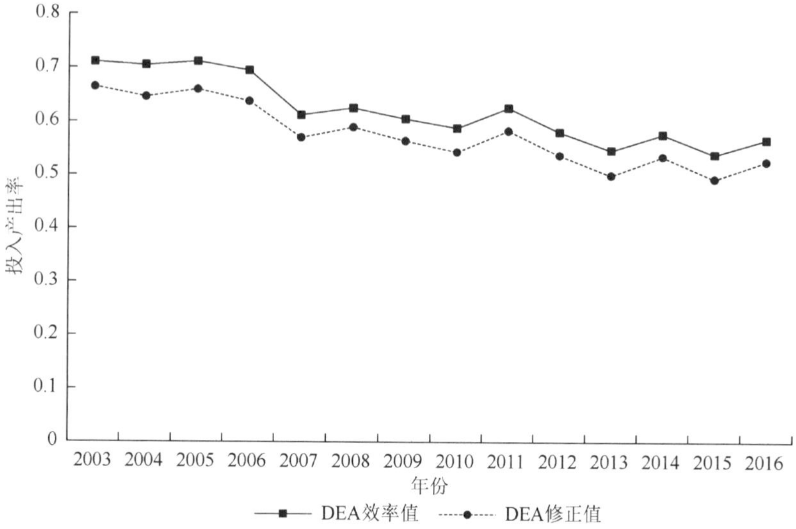

图 5-36　2003～2016 年西部地区纺织服装、服饰业投入产出率趋势变化图

数据来源：根据 2004～2017 年《中国工业统计年鉴》等资料的原始数据计算得出。

11. 计算机、通信和其他电子设备制造业

近年来，西部地区计算机、通信和其他电子设备制造业平稳发展，投入产出率有所波动，但总体几乎保持不变。从 2003～2016 年西部地区计算机、通信和其他电子设备制造业投入产出率趋势变化图（图 5-37）可以看出，2016 年与 2003 年比较，产品投入产出率提高了 0.01，变化幅度并不大，仅约 1.3%。2004 年，国务院国有资产监督管理委员会及信息产业部（2008 年后为工业和信息化部）促进的电信运营商进一步重组、运营商竞合发展及网络共享的策略对西部地区计算机、通信和其他电子设备制造业的增长产生了一定负面效应，产品投入产出率下降至 0.711。2006 年开始，我国大力推行“知识产权战略”和“标准战略”，国内计算机、通信和其他电子设备制造业厂商的研发能力得到了大幅提高，同时电信技术更替及业务的驱动加快了电信网络的升级换代，西部地区计算机、通信和其他电子设备制造业投入产出率持续增高。2008 年，面对全球金融危机引发国内外经济形势波动的不利局面，西部地区计算机、通信和其他电子设备制造业认真贯彻落实国家宏观调控措施，扩内需、保增长、调结构，积极参与新农村建设和家电下乡，努力开拓市场，行业总体发展态势良好，产品投入产出率增长至 0.895，增幅达到 20.4%。2011 年，我国经济逐渐复苏，电信运营商固定资产投资完成额保持在较高的水平，西部地区计算机、通信和其他电子设备制造业投入产出率逐渐回升，增长至 0.898。2012 年后，由于信息安全提升为国家安全战略，信息设备去 IOE 和国产化进程加

快，所以外商和港澳台投资企业收入增速持续放缓，而外商和港澳台投资企业在计算机、通信和其他电子设备制造企业中占较大比重，因此拖累了行业整体的收入增速，投入产出率逐步下滑。2013 年，投入产出率已跌至 0.728。2014 年，随着 4G 建设全面展开，物联网、云计算、大数据等技术不断成熟，国家陆续出台系列措施，规范和促进计算机、通信和其他电子设备行业发展，西部地区计算机、通信和其他电子设备制造业投入产出率逐渐提高。2016 年增长至 0.861。这说明我国计算机、通信和其他电子设备制造业的增长主要受电信运营商固定资产投资驱动和国家政策及技术的影响。

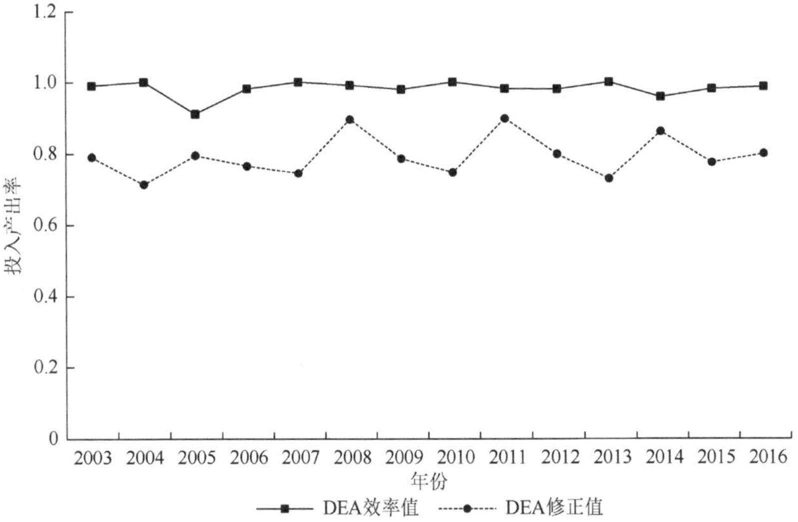

图 5-37　2003～2016 年西部地区计算机、通信和其他电子设备制造业投入产出率趋势变化图

数据来源：根据 2004～2017 年《中国工业统计年鉴》等资料的原始数据计算得出。

12. *石油、煤炭及其他燃料加工业*

近年来，西部地区石油、煤炭及其他燃料加工业投入产出率波动幅度较大，但总体几乎保持不变。从 2003～2016 年西部地区石油、煤炭及其他燃料加工业投入产出率趋势变化图（图 5-38）可以看出，2016 年相较于 2003 年，产品投入产出率增加了 0.043，幅度达 5.8%。2003 年，受经济快速增长、国际油价高位运行以及天气异常等因素的影响，中国原油加工量和绝大部分油品产量快速增长；石油净进口量大幅增加；原油、大部分油品及石油表观消费量也大幅增长，西部地区产品投入产出率高达 0.746。2007 年前后，国际油价一路上涨，中国石油工业在上游开采取得丰厚回报的同时，充分发挥上下游一体化的优势，克服了成品油价格严重倒挂、市场供需波动巨大给石油、煤炭及其他燃料加工业带来的重重困难，行业整体实现了较快发展，西部地区石油、煤炭及其他燃料加工业产品投入产出率增长至 0.854。2008 年，美国次贷危机的影响不断扩散，对全球经济带来负面影响，并继而抑制原油的需求，致使西部地区石油、煤炭及其他燃料加工业产品投入产出率下降至 0.42。2009 年，中国石油工业积极应对国内外宏观环境和市场环境变化，基本满足了国内的需求，各项主要经济指标再创历史新高，西部地区石油、煤炭及其他燃料加工业产品投入产出率开始回升，增加至 0.764。2011 年，国家发展和改革委员会上调国内成品油价格以来，国际市场油价总体呈现高位震荡态势，西部地区石油、煤炭及其他燃料加工业投入产出率下滑至 0.536。2014 年，虽然石油、煤炭及其他燃料加工业固定资产投资增长了，但大宗品种的产能利用率不高，产业创新能力不足，一方面，在低值化、同质化的中低端市场，供给严重过剩、竞争激烈；另一方面，在个性化、差异化的高端市场，又不能满足需求，只能进口，导致西部地区石油、煤炭及其他燃料加工业投入产出率下滑。这说明西部地区石油、煤炭及其他燃料加工业投入产出率受到国际市场的较大影响。

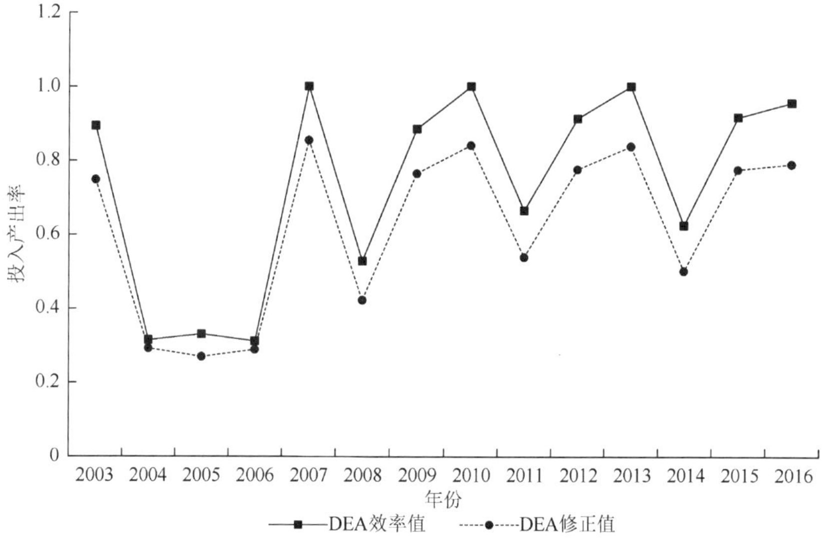

图 5-38　2003～2016 年西部地区石油、煤炭及其他燃料加工业投入产出率趋势变化图

数据来源：根据 2004～2017 年《中国工业统计年鉴》等资料的原始数据计算得出。

13. 交通运输设备制造业

近年来，西部地区交通运输设备制造业投入产出率处于平稳状态，制造业升级能力略微下滑。从 2003～2016 年西部地区交通运输设备制造业投入产出率趋势变化图（图 5-39）可以看出，2016 年与 2003 年比较，投入产出率降低了 0.015，降幅仅为 1.7%。西部地区交通运输设备制造业作为带有高科技性质的传统制造业，由于投资量大、投资期限长、风险高等特点，如铁路运输设备制造业、汽车制造业、船舶及浮动装置制造业及航空航天器制造业，需要政府给予一定扶持和投资，这样才能使其更快地发展。2004 年开始，中国出口总额迅猛增长，中国交通运输设备制造业产品对外出口也快速增加，尤其是我国的船舶工业，其国际竞争力持续增强，并开始大规模地参与国际市场的竞争，西部地区交通运输设备制造业投入产出率逐步提高，2007 年已涨至 0.841。2008 年，全球金融危机的发生刺激了西部地区交通运输设备制造业，导致产品投入产出率略有下滑，降至 0.769。我国城镇居民可支配收入的快速增加，有效地拉动了我国交通运输设备制造业的发展，同时我国物流业的飞速发展，也部分地带动我国交通运输设备制造业的发展。2010 年后，西部地区交通运输设备制造业产品投入产出率趋于稳定，2016 年达到 0.837。这说明，西部地区交通运输设备制造业升级能力稳步增长。

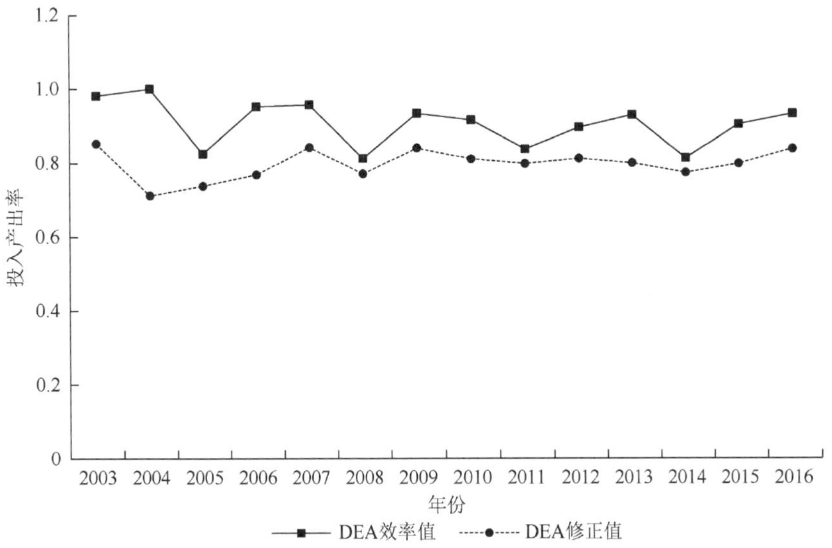

图 5-39　2003～2016 年西部地区交通运输设备制造业投入产出率趋势变化图

数据来源：根据 2004～2017 年《中国工业统计年鉴》等资料的原始数据计算得出。

14. 仪器仪表制造业

近年来，西部地区仪器仪表制造业投入产出率前期出现较大幅度波动，但 2007 年后呈平稳态势。从 2003～2016 年西部地区仪器仪表制造业投入产出率趋势变化图（图 5-40）可以看出，2016 年同 2003 年比较，西部地区仪器仪表制造业投入产出率下降了 0.067，降幅达到 12%。2003 年，我国仪器仪表行业走势趋好，这主要得益于机械、轻纺、冶金、石化行业等仪器仪表服务领域良好的经营状况，而与此同时，国家的政策导向和人民的需求也对仪器仪表行业产生了有力的拉动，2004 年，西部地区投入产出率增长至 0.895，涨幅达到 38.7%。2005 年，由于国有企业生产的产品多为产能过大的中低档产品，销路主要依靠国内市场，受宏观调控影响较大，而民营企业发展明显放缓，销售收入、利润总额和总资产的增幅下降，逐渐接近国企，其原因除受宏观调控如贷款困难等影响之外，还有产品质量低下、产品结构单一、研发能力较弱等多个方面，因此西部地区仪器仪表制造业投入产出率下滑至 0.738。2007 年，受制于落后的生产能力和服务能力，仪器仪表工业的产品的稳定性和可靠性长期得不到保障，产业科技投入长期不足，西部地区仪器仪表制造业投入产出率快速下降至 0.652，降幅高达 27%。2008 年，全球金融危机的发生，使得西部地区仪器仪表制造业投入产出率下滑至 0.597。2009 年，我国经济逐步恢复稳定，工业化和信息化进程加快，在下游相关产业的带动下，西部地区仪器仪表制造业投入产出率逐渐回升，增长至 0.649。2013 年，我国仪器仪表行业技术进步及结构调整的成效进一步显现，一些企业创立自主品牌并成为龙头企业，一批有突破性进展的产品逐步得到推广，西部地区仪器仪表制造业稳步发展，投入产出率变化趋于平稳，制造能力有所提升。

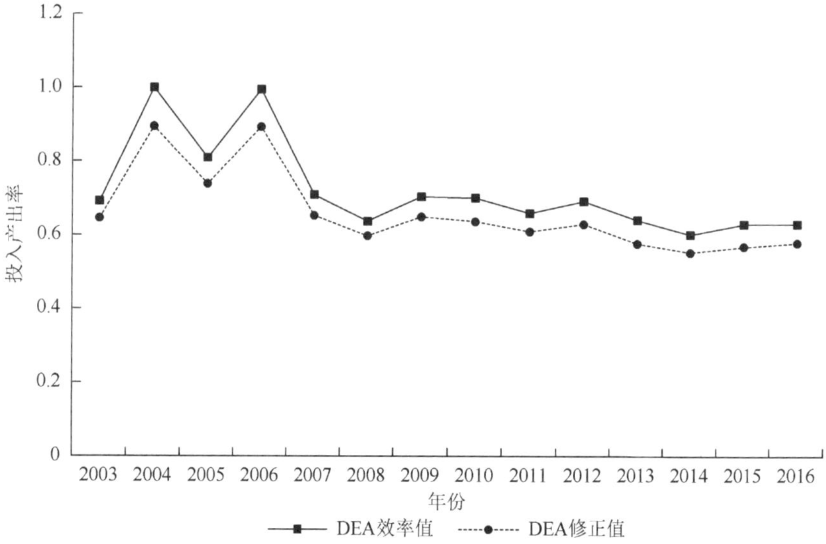

图 5-40　2003～2016 年西部地区仪器仪表制造业投入产出率趋势变化图

资料来源：根据 2004～2017 年《中国工业统计年鉴》等资料的原始数据计算得出。

15. 化学原料和化学制品制造业

西部地区化学原料和化学制品制造业在前期呈现大幅波动，但后期呈稳定发展，波动幅度较小。从 2003～2016 年西部地区化学原料和化学制品制造业投入产出率趋势变化图（图 5-41）可以看出，2016 年相较于 2003 年，西部地区化学原料和化学制品制造业投入产出率增加了 0.15，幅度达 23.2%。2003 年，世界经济增长的大环境给化工原料市场增添了活力，西部地区化学原料和化学制品制造业投入产出率达到 0.696。2004 年，投入产出率降至 0.367，降幅高达 47.3%，其原因是生产原料价格上涨，部分原料短缺，下游企业成本上涨，并且企业仍以粗放型为主，规模效益不明显。2007 年，国际原油价格的稳定以及主要产品价格的上升推动着化学原料和化学制品制造业的利润增长，西部地区化学原料和化学制品制造业产品投入产出率大幅增长至 0.828，涨幅高达 121.5%。2008 年，受全球金融危机的影响，西部地区化学原料和化学制品制造业产品投入产出率小幅下降，降低了 0.013，产生了一定的负面影响。2008 年以后，市场对化工产品的需求呈上涨趋势，西部地区化学原料和化学制品制造业产品投入产出率缓慢提升，2010 年已增长至 0.87。2012 年，受世界经济增长缓慢、贸易环境恶化的影响，同时存在化工原料价格波动、人民币汇率上升、人工成本提高等影响因素，西部地区化学原料和化学制品制造业进出口增速回落，产品投入产出率也逐步下滑。2014 年，西部地区化学原料和化学制品制造业升级能力下滑。这就说明原材料价格对化学原料和化学制品制造业升级能力的影响是较大的。

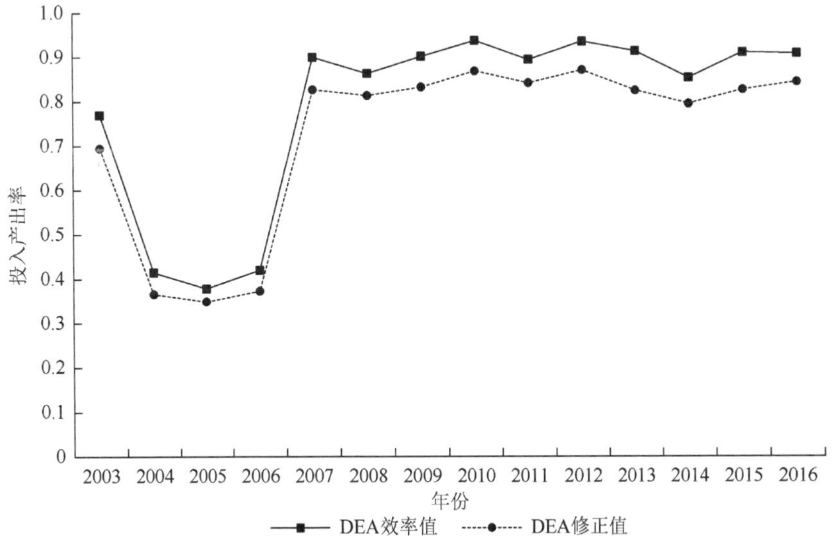

图 5-41 2003～2016 年西部地区化学原料和化学制品制造业投入产出率趋势变化图

数据来源：根据 2004～2017 年《中国工业统计年鉴》等资料的原始数据计算得出。

16. 黑色金属冶炼和压延加工业

近年来，西部地区黑色金属冶炼和压延加工业投入产出率有明显波动，但总体变化不大，制造业升级能力略微提升。从 2003～2016 年西部地区黑色金属冶炼和压延加工业投入产出率趋势变化图（图 5-42）中可以看出，2016 年相较于 2003 年，西部地区黑色金属冶炼和压延加工业投入产出率降低了 0.021，幅度达到 2.5%。中华人民共和国成立以来，中国矿业得到全面持续发展，现已形成了一大批保证中国经济建设所需要的黑色金属原料基地。与此同时，中国黑色金属冶炼和压延加工业取得了长足进步。2003 年，西部地区黑色金属冶炼和压延加工业投入产出率高达 0.849。2004 年开始，价格下跌导致的利润下滑持续对企业的生产产生了抑制作用，需求增速维持反弹的趋势，与产量的增速差距逐渐缩小，并且行业原材料对外依存度高，行业利润遭遇严重挤压，西部地区黑色金属冶炼和压延加工业投入产出率快速下滑至 0.351。2008 年，中国黑色金属冶炼和压延加工业受到国际全球金融危机的冲击，行业产需陡然下滑，国际竞争力也随之大幅下降，西部地区黑色金属冶炼和压延加工业投入产出率下降至 0.75。2010 年，随着国内外市场逐步回暖，企业复产动力强劲，中国黑色金属冶炼和压延加工业产品出口额减量调整，固定资产投资实际完成额增长，因此，西部地区黑色金属冶炼和压延加工业升级能力稳步提升。“十二五”期间，行业产能呈现“东北、华北、中南、西南等量淘汰，西部地区适度增量”的区域发展格局，并且产品结构逐步优化，部分产品的国内市场占有率不断提高，西部地区黑色金属冶炼和压延加工业投入产出率逐步提高，2016 年较 2011 年提高了 0.054，幅度达到 6.9%。这说明产业结构调整对黑色金属冶炼和压延加工业升级能力的提高产生了明显的影响。

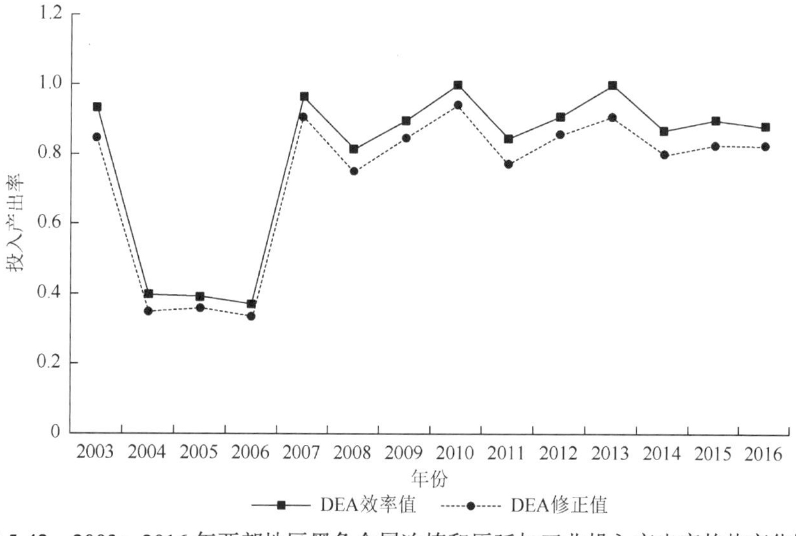

图 5-42　2003～2016 年西部地区黑色金属冶炼和压延加工业投入产出率趋势变化图

数据来源：根据 2004～2017 年《中国工业统计年鉴》等资料的原始数据计算得出。

17. 有色金属冶炼和压延加工业

近年来，西部地区有色金属冶炼和压延加工业投入产出率有略微波动，制造业升级能力总体呈增长态势。从 2003～2016 年西部地区有色金属冶炼和压延加工业投入产出率趋势变化图（图 5-43）可以看出，2016 年相较于 2003 年，投入产出率提高了 0.126，涨幅达 19.1%。2004 年，在产业转型和资本的碰撞中，面对原材料涨价和市场竞争日趋激烈的双重压力，西部地区有色金属冶炼和压延加工业投入产出率下降了0.28。2005年，外资的进入和区域势力的崛起，加剧了行业内部的竞争。为了避免在市场竞争中被淘汰，企业纷纷选择通过引进先进的设备、技术以及管理经验，不断提高企业的生产能力和加工工艺水平，实现产品的升级换代，西部地区有色金属冶炼和压延加工业综合投入产出率也就有所提高。2006年，部分有色金属供应过剩，整个市场低位运行，西部地区有色金属冶炼和压延加工业投入产出率再次下滑，跌至0.417。2007年，在我国加大实施节能减排力度的背景下，有色金属冶炼和压延加工业产业结构调整成效显著，整体保持着健康、平稳的发展态势：固定资产投资结构日趋合理，企业改制上市使得直接融资额大幅提升，主要产品的生产技术和装备水平达到或接近世界先进水平，国际影响力逐步提升，西部地区有色金属冶炼和压延加工业投入产出率增长至0.782。2008年遭遇全球金融危机影响，西部地区有色金属冶炼和压延加工业投入产出率下滑了0.192。2011年，市场需求增速减慢，主要产品价格大幅度回落且原材料价格上涨，成本上升，西部地区有色金属冶炼和压延加工业投入产出率下降至0.662。2012年开始，市场需求和价格逐渐趋于稳定，西部地区有色金属冶炼和压延加工业投入产出率有略微上升趋势，2016年已增长至0.85。这就说明企业内部的调整对制造业转型升级也产生了一定的影响。

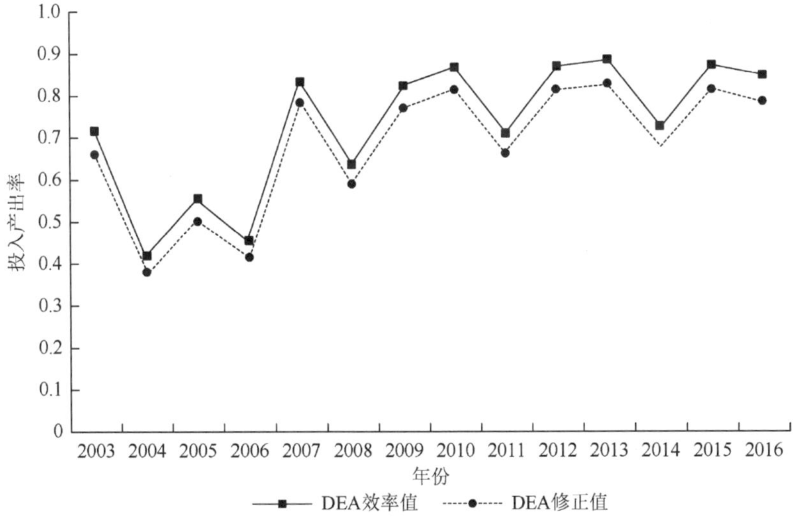

图5-43 2003～2016年西部地区有色金属冶炼和压延加工业投入产出率趋势变化图

数据来源：根据2004～2017年《中国工业统计年鉴》等资料的原始数据计算得出。

18. 造纸和纸制品业

近年来，西部地区造纸和纸制品业投入产出率处于波动状态，制造业升级能力总体有所提升。从2003～2016年西部地区造纸和纸制品业投入产出率趋势变化图（图 5-44）可以看出，2016 年相较于 2003 年，投入产出率提高了 0.028，幅度为 6%。2004 年，受低迷的世界经济的影响，造纸和纸制品业总体增速放缓，再加上国内纤维原料、煤、电、油等原材料供求关系紧张，价格大幅增长，纸及纸板生产成本大幅增高，企业利润下降，市场竞争加剧，西部地区造纸和纸制品业投入产出率快速下滑，至 2005 年，已跌至 0.288，相较 2003 年，降幅达到 38.4%。2006 年，在我国提出扩大内需、实现消费和投资双重拉动经济的背景下，一些造纸和纸制品业企业积极作为，加快了技术改造和结构调整的步伐，生产与经营业绩均得到了显著提高，西部地区造纸和纸制品业转型升级能力有所提高。2008 年，全球金融危机的发生对西部地区造纸和纸制品业产生了严重的负面效应，产品投入产出率快速下滑至 0.273。2009 年，随着经济的逐渐复苏，西部地区造纸和纸制品业投入产出率缓慢增加，至 2010 年，已达到 0.477。2012 年起，西部地区造纸和纸制品业受互联网冲击的力度明显增强，书写纸、新闻纸等纸种的产量逐年递减，纸的功能也由文化传播向包装转移，但与此同时，美国、欧盟却相继对中国的铜版纸实施“双反”策略，这直接导致我国纸制品出口量大幅下降，西部地区造纸和纸制品业投入产出率逐步下滑，2014 年跌至 0.295。这说明原材料成本升高及产业结构对造纸和纸制品业转型有较明显的影响。

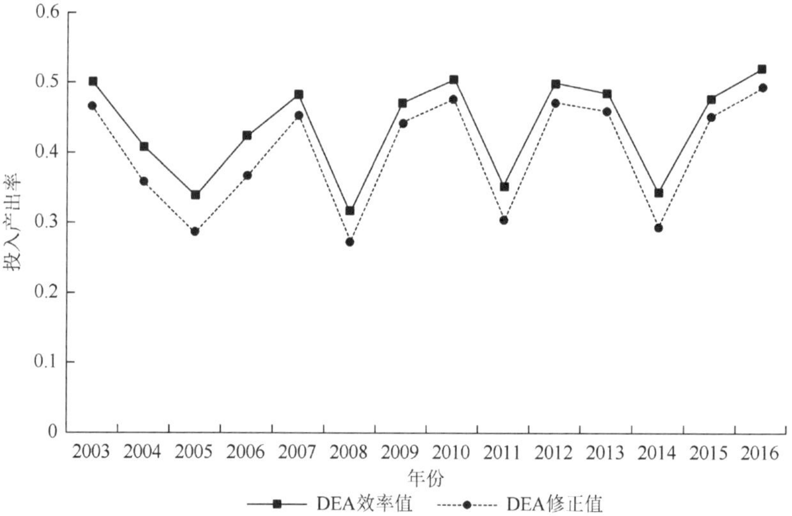

图 5-44　2003～2016 年西部地区造纸和纸制品业投入产出率趋势变化图

数据来源：根据 2004～2017 年《中国工业统计年鉴》等资料的原始数据计算得出。

19. 非金属矿物制品业

近年来，西部地区非金属矿物制品业产品投入产出率处于稳中有升的状态，制造业升级能力有所提升。从 2003～2016 年西部地区非金属矿物制品业投入产出率趋势变化图（图 5-45）可以看出，2016 年与 2003 年比较，投入产出率提高了 0.019，幅度仅为 3.9%。2004 年，西部地区非金属矿物制品业虽然达到一定规模，但综合来看，产品的质量和档次依然不高，一些非金属矿物制品，特别是与现代高技术和新材料发展相关的非金属矿物深加工产品依然依赖进口，产品投入产出率一再下滑，跌至 0.327。2008 年，全球金融危机爆发，资源面临全球化的重新配置，各国贸易保护和技术壁垒逐步增强。发达国家普遍拥有先进的非金属矿物精深加工技术，但这一技术却不能为发展中国家所学习、借鉴。在这一背景下，我国非金属矿行业逐渐落后的深加工技术，越来越无法适应国际非金属矿行业的发展要求，致使西部地区非金属矿物制品业升级能力下滑。2012 年，随着人类环保意识的增强和全球环保标准及要求的提高，环保产业逐渐兴起，为西部地区非金属矿物深加工技术和产业发展提供了重要机遇，产品投入产出率逐渐提高，2013 年，已提升到 0.499。这说明技术水平决定产品质量，影响产品投入产出率，进一步影响产品的市场，从而影响产业向价值链上游转型升级的效率。

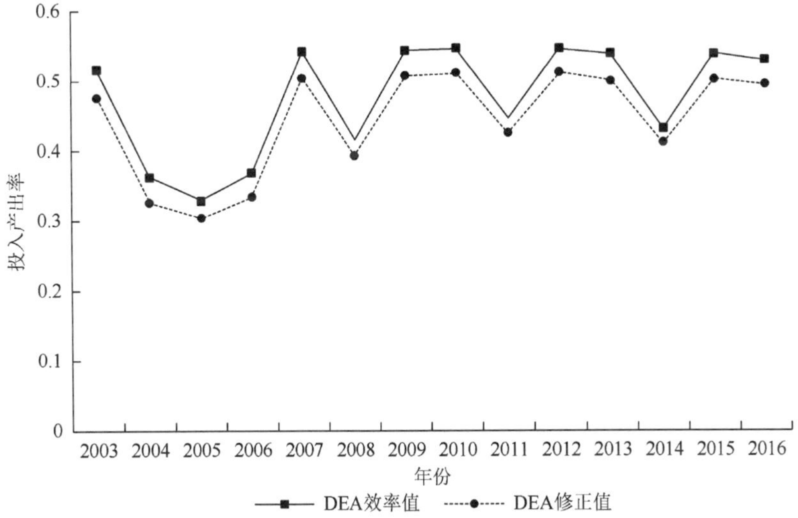

图 5-45　2003～2016 年西部地区非金属矿物制品业投入产出率趋势变化图

数据来源：根据 2004～2017 年《中国工业统计年鉴》等资料的原始数据计算得出。

20. 电气机械和器材制造业

近年来，电气机械和器材制造业不断壮大，在中国国民经济中的地位不断提高。西部地区电气机械和器材制造业产品投入产出率呈平稳发展状态，制造业升级能力有所提高。从 2003～2016 年西部地区电气机械和器材制造业投入产出率趋势变化图（图 5-46）可以看出，2016 相较于 2003 年，投入产出率仅仅增加了 0.009，变化幅度不到 2%。2005 年，西部地区电气机械和器材制造业面临来自产业内外的各种风险，如经济环境风险、产业政策风险、市场风险等，再加上环保要求日益提高，企业成本节节攀升，产品投入产出率快速下滑，跌至0.572，幅度达到19.5%，西部地区电气机械和器材制造业升级能力也有所下降。2006年，电气机械和器材制造业整体处于快速扩张阶段。其中，部分子行业的市场竞争程度尤为激烈，甚至不惜一再刷新价格的底线，这一恶性竞争的结果势必促进行业的重新整合，企业间通过并购重组、资产注入等方式进行资本运作，逐步加大的外商投资也为中国企业增添了一份动力，在此背景下，西部地区电气机械和器材制造业升级能力缓慢上升。2009年开始，制造业由发达国家向发展中国家转移，再加上国家政策的支持、国内市场的巨大需求，西部地区电气机械和器材制造业投入产出率逐渐提升，2011年已增长至0.654。“十二五”期间，西部地区电气机械和器材制造业将“转型升级、提高行业核心竞争力”作为主要目标，从三个方面提出具体业务发展目标：保持行业经济的稳健增长，提高发展的质量和效益；做强做大企业，优化产业组织结构；提升技术水平和投入产出率，增强西部地区电气机械和器材制造业升级能力。

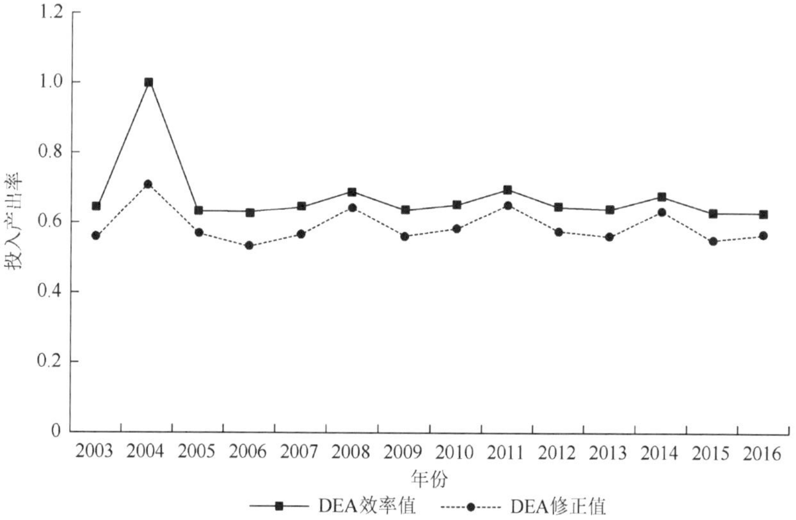

图5-46　2003～2016年西部地区电气机械和器材制造业投入产出率趋势变化图

数据来源：根据2004～2017年《中国工业统计年鉴》等资料的原始数据计算得出。

21. 烟草制品业

近年来，西部地区烟草制品业投入产出率处于平稳状态，制造业升级能力有些许提高。从2003～2016年烟草制品业投入产出率趋势变化图（图5-47）可以看出，2016年相较于2003年降低了0.009，幅度达到1.1%。我国自1982年实行烟草专卖制度以来，烟草行业就得到了长足发展，并逐渐成为国民经济中的一个重要支柱产业。2006年，中国烟草制品业的综合技术效率、纯技术效率和规模效率均有所上升，西部地区烟草制品业投入产出率也有所提高，达到 0.782。2008 年，全球金融危机对西部地区烟草制品业产生严重影响，产品投入产出率下降至 0.736。2009 年，烟草制品业总体盈利状况良好，累计实现利润总额高于 2008 年同期水平，西部地区烟草制品业投入产出率提高至 0.803。2011～2015 年，我国烟草制品业利润总额每年都呈上涨的态势，主营业务收入增长稳定，并且国内宏观经济运行形势持续向好，居民收入水平稳步提高，整体消费水平增长较快，这些均为烟草行业的持续健康发展创造了良好的市场环境。此外，烟草制品业的市场意识在逐步增强，分析和把控市场的能力进一步提升，这也有效推动了卷烟市场销售的平稳向好运行，西部地区烟草制品业产品投入产出率也较为稳定。2016 年，市场上出现越来越多的新型烟草制品，而随着销售额的进一步增长，各大跨国烟草公司对新型烟草制品的创新和拓展投入也就越来越大，这一良性循环有力推动了新型烟草制品的研发和诞生，加快了新型烟草产业升级的进程，西部地区烟草制品业投入产出率提高至 0.831。这就说明技术创新对整个产业转型升级产生了重要影响作用。

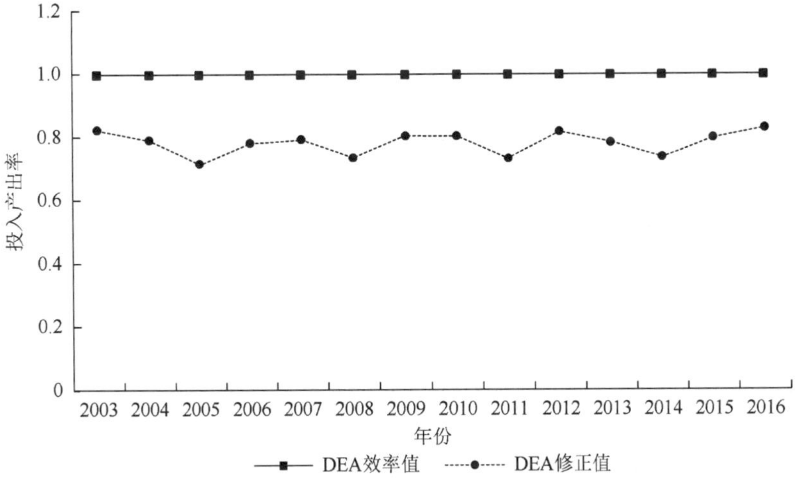

图 5-47　2003～2016 年西部地区烟草制品业投入产出率趋势变化图

数据来源：根据 2004～2017 年《中国工业统计年鉴》等资料的原始数据计算得出。

5.4　西部地区制造业转型升级尚存问题

通过上面分析的西部地区制造业总体变化趋势以及分区域分行业具体分析西部地区制造业不同时期的发展特点可知，西部地区制造业转型升级过程中尚存在如下问题亟待完善和解决。

5.4.1 整体面临的共性问题

虽然西部地区制造业近年来总体发展趋势良好，其经济创造能力因承接东部产业转移而形成的战略性新兴产业而得到显著的提升，同时西部地区制造业企业的研发投入力度也对科技创新能力带动产业转型起到了加速作用，但是西部地区制造业转型升级过程中仍存在部分问题亟待解决。从上面对西部地区制造业的总体变化趋势分析可知，西部地区制造业转型升级中面临的问题主要有以下三个方面。

首先，西部地区制造业发展过程中资源节约能力对其转型升级的贡献度在逐年下降，这直接反映出西部地区制造业在转型发展过程中对资源配置与优化的程度有所欠缺，导致企业生产资源效率损失，也对西部地区的资源造成了不可逆的浪费。

其次，资源节约能力指标的比值不高，也从侧面反映出西部地区部分制造企业仍然采用高能耗生产方式，而这样的制造企业能源耗费模式已与当今国际主流清洁可再生能源发展方向相悖离。高能耗生产方式对地区环境也会造成严重的污染，对整个地区经济的可持续发展带来负面影响。

最后，从 2003～2016 年西部地区制造业转型升级能力关联度数值变化可以看出，西部地区制造业整体转型升级的速度还有待进一步提高，各个能力指标的综合效应尚未较好地得到最优体现。为有效解决以上问题，可在保持制造业经济创造能力再创新高的基础之上，进一步加大对西部地区科技创新力度的投入，坚持信息化和工业化更好地融合，以加速西部地区传统制造业向新型信息化产业方向的转型升级。

此外，西部地区制造业的社会服务能力还应继续提高，通过坚持发展现代化、智能化的西部地区制造业，将更多优质人才吸引到西部地区，从而形成高质量、高水平的西部地区制造业产业集聚地。西部地区整体的科技创新能力还不足，仍需要加大科技创新力度，增加对企业研发投入的资金投入，从而在根本上扭转西部地区传统制造业产业结构不合理的局面。

5.4.2 不同区域面临的问题

尽管西部地区制造业转型升级能力的总体变化基本协调一致，即西部地区制造业整体科技创新水平不高，但分区域独立分析各地区自身制造业转型升级能力发现，不同地区在六大指标具体数值上却存在显著差异。通过梳理分析不同区域的制造业转型升级能力可知，西部不同地区制造业在转型升级过程中尚存的问题主要集中体现在以下几个方面。

第一，四个省区市在资源节约能力上表现较差，个别地区环境保护问题较为突出。在资源节约方面表现较差的有重庆、云南、广西和宁夏。具体而言，重庆的资源节约能力的关联度一直维持在 0.35 左右的较低水平，说明重庆在推动制造业转型升级过程中，存在资源的浪费，所以重庆作为西部地区唯一的直辖市，应带头做好节能减排工作，从而形成地区示范效应，以提升整个西部地区制造业的资源节约能力；云南的资源节约能力没有大幅度波动，但仍维持在一个相对较低的水平，因此云南还需要积极淘汰落后产能以提高资源利用效率；而广西和宁夏的资源节约能力却出现了明显的下降趋势，这充分说明其制造业能耗水平较高，不符合当下的经济发展方式，需要及时加以调整。在环境保护能力方面，新疆的环境保护能力指标值远低于西部地区其他省份，说明新疆虽然疆域面积大，但植被覆盖面积不足，整体绿化环境较差，不利于新疆制造业转型升级。

第二，两个省区经济创造能力下滑严重，另有三个省区代表人才就业质量水平的社会服务能力指标呈现下降趋势。在经济创造能力方面问题较为突出的是甘肃和西藏，并且尤以西藏为典型。具体而言，甘肃制造业的经济创造能力呈现波动下降趋势，可能是受经济下行压力的影响，因此需要甘肃省政府重视此问题，才能稳定甘肃省制造业总体经济发展；西藏自治区的经济创造能力尤其值得注意，但其具体原因较为特殊。西藏制造业的经济创造能力关联度很低，不足 0.2，这实际上与西藏本身独特的经济结构有密切关系，要提升西藏自治区的经济创造能力以促进制造业发展，必须让地方政府因地制宜，制定符合西藏发展的政策。而在社会服务能力方面，贵州、宁夏和新疆的问题则相对较为突出。具体而言，贵州省 2003～2016 年的制造业就业人数占全省总就业人数比重出现明显下降的趋势，这表明贵州省的社会服务能力呈现下降趋势，说明政府还需出台更有吸引力的人才引进政策，提高地方高校人才培养质量，助力贵州制造业转型发展。而宁夏和新疆的社会服务能力指标在一个相对固定的数值上呈现小幅度波动，这表明新疆和宁夏的经济总体规模还不够大，对人才引进和优秀企业招商入驻的政策还需进一步改进，制造业产值和可提供的就业岗位数量都还有很大的提升空间。

第三，西部地区整体创新能力基础都较为薄弱，但不同省区市的创新能力仍然明显呈现出差异。具体而言，四川省的其他五项指标都呈现缓慢上升趋势，唯有科技创新能力在 0.35 的数值附近呈现微弱的波动，说明四川省的科技创新能力亟待提高，才能与其他五项指标同步，促进四川制造业协调发展。对于广西、甘肃和宁夏，它们的科技创新能力一直表现平平，在现阶段的水平上有很大的提高空间；而重庆和贵州的科技创新能力相对以上省区而言历年来都较弱，表明重庆和贵州需要在有效地加大研发投入和科技创新能力上下足功夫。除此之外，对于西部偏远地区的新疆、西藏，由于地理位置较云、贵、川、渝等地区更为闭塞，因此其科技创新能力几乎未能得到充分重视，说明在未来一段时间内，如何吸引高科技风险投资基金入驻是当地政府亟须重视的问题。

5.4.3 不同行业面临的问题

通过 2003～2016 年西部地区各省区市制造行业指标数据，使用可变规模报酬 DEA 方法以及平滑 Bootstrap 方法，依次对西部地区纺织业、化学纤维制造业等 21 个行业进行分析，总体来说投入产出率都有所提高，制造业升级能力也有所提升。但经过深入分析，不难发现 21 个制造行业要实现转型升级还存在以下问题。

（1）纺织业，化学纤维制造业，纺织服装、服饰业，电气机械和器材制造业等都受到国内政策环境和国际市场环境变化的影响，产业政策变化、出口退税下调、贸易保护主义增多、劳动力成本增高，对各个行业造成严重打击，投入产出率急速下滑，阻碍西部地区制造业升级，各个行业要采取措施积极应对来自产业内外的各种风险，促进西部地区制造业升级。

（2）金属制品业，通用设备制造业，酒、饮料和精制茶制造业，石油、煤炭及其他燃料加工业，有色金属冶炼和压延加工业，化学原料和化学制品制造业等都存在行业集中度较低、行业内产品差异不大、企业平均规模小、产能利用率不高、产品过剩与结构性短缺并存等问题，整个市场低位运行。一方面，在低值化、同质化的中低端市场，供给严重过剩、竞争激烈；另一方面，在个性化、差异化的高端市场，又不能满足需求，只能进口，导致行业投入产出率下降，西部地区制造业升级能力提升受阻。

（3）农副食品加工业、食品制造业、黑色金属冶炼和压延加工业、仪器仪表制造业、非金属矿物制品业等存在技术装备落后、研发能力弱、科技成果转化率过低、生产要素配置效率过低等问题，与现代高技术和新材料发展相关的产品，部分原材料依然依赖进口，自主创新研发能力不足以及技术的落后导致产品质量档次低下、产品结构单一、社会经济效益差，影响西部地区制造业转型升级。

5.5 本章小结

本章基于 2003～2016 年西部地区制造业发展时序数据，对西部地区制造业转型发展进行综合测度和量化，从整体、区域和行业等不同维度分析西部地区制造业转型升级趋势及其特征，并就整体、区域和行业三大层面分别总结出西部地区制造业现阶段尚存的问题。

（1）西部地区制造业转型升级能力持续提升，并且提升速度逐渐加快。2003～2016 年，西部 12 个省区市制造业转型升级能力关联度数值从 2003 年的 0.34 增长到 0.49，说明西部地区制造业转型发展能力逐步增强，逐渐由数量增长向质量增长转变。特别是自 2010 年开始，西部地区制造业转型步伐得到明显加快，近年来呈现出较为快速的上升趋势。包括经济创造能力、科技创新能力、两化融合能力、资源节约能力、环境保护能力和社会服务能力在内的表征制造业转型升级能力的各项数据指标也均表现出明显的上升趋势，其中，科技创新能力和环境保护能力上涨最为迅速，表明西部地区制造业正在由过去要素推动向创新驱动发展演变，同时，日益重视环境污染问题，可持续增长能力不断提升。但是仍需注意的是，西部地区制造业转型升级过程中整体科技创新能力较弱，同时其资源节约能力整体也在逐年呈现下降趋势，需要采取相应措施扭转此局面。此外，西部地区制造业的社会服务能力也需稳中有进，积极引进高科技创新型人才是当下推动西部地区制造业转型升级的一大重要战略举措。

（2）西部地区各个省区市制造业转型升级能力总体保持上升趋势，不同区域之间转型升级步伐具有一定差别。除四川和西藏在近年来制造业转型升级势头有所回落外，其余省区市制造业转型升级均保持上升趋势。其中，贵州、云南、宁夏、青海和新疆近年来转型发展能力上升迅猛，增速高于西部其他区域。不同省区市制造业转型升级动力来源有所差别，如重庆、广西和新疆主要是经济创造能力提升而带动，陕西和甘肃则通过两化融合来引领制造业转型升级。值得注意的是，不同省区市制造业转型升级过程中主要面临的问题也存在一定差异。例如，宁夏和广西主要是资源节约能力下降，说明制造业落后产业淘汰进程较慢；西藏制造业经济创造能力关联度很低，表明需要政府主动参与经济建设，因地制宜，适度提高西藏经济产值总量；贵州的社会服务能力下降，表明人才流失严重，需要制定更有吸引力的人才引进政策，以促进当地制造业产业结构优化。

（3）西部地区制造业多数行业转型发展趋势向好，重工制造业转型升级快于轻工制造业。从制造业分行业转型升级能力上看，西部地区制造业中多数行业的转型发展步伐不断加快，表现出波动上升的趋势，尽管也有个别行业，如纺织服装、服饰业以及酒、饮料和精制茶制造业的转型升级效率值持续降低，但总的转型趋势向好，说明西部地区各个制造业大致朝着价值链更高层级的方向发展。西部地区重工制造业转型升级步伐快于轻工制造业，如计算机、通信和其他电子设备制造业、交通运输设备制造业、黑色金属冶炼和压延加工业、化学原料和化学制品制造业等修正后的转型升级效率值分别达到 0.791、0.792、0.732 和 0.715，在轻工行业中，只有烟草制品业效率值达到 0.779，其余轻工制造业效率值均处在较低水平。但部分行业受到产业内外环境的影响，仍存在行业集中度较低、行业内产品差异不大、企业平均规模小、产能利用率不高、产品过剩与结构性短缺并存、技术装备落后、研发能力弱、科技成果转化率过低、生产要素配置效率过低等问题，以上问题亟待解决，以推动西部地区制造业转型升级。

（4）西部地区制造业转型升级在整体、区域和行业等维度上尚面临不同的问题。首先，西部地区制造业发展过程中资源节约能力对其转型升级的贡献度在逐年下降，西部地区制造业整体转型升级的速度还有待进一步提高，各个能力指标的综合效应尚未较好地得到最优体现。其次，重庆、云南、广西和宁夏在资源节约能力上表现较差，甘肃和西藏经济创造能力有一定程度下滑，另外，不同省区市的创新能力仍然明显呈现出由高到低的梯度差异。最后，西部地区的纺织业、化学纤维制造业、纺织服装、服饰业以及电气机械和器材制造业转型升级较为缓慢。金属制品业，通用设备制造业，酒、饮料和精制茶制造业，石油、煤炭和其他燃料加工业，有色金属冶炼和压延加工业，化学原料和化学制品制造业等都存在行业集中度较低、行业内产品差异不大、企业平均规模小、产能利用率不高、产品过剩与结构性短缺并存等问题。农副食品加工业、食品制造业、黑色金属冶炼和压延加工业、仪器仪表制造业、非金属矿物制品业存在技术装备落后、研发能力弱、科技成果转化率过低、生产要素配置效率过低等问题。

第 6 章　全球价值链视角下西部地区制造业转型升级的影响因素

本章从地区和行业两个层面梳理影响西部地区制造业转型升级的影响因素，建立实证分析模型，分别测度不同维度上西部地区制造业转型升级影响因素的作用效果，对实证结果进行梳理，总结出西部地区制造业转型升级的促进因素和抑制因素。

6.1　地区层面影响因素的实证考察

地区层面影响因素的实证考察主要是基于全球价值链视角对西部地区制造业转型升级影响因素进行实证测度。在选取合理的评价指标、建立合适的实证模型基础上，从地区层面分析西部地区制造业转型升级的影响因素，同时对比分析这些影响效应在西部地区的作用程度与非西部（东、中部）地区以及全国层面作用效果的差异。

6.1.1　模型建立与设定

对于西部地区制造业转型升级影响因素的实证分析，本书选用面板模型进行实证。因为面板模型中所使用的面板数据能结合时间序列数据和截面数据，大幅增加观测值的个数，从而有效避免单独使用时间序列或截面数据的缺陷。

一般的面板数据模型形式如下：

$$Y_{it} = \alpha_{it} + \boldsymbol{\beta}'_{it}\boldsymbol{X}_{it} + \varepsilon_{it} \tag{6-1}$$

式中，下标 i 表示个体；t 表示时间；$\boldsymbol{X}_{it} = (X_{1it}, X_{2it}, \cdots, X_{kit})$ 为自变量向量；$\boldsymbol{\beta}'_{it} = (\beta'_{1it}, \beta'_{2it}, \cdots, \beta'_{kit})$ 为参数向量；K 是自变量个数；ε_{it} 是随机扰动项。可以进一步将扰动项进行划分：

$$Y_{it} = \alpha_{it} + \boldsymbol{\beta}'_{it}\boldsymbol{X}_{it} + \alpha_i + \lambda_t + \nu_{it} \tag{6-2}$$

对 ε_{it} 进行进一步划分，即 $\varepsilon_{it} = \alpha_i + \lambda_t + \nu_{it}$。在式（6-2）中，$\alpha_i$ 为扰动项中不可观测的不随时间变化的个体上的差异，具体称为个体效应；λ_t 为扰动项中不可观测的不随个体变化的时间上的差异，具体称为时间效应；ν_{it} 为扰动项中的余下部分，并假定其满足球形扰动方差等假设。

面板模型通常存在三种形式，即混合效应模型、固定效应模型和随机效应模型。如果个体效应或时间效应与某个解释变量相关，则可称为固定效应模型。反之，如果个体效应和时间效应与所有的解释变量均不相关，则可称为随机效应模型。对于面板数据而言，个体效应与时间效应的处理方法是一致的，因此，在不考虑时间效应的情况下，仅以个体效应为例，介绍混合效应模型、固定效应模型和随机效应模型的基本概念与检验原理。

在截距与斜率都相同的情况下，如果不同个体间不存在显著性差异，不同截面间也不存在显著性差异，即混合效应模型，可直接用普通最小二乘法进行估计参数。混合面板效应的一般形式为

$$Y_{it} = C + \boldsymbol{\beta}' \boldsymbol{X}_{it} + v_{it} \tag{6-3}$$

固定效应模型是建立在个体间存在显著差异的基础之上的，把扰动项的一部分视为不随时间而改变的个体特征或不随个体而改变的时间特征。固定效应模型按特征可分成个体固定效应模型、时间固定效应模型、个体和时间混合固定效应模型。各固定效应模型的一般形式分别如式（6-4）、式（6-5）和式（6-6）所示。对于固定效应模型的特定个体而言，如果组内不存在时间序列上的差异，个体间组间的差异也不明显，则退化为混合效应模型，反之则采用固定效应模型。固定效应模型的估计方法主要有组内估计、一阶差分估计和最小二乘虚拟变量法。

$$Y_{it} = C + \boldsymbol{X}'_{it} \boldsymbol{\beta} + \alpha_{it} + v_{it} \tag{6-4}$$

$$Y_{it} = C + \boldsymbol{X}'_{it} \boldsymbol{\beta} + \lambda_t + v_{it} \tag{6-5}$$

$$Y_{it} = C + \boldsymbol{X}'_{it} \boldsymbol{\beta} + \alpha_i + \lambda_t + v_{it} \tag{6-6}$$

随机效应模型把个体效应视为随机因素，因此随机效应模型中的所有个体均具有相同的截距项，个体的差异则主要反映在随机干扰项上，形式为

$$Y_{it} = \alpha + \boldsymbol{\beta}' \boldsymbol{X}_{it} + \mu_i + \omega_{it} \tag{6-7}$$

式中，$\mu_i \sim N(0,\sigma_u^2)$为个体随机误差分量；$\omega_{it} \sim N(0,\sigma_w^2)$为混合随机误差分量。同时还假定$\mu_i$，$\omega_{it}$之间互不相关，各自分别不存在截面自相关与混合自相关。当$\sigma_u^2 = 0$时，模型（6-5）退化为模型（6-3）。

根据上述理论，结合研究实际，本书的面板模型设定如下：

$$Y_{it} = \alpha + \boldsymbol{\beta} \boldsymbol{X}_{it} + \varepsilon_{it} \tag{6-8}$$

式中，Y为制造业升级能力的高低；$\boldsymbol{X}$为表征制造业升级能力影响因素的数据指标，包括制造业研发投入强度、区域信息化程度、信息产业规模、能源消耗量、能源利用结构、治污设备投入、企业利税总额等；$\boldsymbol{\beta}$为各个影响因子的影响系数；α为常数项；ε为误差项；i为行业；t为时间。

为了解决普通估计存在的内生性问题，本书将采用固定效应模型，这是因为固定效应模型能将个体在不同时点的差异固定起来，从而能有效排除未被观察到的遗漏变量对因变量的影响以及对自变量和因变量关系的干扰作用。在此参考

Egge 和 Mansour（2003）的估计方法，采用行业和时间双重固定效应模型，本书将标准误聚类到区域层面。并且对变量进行指数化操作，消除时间趋势的影响，平稳数据。最终模型设定形式为

$$Y_{it} = \alpha + \boldsymbol{\beta X}_{it} + \gamma_t + \gamma_i + \varepsilon_{it} \tag{6-9}$$

式中，γ_t 为时间固定效应；γ_i 为行业固定效应。

6.1.2　变量选取和数据来源

1. 变量选取

对于西部地区制造业转型升级影响因素的实证分析，本书将被解释变量定义为制造业转型升级能力，其指标意义与测算方法如前所述。解释变量则包括研发投入强度、区域信息化程度、信息产业规模、能源消耗量、能源利用结构、污染防治水平、产业贡献水平、外商直接投资、企业成本利润率等九个指标，测算方法如表 6-1 所示。

表 6-1　解释变量指标说明

指标名称	计算方法
研发投入强度	制造业研发经费支出/GDP
区域信息化程度	移动光缆长度
信息产业规模	信息产业就业人数/制造业从业人员总数
能源消耗量	制造业能源消耗量的加总
能源利用结构	电力消耗量/能源消耗总量
污染防治水平	治理设备年运行费用加总
产业贡献水平	制造业利税额加总
外商直接投资	（外商资本＋港澳台资本）/实收资本
企业成本利润率	利润/成本

（1）研发投入强度。一般来说，在全球价值链分工体系中，存在一条用于描述经济活动增值过程的“微笑曲线”，其两端代表增值较多的产品研发活动和最终产品销售活动，而中间最低端代表增值最少的产品组装活动。改革开放以来，我国制造业虽然借助国际资本实现了从无到有的突破，但是，与世界先进制造业水平相比，我国制造业仍然大而不强，其中自主创新能力薄弱是阻碍我国制造业向“微笑曲线”增长较多两端攀升的主要因素。另外，考虑到资源的稀缺性和环境承载能力的有限性，过度依靠传统要素驱动经济增长的粗放式

发展方式所造成的环境恶化、生态灾害频发、资源浪费等问题日益凸显。Solow认为，技术进步是保持经济长期增长的唯一动力。因此，在环境和资源承载能力到达最大阈值之前，我国，尤其是西部地区，应大力发展和扶持高新技术产业，避免长期因承接过多的低技术产业将自身经济活动锁定在价值链低端。本书选用制造业研发投入强度来作为影响制造业转型升级的指标。制造业研发投入强度从资金的角度反映企业的科技活动投入和创新状况，反映了制造企业开展创新活动的意愿和投入力度，这种投入经过积累和学习会对制造业潜在科技创新能力产生影响。

（2）区域信息化程度。近年来，随着互联网的普及，一些传统制造业通过与互联网的深度融合重新焕发生机，如自行车制造行业与互联网的结合形成了共享经济这一新兴业态。不但如此，信息化也极大地提升了技术扩散效率。舒尔茨指出，没有技术扩散，创新不可能有经济影响，这是因为技术扩散能促使创新在更大范围内产生经济效益和社会效益，推进一个区域技术进步和产业结构优化，促进区域经济的发展。为此，选取移动光缆长度作为衡量区域信息化程度的指标。

（3）信息产业规模。近年来，我国大力提倡“两化融合”，就是要将电子信息技术广泛应用到工业生产的各个环节，使得信息化成为工业企业经营管理的常规手段。这主要是由于信息化进程和工业化进程在技术、产品、管理等各个层面存在相互交融的现象，并能进一步催生出一批工业电子、工业软件、工业信息服务业等新兴产业。两化融合可以说是工业化和信息化发展到一定阶段的必然产物。两化融合使得企业一方面能够通过互联网学习掌握到最新的信息技术，从而提高生产效率，另一方面能够使企业准确、及时地获得市场需求信息，调整创新方向，避免进入技术陷阱。对此，选择信息产业规模衡量信息产业化程度，以信息产业就业人数占制造业从业人员总数来反映。

（4）能源消耗量。我国工业的高速增长以资源的严重消耗和浪费为代价。在我国工业化初期，西部地区为支援东部地区发展，长期处于资源供给者的角色，当前西部地区一些资源型城市已经面临着由于资源耗竭所导致的发展后劲不足的困境。为此，有必要分析制造业能源消耗量对其转型升级的影响，以制造业能源消耗量加总计算得到。

（5）能源利用结构。在未来发展过程中西部地区制造业只有合理利用资源和提高资源利用率才是可持续发展最现实、最有效的途径。考虑到数据的可获得性、连续性和完整性，一般来说，电力可以利用核能、水能、太阳能等转化而来，相比煤炭、石油等不可再生能源而言，具有清洁性和可再生性的优势，而且在一定程度上能够反映区域制造业新型化程度。对此，以制造业电力消耗量占能源消耗总量的比例来反映能源利用结构。

（6）污染防治水平。经济与环境和谐发展的要求呼唤制造业应走绿色升级道路，国际绿色壁垒也对制造业提出了更高的要求。根据波特假说，适当的环境规制强度将有利于企业创新，环境规制的强弱也表明政府走绿色升级道路的决心。因此，本书分析污染防治水平对制造业转型升级的影响，以制造业治污设备年运行费用来进行量化。

（7）产业贡献水平。经济发展的根本目的在于保障民生，因此如何增加就业机会、稳定居民收入水平、完善基本公共服务等问题也是制造业升级需要考虑的重要因素。随着劳动力成本持续攀升，经济发达地区将不具有比较优势的劳动密集型产业加快向经济发展较为滞后的内陆地区转移。对于这些地区而言，发展劳动密集型制造业能够有效缓解地区就业压力，而且相对丰富而廉价的人力资本也为发展劳动密集型制造业提供了有力支撑。然而，引进过多的劳动密集型产业将不利于当地制造业的升级，长期甚至还可能对当地制造业形成低端锁定。因此，经济发展较为滞后的内陆地区在兼顾经济发展的同时，而不被劳动密集型产业低端锁定将是制造业升级需要权衡的。本书选取以制造业企业利税总额来衡量的创税能力指标来衡量制造业贡献水平，创税能力决定了当地政府为居民提供基本公共服务的能力。

（8）外商直接投资。自我国改革开放以来，尤其是加入世界贸易组织之后，伴随着市场的国际化发展，资本的国际化也愈演愈烈。而外商直接投资作为资本国际化的主要形式，其中有很大一部分进入了制造业，也改变了制造业的整体投资结构，促进产业结构优化升级。而随着时间的推进，为获取更大的利润，外商直接投资的对象也逐渐向着较高层次的制造业进行转移，这就意味着制造业只有保持活力和动力、自身不断优化升级，才能获得持续的投资。而诸多研究表明，不同类型的外商直接投资对东道国经济和环境的影响存在较大的差异（Dunning，1998）。Markusen 和 Venables（1995）根据外商直接投资的动机和生产函数将其划分为垂直型外商直接投资和水平型外商直接投资。他们认为，垂直型外商直接投资主要是利用东道国廉价资源的比较优势进行生产，并将产品出口获得高额收益；水平型外商直接投资主要为节约贸易成本，而在东道国生产和销售产品。相对于水平型外商直接投资而言，垂直型外商直接投资对东道国的环境具有不利影响（Tang，2015）。然而，现有研究大多基于国家或企业层面的数据，而较少从行业层面对外商直接投资的类型加以区分。学术界一般根据产业对劳动力资本和物质资本的依赖程度，将产业划分为劳动密集型产业和资本密集型产业。基于此，本书分别以外商从业人员数以及外商和港澳台商投资企业的资本金占所有规模以上工业企业的比重为依据，将进入中国制造业的外商直接投资划分为劳动型外商直接投资和资本型外商直接投资。以外商和港澳台商的资本金与制造业行业实收资本之比作为资本型外商直接投资。资本型外商直接投资体现了企业的国际融合程度，保持了企业资本的多样化、稳定性，反映了外商直接投资的技术外溢、竞争效应的强弱。

（9）企业成本利润率。经济创造能力既是我国进行制造业升级的根本动力又是我国制造业升级的有力保障。以西部地区为例，长期以来，我国二元经济结构特征使得西部地区经济发展水平严重滞后于东部地区，随着“长江经济带”战略和“一带一路”倡议的稳步推进，国家政策也逐渐向西部地区倾斜，西部地区能够充分发挥廉价劳动力和丰富自然资源的比较优势，积极承接东部地区转移产业，不断增强本地区经济实力，解决当地就业问题，改善人民生活。随着经济实力和人力资本质量的提升，为获得更加全面和健康的发展，西部地区会有进一步促进制造业升级的动力，而前期积累的资金又为产业升级提供了有力保障。为保持区域层面、行业层面、企业层面评价指标一致，本书选取成本利润率来评价经济创造能力。成本利润率是指在一定时期内实现的利润与成本之比，在一定程度上能够反映各行业生产成本及费用投入的经济效益，同时也能够反映降低成本的能力。

2. 数据来源

本书研究时间跨度为2003～2016年，主要分析西部地区制造业转型升级影响因素的影响效应，同时与非西部（东、中部）地区、全国层面的影响作用效果进行对比。西部地区、非西部地区以及全国的样本将分别进行回归分析，各个样本的描述性统计信息如表6-2～表6-4所示。

表6-2　西部地区制造业升级影响因素指标描述统计

指标	样本量	均值	标准差	最小值	最大值
制造业升级能力	154	6.841	1.605	2.354	9.494
研发投入强度	154	46.722	38.608	0.045	262.780
区域信息化程度	154	2.775	1.344	0.610	7.730
信息产业规模	154	644.081	835.793	19.722	4941.330
能源消耗量	154	8815.960	5693.490	3.823	23824.920
能源利用结构	154	0.1750	0.265	0.046	1
污染防治水平	154	213170.700	208727.200	355.000	1189287.000
产业贡献水平	154	47.583	98.150	–25.300	625.647
外商直接投资	154	0.045	0.040	0	0.162
企业成本利润率	154	0.283	1.577	–3.637	17.706

表 6-3　非西部地区制造业升级影响因素指标描述统计

指标	样本量	均值	标准差	最小值	最大值
制造业升级能力	280	8.320	1.563	3.144	14.038
研发投入强度	280	89.121	70.879	1.931	548.199
区域信息化程度	280	2.409	1.363	0.060	7.150
信息产业规模	280	420.589	726.390	50.907	7034.230
能源消耗量	280	19606.510	13036.220	607.560	63843.670
能源利用结构	280	0.082	0.034	0.030	0.214
污染防治水平	280	535892.600	537960.100	2984.300	2511485.000
产业贡献水平	280	250.930	412.479	4.940	2550.790
外商直接投资	280	0.145	0.154	0.011	0.997
企业成本利润率	280	0.214	0.512	−1.682	7.741

表 6-4　全国制造业升级影响因素指标描述统计

指标	样本量	均值	标准差	最小值	最大值
制造业升级能力	434	7.795	1.728	2.354	14.038
研发投入强度	434	74.076	64.621	0.045	548.199
区域信息化程度	434	2.539	1.366	0.060	7.730
信息产业规模	434	499.892	773.410	19.722	7034.230
能源消耗量	434	1577761.000	12151.660	3.823	63843.670
能源利用结构	434	0.115	0.166	0.030	1.000
污染防治水平	434	421378.400	475127.700	355.000	2511485.000
产业贡献水平	434	178.775	350.014	−25.300	2550.790
外商直接投资	434	0.111	0.136	0	0.997
企业成本利润率	434	0.238	1.024	−3.637	17.706

6.1.3　估计结果及讨论

在对变量进行选择和量化的基础上，运用前述构建的实证模型和估计方法测度不同因素对制造业升级的影响效应与程度，同时以制造业研发投入强度、移动光缆长度、信息产业从业人员数占比为基础，逐步添加相关变量，提高拟合度，增强实证的平稳性。西部地区、非西部地区、全国的回归结果如表 6-5～表 6-7 所示。

表 6-5　西部地区制造业升级能力影响因素的模型结果

变量	模型 1	模型 2	模型 3	模型 4	模型 5	模型 6	模型 7
研发投入强度	0.323*	0.227**	0.186*	0.254**	0.252**	0.292**	0.291**
	(2.17)	(2.26)	(1.98)	(2.31)	(2.25)	(2.56)	(2.56)
区域信息化程度	1.146**	0.641	0.731	0.756**	0.756**	0.974**	0.953**
	(2.77)	(1.15)	(1.71)	(2.67)	(3.23)	(2.55)	(2.43)
信息产业规模	0.0118	−0.0318	0.0537	0.0313	0.0209	−0.0343	−0.0338
	(0.08)	(−0.39)	(1.04)	(0.90)	(0.67)	(−0.63)	(−0.61)
能源消耗量		1.703***	1.594***	0.720*	0.597*	0.548	0.580
		(6.98)	(7.98)	(2.20)	(1.88)	(1.15)	(1.21)
能源利用结构			1.566**	0.964**	0.860**	0.801**	0.790*
			(2.79)	(2.46)	(2.38)	(2.23)	(2.16)
污染防治水平				0.528**	0.492**	0.479**	0.452**
				(3.67)	(3.19)	(2.47)	(2.35)
产业贡献水平					0.146	0.191	0.201*
					(1.53)	(1.78)	(1.82)
外商直接投资						−3.387	−3.676
						(−1.05)	(−1.15)
企业成本利润率							−0.0351
							(−1.37)
常数项	4.676**	−7.556**	−3.439	−3.531	−2.615	−1.823	−1.828
	(3.46)	(−3.62)	(−1.45)	(−1.76)	(−1.37)	(−0.65)	(−0.64)
Pseudo R^2	0.191	0.401	0.438	0.521	0.523	0.528	0.531

注：括号中的数值是 T 检验值。*，**，***分别表示参数估计在 10%，5%，1%水平下通过统计显著性检验。

表 6-6　非西部地区制造业升级能力影响因素的模型结果

变量	模型 8	模型 9	模型 10	模型 11	模型 12	模型 13	模型 14
研发投入强度	0.448***	0.387***	0.352***	0.393***	0.392***	0.385***	0.380***
	(7.12)	(7.74)	(6.58)	(7.60)	(7.49)	(7.34)	(7.14)
区域信息化程度	1.668***	0.607**	0.686**	0.624**	0.614**	0.554**	0.574**
	(4.20)	(2.40)	(2.81)	(2.81)	(3.01)	(2.59)	(2.62)
信息产业规模	0.245**	0.245***	0.184**	0.170**	0.170**	0.169**	0.166**
	(3.21)	(4.86)	(3.59)	(3.34)	(3.34)	(3.32)	(3.19)
能源消耗量		2.473***	2.359***	1.510***	1.470***	1.405***	1.442***
		(10.30)	(10.19)	(5.31)	(5.71)	(5.13)	(5.37)
能源利用结构			1.246***	0.557*	0.52	0.487	0.498
			(4.21)	(1.79)	(1.36)	(1.28)	(1.31)

续表

变量	模型 8	模型 9	模型 10	模型 11	模型 12	模型 13	模型 14
污染防治水平				0.374***	0.374***	0.371***	0.368**
				（3.99）	（3.98）	（3.92）	（3.88）
产业贡献水平					0.0188	0.0324	0.0296
					（0.20）	（0.35）	（0.33）
外商直接投资						−1.113	−1.147
						（−1.39）	（−1.39）
企业成本利润率							0.139***
							（6.47）
常数项	4.170***	−18.05***	−13.22***	−11.67***	−11.47***	−10.80***	−11.05***
	（7.77）	（−8.45）	（−5.59）	（−5.73）	（−6.64）	（−5.51）	（−5.62）
Pseudo R^2	0.326	0.475	0.491	0.528	0.528	0.529	0.532

注：括号中的数值是 T 检验值。*，**，***分别表示参数估计在 10%，5%，1%水平下通过统计显著性检验。

表 6-7　全国制造业升级能力影响因素的模型结果

变量	模型 15	模型 16	模型 17	模型 18	模型 19	模型 20	模型 21
研发投入强度	0.415***	0.348***	0.304***	0.353***	0.346***	0.345***	0.346***
	（6.26）	（6.91）	（5.83）	（6.56）	（6.24）	（6.36）	（6.34）
区域信息化程度	1.515***	0.400	0.528*	0.538**	0.512**	0.490**	0.487**
	（5.35）	（1.28）	（1.82）	（2.31）	（2.40）	（2.08）	（2.05）
信息产业规模	0.202**	0.198***	0.168***	0.137**	0.134**	0.127**	0.127**
	（2.82）	（3.99）	（3.83）	（3.24）	（3.33）	（3.00）	（3.00）
能源消耗量		1.984***	1.875***	1.029***	0.857***	0.845**	0.844**
		（9.59）	（10.42）	（4.37）	（3.97）	（3.36）	（3.35）
能源利用结构			1.440***	0.744**	0.582*	0.564*	0.563*
			（3.99）	（2.38）	（1.96）	（1.87）	（1.86）
污染防治水平				0.446***	0.431***	0.415***	0.413***
				（5.51）	（5.31）	（4.95）	（4.94）
产业贡献水平					0.124**	0.134**	0.136**
					（2.11）	（2.11）	（2.15）
外商直接投资						−1.956**	−1.961**
						（−2.13）	（−2.14）
企业成本利润率							−0.0113
							（−0.38）
常数项	4.018***	−12.660***	−7.692**	−7.057***	−6.161**	−5.752**	−5.729**
	（6.88）	（−6.65）	（−3.58）	（−3.74）	（−3.39）	（−2.70）	（−2.68）
Pseudo R^2	0.279	0.432	0.457	0.513	0.515	0.516	0.516

注：括号中的数值是 T 检验值。*，**，***分别表示参数估计在 10%，5%，1%水平下通过统计显著性检验。

（1）研发投入强度对西部地区制造业转型升级具有显著促进作用，影响效应略低于非西部地区。制造业研发投入强度对制造业升级能力始终保持显著的正向影响，变量的增加对制造业研发投入强度的回归系数的影响变动浮动也不大，说明制造业研发投入强度所带来的科研潜力为制造业的后续发展提供支撑，并始终发挥着相对稳定的积极作用。国内外的相关研究也证实了这一点，本书结果对这一观点进行了再次验证。回归结果显示，从地区对比来看，西部地区科技创新能力对制造业升级能力的影响相对弱于非西部地区与全国。以模型 7 为例，在其他条件不变的情况下，制造业研发投入强度每增加 1 个百分点，西部地区制造业升级能力将上升 0.291 个百分点，而非西部地区和全国的制造业创新能力将分别上升 0.380 个百分点、0.346 个百分点。但是制造业研发投入强度对升级能力的促进作用都不高，这可能的解释是，制造业研发投入强度的增加并不能立即产生明显的效果，它会存在一个时滞问题，科技研究的周期较长，同样科技效果显现的周期也比较长。此外，有学者研究指出，研发投入发挥作用需要有一定的前提条件，即只有当人力资本水平达到一定程度以后，研发投入的增长才能对制造企业的创新能力带来“质”的提高。而西部地区的促进作用之所以弱于其他地区，可能是因为西部地区制造业产业层次较低，研发投入强度不高，资本投入更显不足，生产效率提高主要依赖于单位成本降低。

（2）区域信息化程度对西部地区制造业转型升级产生积极影响，并且影响效果大于非西部地区。移动光缆长度是评价一个地区的信息基础设施水平的具有相对代表性的指标。移动光缆长度对制造业升级能力的影响基本上也都是显著的。信息产业技术能力为两化融合提供坚实的基础，对改变传统发展模式、实现制造业变革十分关键。通过在地区之间对比可以发现，在变量较少时，西部地区的移动光缆变量的系数要明显小于其他地区，但是随着变量的增加，西部地区的移动光缆变量的系数要明显大于其他地区。也就是说，在影响因素相对单一的时候，移动光缆长度对西部地区制造业的影响小于非西部地区与全国，而随着影响因素的增加，移动光缆长度对西部地区制造业的影响要大于非西部地区与全国。西部地区制造业发展落后于其他地区，一开始对信息化的发展要求也低于其他地区，但是随着制造业的影响因素增加，信息基础建设对西部地区制造业的升级作用就要强于其他地区，西部地区需要在信息能力追赶的基础上实现制造业的升级。但是从整体上来看，随着制造业的发展，不管是西部地区、非西部地区还是全国范围，移动光缆长度对制造业升级能力的影响会随着变量的增加逐渐减小，可能是由于移动光缆在企业内已经实现了较为完善的发展，即使企业的其他能力有所增加，移动光缆并不会同步增长，这项基础设施对制造业升级能力的作用已经接近瓶颈。

（3）能源利用结构有助于西部地区制造业转型升级，并且影响作用程度高于非西部地区。电力具有清洁性和可再生性的优势，电力消耗占能源消耗总量的比例在一定程度上能够反映区域制造业新型化程度。从模型结果中可以看出，电力消耗占能源消耗总量的比例对西部地区制造业的升级保持了显著的影响，但在非西部地区与全国的显著性都在削弱，表明虽然能源利用结构对非西部地区制造业转型升级促进作用有限，但是却能明显提升西部地区制造业转型升级能力。

（4）污染治理水平对西部地区制造业转型升级有显著正向影响，影响效果与非西部地区相比差别不大。从回归结果中可知，制造业治污设备年运行费用从引入模型开始，对制造业升级能力的影响就较为显著。以模型 7、模型 14 和模型 21 为例，制造业治污设备年运行费用每增长 1 个百分点，西部地区、非西部（东部和中部）地区、全国的制造业升级能力分别增加 0.452、0.368、0.413 个百分点，并且显著性都较强。目前，我国制造业的发展不少是建立在牺牲环境的基础上的，虽然当前的经济效果明显，但是对企业的可持续发展产生了不利影响，也不符合我国制造业的绿色升级需求。西部地区尤其明显，其环境保护能力对制造业升级的影响强于其他地区。在我国制造业发展的过程中，西部地区承接了一些相对发达地区的劳动密集型企业，而这些企业很大一部分是高污染的粗放生产企业。这些企业的建立为西部地区制造业的转型带来一定的障碍，而对治污设备的投入可以削弱可能存在的环保力度“逐底行为”，避免制造业被锁定在低端高污染行业，提高了西部地区制造业的升级能力。

（5）产业贡献水平对西部地区制造业转型升级有一定积极影响，影响效果与非西部地区相比不够明显。制造业企业利税总额对西部地区和非西部地区的制造业升级能力影响几乎不显著，西部地区的模型 7 中仅在 10%的水平下表现为显著；而在全国范围内却并非如此，制造业企业利税总额对制造业升级的影响显著性良好。但总体来说，制造业企业利税总额的影响系数都是增加的。从利税额对制造业发展的影响效果来看，制造业升级不论是沿着价值链攀升，还是从传统制造业向先进制造业转型升级，总体都表现为价值链环节上附加值的增加，也就是说，制造业利税额能够反映企业每年给自身带来利润以及给社会贡献的价值，利税额越高，支持企业升级的资金越雄厚，升级能力越强。但非西部地区的影响系数明显小于其他地区，可能是由于非西部地区制造业升级能力的提高对于企业资金实力的依赖比较小，更依赖软实力或综合实力。西部地区的制造业产业结构层次低，多为高消耗、低产出的模式，产业效益较差。并且西部地区制造业大多处于价值链的低端，即使利税额有所增加，依旧没有使企业完全摆脱低附加值端，对企业的影响依旧不足以支撑升级。

（6）信息产业规模、能源消耗量、外商直接投资、企业成本利润率对西部地区制造业转型升级产生一定影响，但影响效应不够显著。

第一，信息产业规模具有一定负向作用。信息产业从业人员数占比在一定程度上代表了信息产业发展水平。从非西部地区和全国范围内看，信息产业从业人员数占比对制造业升级能力一直保持着显著的正向作用，但是这种正向作用随着变量的增加有所削弱。一个地区的信息化水平越高，信息产业发展水平越高，企业掌握信息的速度越快、处理信息的能力越强，同时信息技术水平的提高有效地保障了技术的正外部性，加速企业的技术升级的速度，但是可能其他能力的增加对信息产业的发展产生了一定的冲击，使信息化对于制造业的积极作用并不如以往那么突出。但是对于西部地区来说，信息产业从业人员数占比对制造业的升级能力产生了不显著的负向影响，并呈现出逐渐扩大的趋势。这种不显著的负向影响可能是由于西部地区的相关信息产业发展水平较低，信息基础设施不健全等。信息发展带来的积极作用无法抵消这种相关配套设施落后的消极影响，并且随着其他相关能力的发展，信息化的相对落后则更为明显，严重掣肘了制造业的升级。

第二，能源消耗量具有一定的正向作用。制造业能源消耗总量、电力消耗占能源消耗总量的比例这两个变量均对制造业升级能力产生了正向影响。能源消耗总量对制造业的升级能力在西部地区的显著性随着变量的增加逐渐消失，而在非西部地区与全国均保持显著；同时，西部地区的制造业能源消耗总量的系数明显低于其他地区，而电力消耗占能源消耗总量的比例的系数却高于其他地区。同样是代表资源节约能力的指标，单纯的能源消耗总量，虽然表现出了能源需求量，但对西部地区制造业升级的影响远不及其他地区，这可能是由于西部地区制造业的发展本身对能源的需求并不如其他地区强；但是由于制造业的低端化，对可再生能源的充分发现、充分利用，为西部地区制造业升级提供的动力反而更强。

第三，外商直接投资起到一定负向作用。资本型外商直接投资对西部地区和非西部地区的制造业升级能力的影响不显著，在全国范围内显著，但都是负向影响，并且这种负向作用体现在非西部地区、全国、西部地区之间依次加强。这种影响可能与资本型外商直接投资带来的低端环节锁定效应、外商直接投资行业结构、相关行业的制度不够完善等有关系。还可能是因为跨国公司向东道国投资的根本动机是出于对高额垄断利润的追求，所以跨国公司会对技术转移进行控制并时刻加强监督，这就导致了跨国直接投资条件下技术流入的局限性和垄断性。此外，东道国企业对跨国公司技术的过度依赖也会削弱自身的自主创新能力，不利于自身制造业的升级。而且值得注意的是，现阶段我国制造业的劳动密集型成分较大，制造业企业直接利用外资所占的比例仍比较小，相较于全国，这种情况在西部地区制造业中表现更为明显。

第四，企业成本利润率具有一定负向作用。成本利润率的提高可以显著增强东部地区的制造业升级能力，但是从西部地区和全国范围来看，成本利润率的增加却降低了制造业升级能力。成本利润率指标表明每付出一元成本费用可获得多少利润，体现了经营耗费所带来的经营成果。该项指标越高，利润就越大，反映企业的经济效益越好，非西部地区的制造业在经济实力的提升下获得了产业升级的资本。西部地区与非西部地区的差异可能是因为西部地区的产业层级较低，企业盲目追求经济效益，反而透支、破坏了企业潜在的发展转型能力。

6.2　行业层面影响因素的实证考察

行业层面影响因素的实证考察主要从行业层面分析西部地区制造业转型升级影响因素及其作用效应，同时，对比分析这些影响效应在西部地区与非西部地区（东部地区和中部地区）、全国层面的差异。

6.2.1　研究方法与变量设定

本书运用 DEA-Tobit 模型对我国西部地区制造业转型升级的影响因素进行实证分析。传统的对 DEA 法测度出的投入产出效率值进行实证分析的，多为最小二乘法等回归估计方法，或固定效应、随机效应的面板模型。但是用 DEA 法测度的投入产出效率值存在一个现实问题，即效率值的分布区间为 0～1，数据被截断，如果用最小二乘法对模型进行直接回归，参数的估计可能存在有偏差且不一致的问题。所以 Tobit 模型被应用到此类受限数据（即截尾数据）的研究中，成为经典的 DEA-Tobit 模型，并被越来越多的国内外学者应用到经济学和金融学问题中。

Tobit 模型由最初的结构式模型发展到现在的时间序列模型、面板数据模型以及非参数模型等多种形式，但其现有的估计方法仍是建立在 Jackman 和 Hochstadt（1976）两步法的基础之上的，因此，下面将介绍 Jackman 两步法的思路。

Tobit 模型以正态分布假定为前提，基本形式如下：

$$Y_I^* = X_i\beta + \varepsilon_i Y_i = \begin{cases} Y_i^*, & Y_i^* > 0 \\ 0, & Y_i^* \leqslant 0 \end{cases}, \quad \varepsilon_i \in (0,\sigma^2) \tag{6-10}$$

当 $Y_i = 0$ 时，其概率密度函数为

$$P(Y_I^* = 0)P(Y_i^* \leqslant 0) = \phi\left(-\frac{\beta' X_i}{\sigma}\right) = 1-\phi\left(\frac{\beta' X_i}{\sigma}\right) \tag{6-11}$$

当 $Y_i = Y_i^*$，Y_i 就有 Y_i^* 的密度，似然函数可以表示为

$$L(\beta) = \sum_{Y_i>0} \ln\left[\frac{1}{\sigma}\phi\left(\frac{Y_i - \beta' X_i}{\sigma}\right)\right] + \sum_{Y_i} \ln\left[1-\phi\left(\frac{\beta' X_i}{\sigma}\right)\right] \tag{6-12}$$

不难看出，Tobit 模型的似然函数并不是标准的似然函数形式，而是包含着连续分布和离散分布。

在 DEA-Tobit 模型的实际应用中，Tobit 模型一般设定为线性回归的形式：

$$Y_i = \max(0, X_i + \mu_i),\quad i = 1,2,\cdots,N \tag{6-13}$$

式中，Y_i 为被解释变量；X_i 为 $\kappa \times 1$ 维可观测的解释变量；$\mu_i(i = 1,2,\cdots,N)$ 为模型的扰动项，假定为独立同分布。

线性回归函数使得模型的估计与系统经济学意义的解释变得简单明了，但同时也大大增加了由模型设定错误而导致的估计量不一致性风险。因此在当今的非参数半参数计量经济学文献中，常用的做法是考虑一个同时包含线性与未知非线性部分的半线性函数形式。半线性的设定可在保持回归函数形式灵活性的同时，避免由纯非参数设定带来的经济学意义难以解释的维数诅咒与收敛速度过慢等问题。模型设定如下：

$$Y_i = \max(0, X_i'\beta_0 + h(Z_i) + u_i),\quad i = 1,2,\cdots,N \tag{6-14}$$

式中，X_i、Z_i 为离散或连续解释变量；$h(Z_i)$ 为 κ_Z 维未知的函数；μ_i 为不可观测的扰动项，μ_i 也可表示为

$$\mu_i = (\sigma(X_i) + \kappa(Z_i))\varepsilon_i \tag{6-15}$$

式中，$\sigma(X_i)$ 与 $\kappa(Z_i)$ 分别为 κ_x、κ_z 维未知函数；$\varepsilon_i(i = 1,2,\cdots,N)$ 为独立同分布的扰动项且分布函数未知。

从以上模型中可以看出，设定该模型具有两大优点：一是模型对回归函数中的非线性部分、异方差形式与扰动项分布类型均不加以限制，因而在实证研究中具有极大的普适性；二是该模型的识别与参数的一致估计，不需要有关随机扰动项在均值与分位点方面的任何约束。

本书采用 DEA-Tobit 两步法对制造业转型升级效率的因素进行实证研究。根据国内外文献的研究经验和我国西部地区制造业实际运行的特点，本书分别从行业贡献率、就业人员人均利润率、产品销售率、行业销售比重、成本利润率、外商资本比重等六个变量来检验它们对制造业转型升级效率的影响（表 6-8）。

表 6-8　影响因素变量设定

变量名	测量方法
行业贡献率	制造业各行业销售产值/各行业加总的销售产值
就业人员人均利润率	利润总额/制造业各行业就业人数
产品销售率	销售收入/制造业各行业销售产值
行业销售比重	销售收入/工业销售收入
成本利润率	利润/成本
外商资本比重	（外商资本＋港澳台资本）/实收资本

（1）行业贡献率。本书通过“制造业各行业销售产值/各行业加总的销售产值”衡量行业贡献率。制造业行业贡献率指有效或有用制造业产品数量与制造业生产的资源消耗及占用量之比，即产出量与投入量之比，或所得量与所费量之比，反映出制造业对经济增长的贡献情况。

（2）就业人员人均利润率。本书通过“利润总额/制造业各行业就业人数”计算人均利润率。它反映出在一定时期内制造业各行业就业人员平均每人实现的利润额，侧重从劳动力利用的角度来评价制造业企业的经济效益。

（3）产品销售率。本书通过“销售收入/制造业各行业销售产值”表示产品销售率，用来反映制造业各行业的产品已实现销售的程度，可用以分析工业产销衔接情况，反映制造业产品满足社会需求的程度。

（4）行业销售比重。本书通过“销售收入/工业销售收入”计算西部地区制造业占工业的销售比重，直观反映出西部地区制造业各行业在工业中的销售占比情况。

（5）成本利润率。本书通过“利润/成本”衡量成本利润率，表示剩余价值与全部预付资本的比率。成本利润率是剩余价值率的转化形式，是对同一剩余价值量通过不同的方法计算出来的另一种比率。工业企业一般以成本利润率来反映企业生产经营的经济效益，表示企业一定时期的利润水平，既可以考核企业利润计划的完成情况，又可比较各企业之间和不同时期的经营管理水平。成本利润率越高，说明企业为取得利润而付出的代价越小，成本费用控制得越好，盈利能力就越强。

（6）外商资本比重。本书通过“（外商资本 + 港澳台资本）/实收资本”衡量外商资本影响效应。外商资本是外国投资者以及我国香港、澳门特别行政区和台湾地区投资者投入的资本，是制造业重要的资金来源之一。外商资本的出资方式较为灵活，但要求制造业企业具有一定筹集外汇资金的能力。通常情况下，一般只有中外合资或中外合作经营的企业才能利用外商资本。

6.2.2　数据处理和变量分析

在构建西部地区制造业转型升级的影响因素研究假说和模型设计基础上，针对不同类型影响因素选取成本利润率等六个变量指标，同时对指标数据进行必要说明。研究对象选择西部地区纺织业等 21 个行业，为保持行业口径一致，选择对行业进行平减处理。本书以 1990 年为基期，对全国制造业按行业进行平减。数据来源于《中国工业统计年鉴》。全部指标数据描述性统计信息如表 6-9～表 6-12 所示。

表 6-9　西部地区变量的描述性统计

变量名	样本数	均值	标准差	最小值	最大值
行业贡献率	273	0.063	0.055	0.011	0.205
就业人员人均利润率	273	16.591	104.364	0.238	1632.53
产品销售率	273	0.828	0.132	0.233	1.005
行业销售比重	273	0.064	0.058	0.01	0.216
成本利润率	273	0.88	0.104	0.296	1.03
外商资本比重	273	0.303	0.144	0	0.717

表 6-10　中部地区变量的描述性统计

变量名	样本数	均值	标准差	最小值	最大值
行业贡献率	273	0.041	0.026	0.01	0.109
就业人员人均利润率	273	12.536	51.314	0.304	657.927
产品销售率	273	0.834	0.138	0.243	1.067
行业销售比重	273	0.04	0.027	0.01	0.106
成本利润率	273	0.882	0.108	0.281	1.052
外商资本比重	273	0.328	0.136	0.001	0.737

表 6-11　东部地区变量的描述性统计

变量名	样本数	均值	标准差	最小值	最大值
行业贡献率	273	0.039	0.025	0.007	0.108
就业人员人均利润率	273	184.906	2666.65	0.238	44017.55
产品销售率	273	0.828	0.131	0.237	1.003
行业销售比重	273	0.039	0.027	0.002	0.112
成本利润率	273	0.88	0.103	0.3	1.032
外商资本比重	273	0.303	0.144	0	0.726

表 6-12　全国变量的描述性统计

变量名	样本数	均值	标准差	最小值	最大值
行业贡献率	819	0.048	0.04	0.007	0.205
就业人员人均利润率	819	71.345	1541.27	0.238	44017.55
产品销售率	819	0.83	0.133	0.233	1.067
行业销售比重	819	0.048	0.041	0.002	0.216
成本利润率	819	0.881	0.105	0.281	1.052
外商资本比重	819	0.311	0.142	0	0.737

通过描述性统计分析可以看出，我国西部地区制造业成本利润率平均值为 0.88，与全国均值 0.881 基本持平，最大值为 1.03，最小值为 0.296，说明西部地区制造业利润与成本的比值个体差异大。外商资本比重平均值为 0.303，最大值为 0.717，说明西部地区制造业具有良好的外资吸引能力。西部地区制造业行业贡献率平均值为 0.063，大于全国平均值 0.048，最大值为 0.205，最小值为 0.011，证明西部地区制造业对于各行业 GDP 贡献情况良好。西部地区制造业各行业就业人员人均利润率平均值为 16.591，最大值为 1632.53，最小值为 0.238，说明制造业各行业内部就业人员人均利润率之间的差距还比较大。制造业各行业产品销售率平均值为 0.828，接近全国均值 0.83，最大值为 1.005，最小值为 0.233，说明西部地区制造业产品整体销售情况正常，但在销售结构上面有优化的空间。从行业销售比重来看，平均值为 0.064，超出全国均值 0.048，最大值为 0.216，最小值为 0.01，说明西部地区制造业在工业销售收入占比相对较高。

6.2.3　估计结果及讨论

本节内容主要是在对变量进行选择和量化的基础上，运用前述构建的实证模型对西部地区制造业各行业影响因素进行回归分析，并与非西部地区（东部地区和中部地区）、全国进行对比，分析西部地区制造业能力的相对差异性。实证结果分析如表 6-13～表 6-15 所示。

表 6-13　DEA-Tobit 回归结果（西部地区）

变量	模型 22	模型 23	模型 24	模型 25	模型 26	模型 27
	DEA	DEA	DEA	修正的 DEA	修正的 DEA	修正的 DEA
行业贡献率	0.346 （1.53）	0.336 （1.48）	0.489** （2.43）	0.364** （1.98）	0.356* （1.93）	0.479** （2.86）
就业人员人均利润率	0.0238** （2.05）	0.0267** （2.22）	0.0153 （1.30）	0.0251** （2.51）	0.0275** （2.66）	0.0182* （1.80）
产品销售率	−0.186*** （−4.46）	−0.139** （−2.45）	0.123 （1.17）	−0.0591* （−1.68）	−0.0194 （−0.42）	0.194** （2.08）
行业销售比重	−0.313 （−1.43）	−0.303 （−1.39）	−0.458** （−2.37）	−0.328* （−1.85）	−0.320* （−1.80）	−0.446** （−2.75）
成本利润率		−0.0885 （−1.47）	−0.0966* （−1.96）		−0.0749 （−1.60）	−0.0815** （−1.99）
外商资本比重			−0.0669** （−3.03）			−0.0544** （−2.85）
常数项	0.667*** （13.56）	0.660*** （13.41）	0.623*** （12.11）	0.628*** （15.24）	0.623*** （15.08）	0.592*** （13.54）

注：括号中的数值是 T 检验值。*，**，***分别表示参数估计在 10%，5%，1%水平下通过统计显著性检验。

（1）行业贡献率对西部地区制造业转型升级具有明显促进作用，影响效果大于东、中部地区。从模型 22～模型 27 的回归结果看，行业贡献率对制造业转型升级效率影响系数为 0.336～0.489，并且大部分模型的影响系数可以通过显著性检验，表明行业贡献率在对西部地区制造业转型升级过程中起到积极的影响作用，提高制造业行业贡献率能够有效促进制造业在价值链层级上的跃升，带动制造产业快速向前发展。对比行业贡献率在中、东部地区的影响效果，发现行业贡献率对中部地区制造业转型升级效率影响作用程度低于西部地区，在模型 28～模型 33 中，影响系数为 0.319～0.373，小于西部地区的影响系数值，而在东部地区，行业贡献率对制造业转型升级效率甚至产生负向影响，不过影响效应不显著。总体上看，提升制造业行业贡献率有助于西部地区制造产业转型升级。

表 6-14　DEA-Tobit 回归结果（中部地区）

变量	模型 28	模型 29	模型 30	模型 31	模型 32	模型 33
	DEA	DEA	DEA	修正的 DEA	修正的 DEA	修正的 DEA
行业贡献率	0.373** (3.00)	0.372** (2.99)	0.368** (3.22)	0.321** (3.08)	0.322** (3.09)	0.319** (3.27)
就业人员人均利润率	0.0399** (2.83)	0.0411** (2.85)	0.0245* (1.82)	0.0280** (2.39)	0.0270** (2.28)	0.0142 (1.26)
产品销售率	−0.0975** (−1.97)	−0.078 (−1.32)	0.288** (3.29)	−0.0392 (−0.98)	−0.0551 (−1.12)	0.228** (3.18)
行业销售比重	−0.299** (−2.54)	−0.298** (−2.52)	−0.294** (−2.77)	−0.276** (−2.82)	−0.277** (−2.83)	−0.274** (−3.04)
成本利润率		−0.0343 (−0.55)	−0.038 (−0.72)		0.028 (0.53)	0.0252 (0.51)
外商资本比重			−0.106*** (−5.13)			−0.0823*** (−5.09)
常数项	0.816*** (9.98)	0.814*** (9.94)	0.769*** (9.55)	0.679*** (10.19)	0.680*** (10.18)	0.645*** (9.88)

注：括号中的数值是 T 检验值。*，**，***分别表示参数估计在 10%，5%，1%水平下通过统计显著性检验。

（2）就业人员人均利润率对西部地区制造业转型升级具有明显的促进作用，影响效果低于中部地区而高于东部地区。从模型 22～模型 27 的回归结果看，就业人员人均利润率对制造业转型升级效率影响系数为 0.0153～0.0275，并且大部分模型的影响系数可以通过显著性检验，表明就业人员人均利润率对西部地区制造业转型升级起到积极的影响作用，提高制造业就业人员人均利润率能够有效促进制造业转型升级，实现价值链上的攀升。对比就业人员人均利润率在中、东部地区的影响效果，发现就业人员人均利润率对中部地区制造业转型升级效率影响作用程度高于西部地区，在模型 28～模型 33 中，影响系数为 0.0142～0.0411，大于西部地区的影响系数值，而在东部地区，就业人员人均利润率对制造业转型升级效率影响作用低于中、西部地区，影响系数为 0.002～0.0523。总体上看，提高制造业就业人员人均利润率有助于西部地区制造产业转型升级。

表 6-15　DEA-Tobit 回归结果（东部地区）

变量	模型 34	模型 35	模型 36	模型 37	模型 38	模型 39
	DEA	DEA	DEA	修正的 DEA	修正的 DEA	修正的 DEA
行业贡献率	−0.0905 (−1.05)	−0.0857 (−1.00)	−0.278*** (−3.61)	−0.027 (−0.41)	−0.0223 (−0.35)	−0.164** (−2.77)
就业人员人均利润率	0.0221* (1.93)	0.0176 (1.57)	0.002 (0.21)	0.0211** (2.23)	0.0167* (1.81)	0.0523 (0.66)
产品销售率	−0.155** (−2.62)	−0.255*** (−4.99)	0.453*** (3.80)	−0.0931* (−1.94)	−0.191*** (−4.19)	0.330*** (3.77)
行业销售比重	0.0349 (0.64)	0.0324 (0.60)	0.163*** (3.36)	−0.0085 (−0.21)	−0.011 (−0.27)	0.0849** (2.28)
成本利润率		0.193* (1.70)	0.134 (1.44)		0.188** (2.03)	0.145** (1.97)
外商资本比重			−0.155*** (−6.93)			−0.115*** (−6.45)
常数项	0.314** (2.89)	0.334** (3.07)	0.0699 (0.74)	0.313*** (3.82)	0.333*** (4.06)	0.138* (1.80)

注：括号中的数值是 T 检验值。*，**，***分别表示参数估计在 10%，5%，1%水平下通过统计显著性检验。

（3）产品销售率对西部地区制造业转型升级产生一定的积极影响，但影响效果不如东、中部地区明显。尽管在模型 22、模型 23、模型 25、模型 26 中产品销售率对西部地区制造业转型升级效率影响为负，但是在完全添加解释变量之后，产品销售率影响效应为正。在模型 27 中，产品销售率影响系数为 0.194，并且能够通过 5%显著性水平的显著性检验，表明提高产品销售率在一定程度上有利于促进西部地区制造业转型升级。不过，与中、东部地区相比，产品销售率在西部地区制造业转型升级中起到的作用要弱一些，在中部地区的模型 30 和模型 33 中，产品销售率影响系数分别为 0.288 和 0.228，在东部地区的模型 36 和模型 39 中，产品销售率影响系数则分别高达 0.453 和 0.330，说明产品销售率对西部地区制造业转型升级促进作用稍弱。

（4）行业销售比重对西部地区制造业转型升级具有明显的抑制作用，影响效果与中部地区差别不大。从模型 22～模型 27 的回归结果看，行业销售比重对制造业转型升级效率影响系数为−0.458～−0.303，大部分模型的影响系数通过了显著性检验，表明行业销售比重对西部地区制造业转型升级起到消极的影响作用，提高行业销售比重不能有效促进制造业转型升级。从模型 28～模型 33 发现行业销售比重对中部地区制造业转型升级同样为明显的负向影响作用，但影响程度略低于西部地区。从模型 34～模型 39 可以看出，行业销售比重对东部地区制造业转型升级具有明显的正向影响作用。因此，总体上看来提升行业销售比重并不能有效地帮助中、西部地区制造产业实现转型升级。

（5）成本利润率对西部地区制造业转型升级具有较明显的抑制作用，影响效果略大于中部地区。从模型 22～模型 27 的回归结果看，成本利润率对制造业转型升级效率影响系数为–0.0966～–0.0749，部分负向影响的系数通过了显著性检验，表明成本利润率对西部地区制造业转型升级起到消极的影响作用，提高成本利润率不能有效促进制造业转型升级。从模型 28～模型 33 发现成本利润率对中部地区制造业转型升级同样为负向影响作用，但负向影响的系数并不显著。从模型 34～模型 39 可以看出，成本利润率对东部地区制造业转型升级具有明显的正向影响作用。因此，总体上看来提升成本利润率能够促进东部地区制造产业实现转型升级，但对中、西部地区制造产业的转型升级可能存在一定程度的抑制作用。

（6）外商资本比重对西部地区制造业转型升级具有明显的抑制作用，影响效果略低于东部地区。从模型 22～模型 27 的回归结果看，外商资本比重对制造业转型升级效率影响系数为–0.0669～–0.0544，所有影响系数均通过了显著性检验，表明外商资本比重对西部地区制造业转型升级起到消极的影响作用，较高的外商资本比重可能会给我国西部地区制造产业带来“低端锁定”效应，进而抑制制造业转型升级。从模型 28～模型 33 发现外商资本比重对中部地区制造业转型升级同样为负向影响作用，负向影响的系数非常显著。从模型 34～模型 39 可以看出，外商资本比重对制造业转型升级的负向影响作用在东部地区效果最强，影响系数为–0.155～–0.115。从总体上看来较高的外商资本比重不利于制造产业实现转型升级。

6.3 本 章 小 结

本章运用面板回归模型和 DEA-Tobit 模型，分别从地区和行业两个维度对西部地区制造业转型升级影响因素的作用效果与影响程度进行实证分析，研究结果如下。

（1）研发投入强度、区域信息化程度、能源利用结构、污染治理水平和能源消耗量是地区层面上影响西部地区制造业转型升级的积极性因素。研发投入是西部地区制造业转型升级的根本性动力源泉，通过科技研发资金的注入，有利于提高西部地区制造产业产品设计、产品研发、流程改造等的科技含量，促进产业链由低附加值的加工装配环节向高附加值的研发设计和维护服务转型升级。区域信息化程度的提升，为西部地区制造业信息化管理提供发展环境，有助于提升西部地区制造企业管理效率，促进制造业朝信息化方向发展，从而高效节约成本，实现价值链水平跃升。能源利用结构的优化可以提高西部地区制造企业资源利用效率，朝着集约化方向发展，实现产业转型升级。污染治理水平的提高能够降低西部地区制造业污染产生的负面影响，切实提升西部地区制造业可持续发展能力，不断攀升价值链高端。能源消耗量与制造业产量相挂钩，生产能力的提升也有利于西部地区制造业转型升级。

（2）行业贡献率、就业人员人均利润率、产品销售率是行业层面上促进西部地区制造业转型升级的主要影响因素。行业贡献率表征销售产值在制造业加总的销售产值中的贡献率，销售比重越高，表明制造业生产经营主要依靠主营业务的拓展而实现，产品销售量的扩大有利于制造企业加强产品研发和设计，在产品开发环节实现核心竞争能力的提升，从而使西部地区制造业不断向价值链高端层级攀登。就业人员人均利润率不仅衡量制造业盈利总量水平，更重要的是反映出盈利质量，就业人员人均利润率越高，表明制造企业依靠较低劳动力投入即可获得利润水平的提升，本质上就是制造业价值链升级的一种表现形式，同时，利润水平的提高使得西部地区制造产业能够有更多的资金投向科技研发，进而通过技术进步实现产业转型和升级。产品销售率表征制造产业产品流通速度和市场竞争力水平，产品销售数量的增长有利于实现产品研发的快速更替，尽快回笼生产资金，进而重新开发新产品，朝着产业链更高端方向发展。

（3）外商直接投资、成本利润率、信息产业规模、行业销售比重在地区或行业层面上抑制西部地区制造产业转型升级。无论在地区还是行业层面上，外商直接投资都是抑制西部地区制造产业转型升级的主要因素。主要原因在于西部地区属于制造业发展的后发地区，在产业发展过程中容易因承接发达国家或地区的低端制造产业转移而囿于低水平发展的困境，外商直接投资更多的是投向价值链低端的制造业，会对西部地区制造业发展形成“低端锁定”，对原本转型发展的制造企业产生“挤出效应”，从而制约西部地区制造业转型升级。同理，成本利润率抑制西部地区制造业转型升级的原因也是容易把制造业锁定在低端环节，在“利润最大化”目标下，西部地区制造业生产经营为追逐利润增加的短视行为会影响产业转型升级步伐，进而影响产业可持续发展。信息产业规模在地区层面上阻碍西部地区制造业转型升级，主要是因为资金、技术甚至制度要素向信息产业集中，挤压了其他制造产业转型升级的空间。行业销售比重的阻碍作用源于垄断对制造产业转型的负面影响，当制造产业市场占比提高时，其转型升级的动力就自然而然地减弱。

（4）各个因素对西部地区制造业转型升级的影响效应与其对东、中部地区制造业影响相比具有一定差异。各个因素对制造业转型升级在不同地区之间具有差异性的影响效应，一些因素如区域信息化程度，对西部地区制造业转型升级影响程度高于东、中部地区，而有的因素如研发投入强度则在西部地区制造业转型升级中起到弱于东、中部地区的作用。主要原因在于西部地区制造业发展与东、中部地区具有一定差距，并且制造业发展的要素禀赋优势具有差别，从而导致同种因素影响作用效果的差别。

第7章　全球价值链视角下西部地区制造业转型升级的发生机制

本章主要从动力、约束和保障三个层面分析全球价值链视角下西部地区制造业转型升级的发生机制。首先，从科技研发、信息化建设、成本集约化、能源结构和绿色融入角度分析西部地区制造业转型升级的动力机制。其次，从外商资本、市场垄断角度分析西部地区制造业转型升级的约束机制。最后，从创新支撑、营商环境和人才支持角度分析西部地区制造业转型升级的保障机制。

7.1　西部地区制造业转型升级发生动力机制

本书对西部地区制造业转型升级发生动力机制科技研发、信息化建设、成本集约化、能源结构和绿色融入角度进行分析。科技研发层面上，主要强调科技研发促进技术提高进而带动整个价值链条的转型升级。信息化建设层面上，主要强调信息互联对制造业智能化、数字化的提升。成本集约化层面上，主要从生产成本集约化管理角度助推制造业产业升级。能源结构层面上，主要强调能源利用结构优化助力转型。绿色融入层面上，主要从绿色融入全球加工角度加速转型升级。

7.1.1　科技研发引领价值链升级

随着全球化趋势的不断推进，科技研发投入对制造业发展显得更加重要。从“微笑曲线”来看，价值链的高端环节主要集中在研发、设计、销售，低端环节为加工制造。科技研发正是低端的加工制造业向集研发设计于一体的高端制造业转型的最佳动力。从具体的升级方式来看，无论是产品升级还是工艺升级，这些方式都需要企业从科技研发角度取得一定的创新和突破，进而形成核心优势，完成企业在价值链上的转型升级。由此看来，科技研发是引领制造企业实现价值链升级的重要内生动力。

科技研发的具体作用主要体现在：首先，科技研发可以促进产品升级和功能升级。一方面，科技研发带来创新，企业可以借此完成对产品的更新换代，淘汰落后的产品，完善产品质量。另一方面，科技研发及时捕捉市场前沿信息，获取消费者需求变化情况，及时开发科技含量高、功能集成多的产品来满足消费者需求，助推制造企业实现功能升级。其次，科技研发可以促进工艺流程升级。过于低端的加工制造会将企业牢牢锁定在制造业价值链的低端环节。通过有效的技术创新，企业可以更新生产设备，进而提高生产效率，升级工艺流程，获得更高额利润。最后，科技研发可以促进链条升级。强大的科技研发力度能够推进各个传统价值链融合催生出新的附件值更高的价值链，为西部地区制造企业转型升级提供更广阔的空间。云计算、电子商务、大数据等技术创新促进专业分工不断深化，促使西部地区制造业涌现了一大批新兴产业，改变了整个制造业产业体系的内在构成，为制造业企业提供了更多的机遇与选择。西部地区制造业如果能够有效结合自身资源禀赋，善用科技研发的力量，将会在新的价值链上占据核心地位。

刘志彪（2011）指出缺乏自主创新的核心技术，模仿同质化、低水平的产品和技术不利于企业的长足发展。技术瓶颈难以突破是我国西部地区制造企业最大的软肋，近 30 年来我国西部地区在高粗放式、弱主动性发展模式下，代工企业的发展模式可持续性不高。科技发展对于促进西部地区经济提质增效及产业升级至关重要。制造企业通过科技研发来提升技术创新能力，将有助于跳出跨国公司设计的“温水煮青蛙”效应，解除企业面临的技术锁定难题，真正摆脱“低端锁定”，实现价值链的升级。图 7-1 为科技研发发生机制示意。

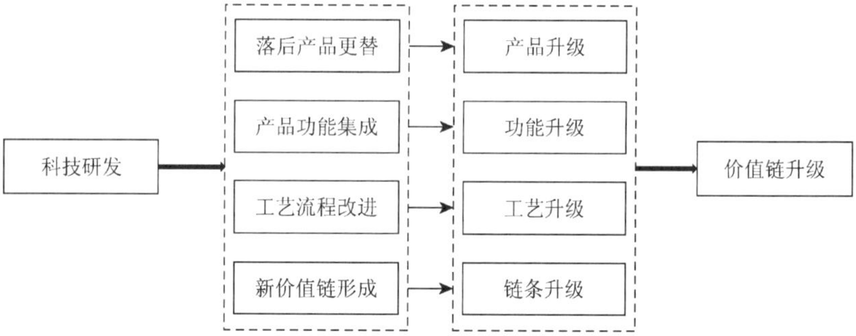

图 7-1　科技研发发生机制

多年来，西部地区制造业明确科技研发的重点领域，推进重点产业的率先创新，以科技创新引领低端产业迈向中高端水平。对引进的高端技术不断地消化、吸收和再创新，掌握一批自主研发的核心技术和关键技术。聚焦新一代电子信息、新能源、生物医药、节能环保和高端制造等前沿领域，集中力量联合攻克。增加战略性新兴高端制造业的比重，将其建设成为西部地区制造业最具潜力的重要支柱产业。

7.1.2　信息化建设推动产业转型

第三次工业革命带来了很多影响较大的新技术，其中较为有代表性的是以智能化、数字化为特征的信息技术。信息技术的发展，使地区信息化基础设施和产业发展对西部地区制造业的转型升级产生了深远影响，在提高企业的规模经济水平方面发挥着不可替代的作用。

信息化建设不仅有利于企业获取先进的技术，同时也有利于提高企业的运营效率。首先，在沟通效率方面。企业规模扩大到一定程度之后，企业管理成本自然会增大，获取决策所需信息变得更加困难，信息技术的发展能够帮助企业克服这一问题。互联网的广泛运用可以显著降低各部门间的沟通时间，上级决策时所依据的反馈信息变得更加真实，下级部门执行时对上级指示的领悟会更明晰，协作效率会得到提高，原来的产品生产模式由线性创新过程向并行创新过程转变，进而加快企业升级速度。其次，在消费者沟通方面。互联网、人机智能交互等信息化基础设施大大增加了消费者发言的机会，并且便于西部地区制造企业通过各种软件采集用户反馈信息，并以此督促西部地区制造企业产品升级，降低企业与消费者的沟通成本。最后，信息技术同样有利于提高西部地区制造企业的资源配置效率。例如，在人力资源方面，通过互联网，企业可以高效地在全国甚至全球雇佣与企业需求匹配的职工，有效解决企业转型升级过程中容易出现的高层次人才紧缺问题。

信息技术不存在排他性的优点使得无论劳动密集型企业还是资本密集型企业都可以使用，某企业对信息技术的应用不会妨碍其他企业对信息技术的应用，传播速度广，应用成本低。因此，地区信息化基础设施和产业发展的成果类似于一种公共品，有利于整个社会共享“福利”，对西部地区产业的升级转型大有裨益。图 7-2 为信息化建设发生机制。

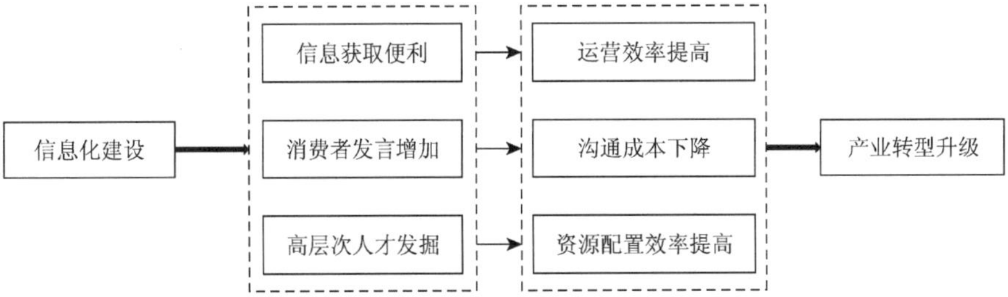

图 7-2　信息化建设发生机制

7.1.3　成本集约化控制助推升级

传统观点认为，较低的综合成本水平是中国经济发展的主要优势。但近年来，随着我国经济的快速发展，工人劳动力成本不断上涨、地租居高不下，各城市的综合成本水平已经不再具有优势。有研究认为，必须对中国各城市的综合成本水平加以控制，这样才能保持中国经济的竞争力。同时企业经营又以利润最大化为目标，制造业生产成本集约、提高利润率，是促进制造业升级的关键之一。

一方面，成本的集约控制对西部地区产业升级助推作用体现在地区之间。劳动力等要素的成本上涨促进产业转移，进而推动产业升级。由于制造业需要雇佣大量的劳动力、占用大量的土地资源，对于西部地区发达区域来说，这些要素资源供给的缺乏使得生产成本持续上涨，迫使西部地区制造企业不得不寻找生产成本较低的区域。原来西部地区发达区域的制造业转移到欠发达区域，这些劳动密集型企业因搬迁而释放的资源为其他价值链更高端的企业腾出空间，一定程度上促进了该地区产业结构升级。对于西部地区制造业发展水平相对落后、科研水平相对较低的欠发达区域来说，也是一个承接来自发达区域制造业的产业转移、吸收先进生产技术的良好转机，有利于帮助欠发达区域提升自身制造业水平，进而实现西部地区制造业的升级。

另一方面，成本的集约控制对西部地区产业升级助推作用还体现在产业内部。迫于现实中各类生产成本的上涨压力，企业必须替换低端要素，转而采用高端要素来推进西部地区产业升级。生产成本上涨，制造业中尤其是劳动力、土地等要素密集型企业，受到较大冲击，丧失比较劣势。企业在不具备产业转移条件的情况下，只有试图通过要素替代效应，即采用先进设备或者更新技术，将低端要素用高端要素进行替换，从而减少对劳动力和土地要素的需求，进而寻求向价值链高端攀升。

总的来说，西部地区产业升级与生产成本的集约存在相互作用，西部地区产业升级在某些方面需要通过生产成本集约来实现，同时生产成本集约又有利于西部地区产业升级。成本的下降能够带来更多的利润，为西部地区产业转型升级提供良好的资本供给与物质基础，是西部地区产业转型升级的必要条件之一。图 7-3 为成本集约化发生机制示意。

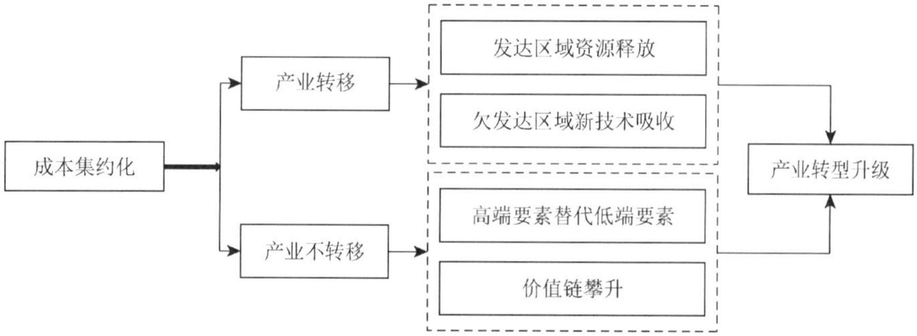

图 7-3　成本集约化发生机制

7.1.4　能源利用结构优化助力转型

一般认为，制造业结构合理程度和高级程度往往与其能源利用结构相关。相关数据显示，在一次能源生产构成中，2016 年我国原煤占比高达 69.6%，与世界平均水平 29.2%仍存在不小的差距。我国的能源消耗绝大部分来自于工业消耗，其中制造业能耗又占到工业总能耗的 80%以上。因此，研究西部地区制造业转型升级的问题，重点在于研究如何能够使得西部地区制造业的能源利用结构优化。

实际上，制造业转型升级与能源利用结构优化存在相互促进和加强的关系。以西部地区的化石能源为例，化石能源具有廉价和易得性等特点，因此经常用于电力、供暖等行业，但存在不可再生、低效率和高污染等劣势。近年来，随着我国环保力度的不断加大，以煤炭为首的化石类能源已经成为主要规制对象，风能、核能、太阳能、天然气等一批清洁和可再生能源逐渐登上舞台。随着煤炭逐渐被淘汰，西部地区发电企业不得不采用天然气、核能等进行发电，这就对发电企业的内燃机等方面制造工艺和技术提出了更高的要求，从而倒逼西部地区设备制造行业转型升级。此外，西部地区面向化学原料及化学制品制造业，石油加工、炼焦及核燃料加工业，黑色和有色金属冶炼等流程行业，不仅对流程制造业生产过程的绿色低碳技术进行转化和创新，更突破和掌握一批绿色低碳化生产工艺新技术与设备，建立示范线和先进设备生产基地，以绿色低碳发展倒逼西部地区设备制造业转型升级。

而且西部地区制造业转型升级也能够进一步促进能源利用结构优化。在能源利用结构发生转变的情况下，老式内燃机逐渐被全新的设备所替代，这些设备对能源种类和质量有更高的要求，如气体和液体内燃机无法再利用煤炭等固体作为燃料。同时，随着能源消费部分技术的革新，新能源市场不断扩大，能源供应者会有动力加大对新能源技术方面的研发，进一步扩大新能源生产规模，从而产生规模效应，降低自身生产成本挤占传统能源市场。那些以传统能源为动力的产业要么通过与新能源相容的技术创新，焕发新的活力，要么被历史淘汰。

综合来看，能源利用结构优化，为西部地区节能减排和产业转型升级的重任找到结合点。一方面，推动以水电、核电等为代表的清洁能源发展，实现西部地区能源消费结构的优化本身就是一种节能减排和能源产业的升级；另一方面，能源消费结构的改变将对诸多西部地区产业转型提供更大的空间和动力。图 7-4 为能源利用结构发生机制示意。

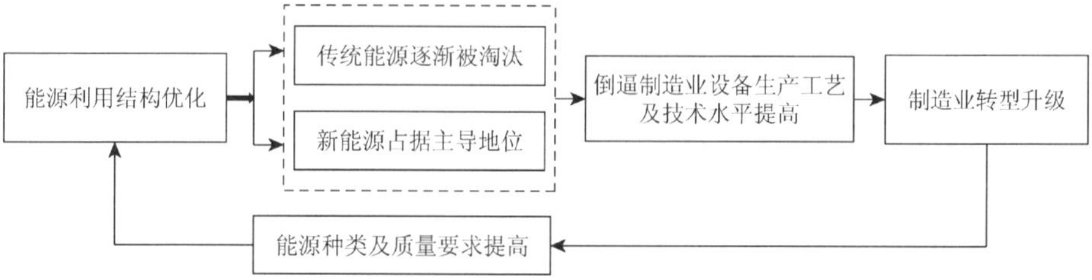

图 7-4　能源利用结构发生机制

7.1.5　绿色融入全球分工加速升级

目前，发达国家纷纷提高了本国环境壁垒，提高环境规制不仅有利于本国生态环境质量的改善，也是贸易壁垒的又一种形式。我国西部大部分区域地处内陆，交通不便，资源丰饶，这就决定了西部地区早期的制造业主要是资源消耗型产业。同时，西部地区生态环境相对东中部地区而言更为脆弱。近年来，出于经济发展可持续性考虑，我国出台了一系列环境政策，倒逼高能耗、高污染、低产出产业实现绿色转型升级。

保护环境是我国的一项基本国策。自 1989 年《中华人民共和国环境保护法》首次颁布和实施以来，我国环境壁垒逐渐加强。根据 Pigou（1912）的观点，环境政策实际上是将企业生产对环境的外部影响内部化。越来越多的研究表明，在严格的环境规制下，企业不仅会加大环保设备的投入，还通过加大绿色技术创新，改进生产工艺，降低污染排放，同时提高自身生产率。

西部地区对环境管制进行精准管理，采取灵活性的政策。针对西部地区企业对环境污染性质的不同，实现精准发力，惩罚有别，提高政策效果。具体而言，对于西部地区重度污染的制造业企业，通过政策引导提高其在理论成果转化方面的力度，鼓励其将理论创新成果转化为创新型产品。对于西部地区属于中度污染的制造业企业，则要注重其理论创新能力，通过政策手段引导激发其理论创新的动力。对于轻度污染的制造业企业，则可以采取简单的环境规制手段，并嘉奖该类型的企业，在该行业中树立标杆。西部地区制造业转型升级不仅与政府采取的管制政策相关，还受到企业发展战略、研发创新能力、盈利状况等自身情况的影响。因此，西部地区出台相关配套环境规制政策，让二者协同作用推动西部地区制造业转型升级。例如，对西部地区中重度污染的制造业企业进行税收减免，增加其利润空间来促进产业转型；出台绿色信贷政策，支持中重度污染制造业企业在转型升级中所需的资金；出台绿色保险政策，减少制造企业对升级失败的顾虑，降低失败的风险。西部地区在环境规制政策导向上将命令—控制型行政措施与市场激励型经济措施进行科学的结合，让制造业企业在面临行政措施的“硬约束”压力下，可以自主选择适应市场激励型的“软约束”政策，最大限度激发其内在的转型升级动力，实现环境效益与经济效益双赢的理想目标。

值得一提的是，环境规制对于西部地区绿色制造业转型升级的影响不仅取决于政府环境规制强度，还取决于企业自身环境规制工具的选择。一般认为，环境规制强度应该与制造业产业特性和产业节能减排相适应才能够真正促进制造业技术进步与效率改进。而在环境规制工具选择方面，尽量选择以排污权交易、环境补贴等柔性市场手段为主的“激励性”环境规制工具。图 7-5 为绿色融入发生机制示意。

图 7-5　绿色融入发生机制

7.2　西部地区制造业转型升级发生约束机制

本书对西部地区制造业转型升级发生约束机制的探讨，主要从外商资本和市场垄断两方面进行深入剖析。一方面，分析外商资本的“挤出效应”对产品、金融和要素三个市场的作用，以及如何影响西部地区制造业的转型升级。另一方面，分析市场垄断对自身产业转型升级和上下游产业转型升级的影响来分析制约转型的因素。

7.2.1　外商资本“挤出效应”影响转型

关于外商直接投资的挤出效应，从已有的文献来看，外商直接投资不仅与国内资本存在互补关系，对国内资本还存在挤出效应，即外商直接投资的流入可能会降低国内资本形成规模和速度，进而对制造业投资产生影响，阻碍西部地区制造业转型升级。通过产品市场、金融市场、要素市场三个方面分析外商直接投资如何影响西部地区制造业转型升级。

在产品市场上，当外商直接投资与西部地区制造企业存在同行业竞争时，跨国公司会阻碍西部地区制造业升级，主要的方式是通过其产品成本优势、转移定价优势和资本运作优势对西部地区制造业的投资产生挤出效应。其中，成本优势主要表现在跨国公司依托雄厚的资本、先进的技术以及强大的规模效应，在产品成本上远低于我国西部地区本土制造企业。在转移定价优势方面，跨国公司通常是大型跨行业、跨区域的集团制企业，其生产的产品在集团内部就可以进行消化，这种隐性的转移定价优势是西部地区本土制造企业通常不具备的。资本运作优势就是跨国企业凭借其足够的资本收购同行业的竞争对手，如上游可以收购原材料供应商，下游可以收购供销商。

在金融市场上，跨国企业主要凭借两条途径来实现。一是利率，当西部地区制造业存在资金缺乏的情况时，跨国企业凭借其足够的资本成本优势挤占西部地区本土企业的投资活动。而西部地区制造业此时投资活动高涨，融资成本会继续上涨，造成西部地区本土制造业企业无法扩大投资而受到跨国企业的挤占。二是外汇，跨国企业的资本进入西部地区时会引起外汇增加，进而导致汇率上升，影响我国出口型企业的出口成本，同时也会降低企业的投资活动。从宏观层面上来看，我国央行采取对冲政策收紧货币供应量，间接形成利率上涨，再次提高了制造企业的融资成本。综合以上两方面的结果，外资企业对国内企业形成明显的挤出现象，使西部地区制造业转型升级受到制约。

在要素市场上，由于跨国公司管理制度完善、规模较大，人力管理培训制度、工资绩效和用人制度都较为规范，相比于我国西部地区制造企业对优秀人才的吸引力度更大。当跨国企业进入西部地区时，上述优势会使得优秀人才从我国西部地区制造企业流失到跨国公司，使得本土企业无法正常运行。在一定程度上可能对本土企业的正常生产和技术进步产生较为严重的负面影响，转型升级之路也会变得更加艰难。图 7-6 为外商资本发生机制示意。

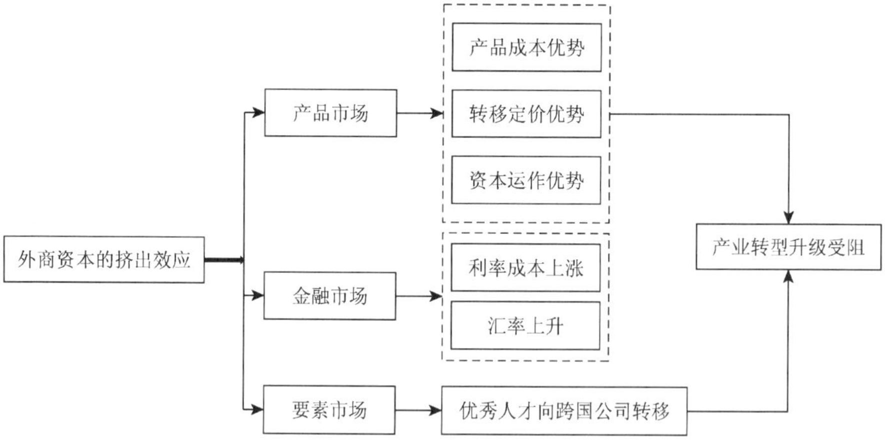

图 7-6　外商资本发生机制

7.2.2　市场垄断的形成不利于转型升级

市场垄断，是指在某种或某一系列产品市场上，企业对这种产品价格的控制能力。学术界一般根据勒纳的定义，以勒纳指数“（价格–边际成本）/边际成本”的形式来表示企业的垄断势力。对于市场垄断对西部地区产业转型升级影响的分析，本书主要从市场垄断对西部地区自身产业转型升级和上下游产业转型升级两方面来阐述。

众所周知，制造业转型升级包括结构合理化和高度化两方面，但究其本质还是得依赖制造业的创新能力。依照传统经济学的观点，只有大企业才能够促进创新。这是因为，创新具有高风险性，大企业能够负担研发所需的巨大投入。在垄断控制力下，西部地区制造类大企业拥有高额的利润、雄厚的实力和限制性手段，能够较好地对抗外部的冲击和困难，进而实现持续创新。与此同时，西部地区市场向大企业集中往往会使企业丧失技术进步的动力。当大企业获得一定技术和产品优势后，通过申请专利保护防止核心技术扩散，打击不法企业的侵权行为。这种方式虽利于西部地区制造类大企业技术持续创新，但不利于中小企业的发展，限制了制造业的转型升级。市场的集中趋势会导致过度的专业化，而过度的专业化会导致大量的替代。换句话说，当西部地区经济变得越来越专业化的时候，只会增加标准化的压力，相反会限制技术的创新。一些实证研究也表明，中小企业虽具有高度的变动性和不确定性，但这也使得它们具有灵活性和快速的适应需求及技术变化的能力，在技术创新的周期和效率上都明显优于大企业。虽然大企业创新基本上与其规模成比例，但中小企业的创新贡献却超过了其规模本身。这也很好地解释了某些企业或产业大而不强的原因。

除此之外，西部地区上下游产业存在市场垄断，也不利于与之相关联产业的健康发展。从供需角度来看，上游产业为下游产业提供生产最终商品的中间产品，因此上游产业所获得的收入即下游产业的生产成本。本书仅考虑一方为垄断行业，另一方为完全竞争行业的情况下对西部地区产业转型升级的影响。假设西部地区上游产业仅在中间产品市场上为垄断行业，而下游产业为完全竞争行业，就有可能存在缺乏市场竞争的威胁，从而导致产品创新动力不足的现象。对于下游产业，其设备或生产工艺往往是基于上游产业向其提供的中间产品的特性而设计的，二者具有相容性，如果贸然创新不仅需要承担较高的成本，还可能由此导致生产设备或工艺与投入要素不相容，从而造成效率损失。假设西部地区下游产业仅在最终产品市场上为垄断行业，而上游产业为完全竞争行业。根据 Sanyal 和 Ghosh（2013）的研究，下游产业通过市场竞争的作用，会将在最终产品市场上所获得的垄断利润传导给上游产业，上游产业在享受到这部分垄断利润后，会有意识地配合下游产业维持垄断状态，自身也会缺乏转型升级的动力。

由此可知，如果西部地区制造业占据的市场份额过大，可能导致垄断产生，一方面缺乏创新意识，不利于自身产业的转型升级；另一方面，基于产业关联作用，也阻碍了上下游产业的转型升级。图 7-7 为市场垄断发生机制示意。

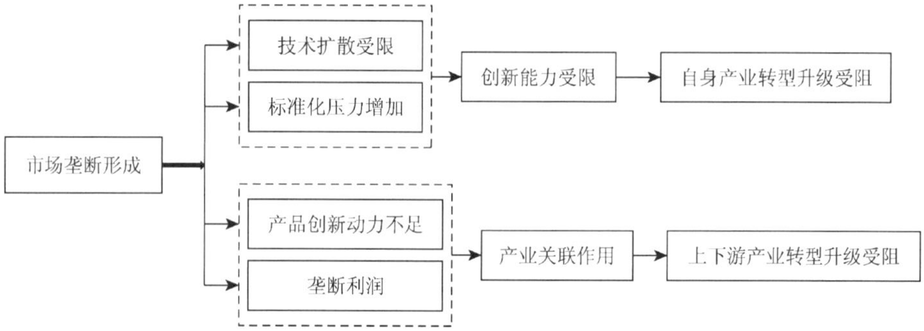

图 7-7　市场垄断发生机制

7.3　西部地区制造业转型升级发生保障机制

本书对西部地区制造业转型升级发生保障机制的探讨，主要从创新支撑、营商环境和人才支持三方面进行深入剖析。首先，创新作为核心确保西部地区制造业升级；其次，良好的营商环境保障西部地区制造业升级；最后，人才支持为西部地区制造业转型升级保驾护航。

7.3.1　管理创新支撑确保转型

创新是一个国家兴旺发达的不竭动力。我国工业化承担着社会主义现代化建设的任务，目前经济发展面临的任务是建立现代化经济体系，这就需要工业尤其是制造业深入创新领域，并且增强制造业的自主创新能力。“中国制造2025”为实现制造业全局发展，将创新放在核心位置，推动跨行业和跨领域系统的创新。

当前全球新科技革命的发展日新月异，互联网、大数据、人工智能深入发展，早已不再停留于理论探索的阶段。新科技革命的发展给我国带来了制造业转型升级的机遇，我国牢牢抓住科技革命的机会窗口，努力实现制造业的技术转型升级。西部地区制造业正确处理引进和创新的关系，明确当今世界制造业的前沿技术，同时对本土制造业现有技术水平及发展特点有深刻把握。企业可以选择自主创新模式，也可以选择模仿创新模式。自主创新模式是指创新主体以自身的研究开发为基础，实现科技成果的商品化、产业化和国际化，获取商业利益的创新活动。模仿创新模式是指创新主体通过学习模仿率先创新者的方法，引进、购买或破译率先创新者的核心技术和技术秘密，并以此为基础进行改进的做法。结合西部地区的实际情况，制造业大中型企业技术创新的模式选择“有所为、有所不为”，少数有实力的企业在某些有优势的领域选择自主创新，而在相对劣势的领域选择模仿创新，使创新变得高效。

西部地区制造企业通过自主创新和模仿创新这两种模式对企业内部的管理进行改革，提升工作效率，进而促进产业转型升级。外部的政策支持和内部的创新模式最终都要转化为企业的内生动力。在市场这个优胜劣汰的大环境下，西部地区制造企业应认清局势，适应现代企业管理制度的要求，明确要想在竞争中站住脚，在竞争中求发展，必须对企业管理进行创新。西部地区制造企业对过去传统的管理理念、管理方法、管理工具以及管理模式进行变革，为高层管理者、中层管理者、底层管理者以及各个职能部门创新一套高效的管理体系。管理创新是一种理念，更是企业长足发展的内在要求。只有通过管理创新才能使企业的管理体制和运行机制更加规范合理，实现人、财、物等资源的有效配置，提高企业生产效率，保障西部地区制造业转型升级。

根据我国西部地区制造企业发展的现状，提出企业进行改革可以选择自主创新和模仿创新两种模式，推崇创新模式与企业管理相结合，优化企业管理体系，提高工作效率，保障西部地区制造业转型升级。图 7-8 为创新支撑保障机制示意。

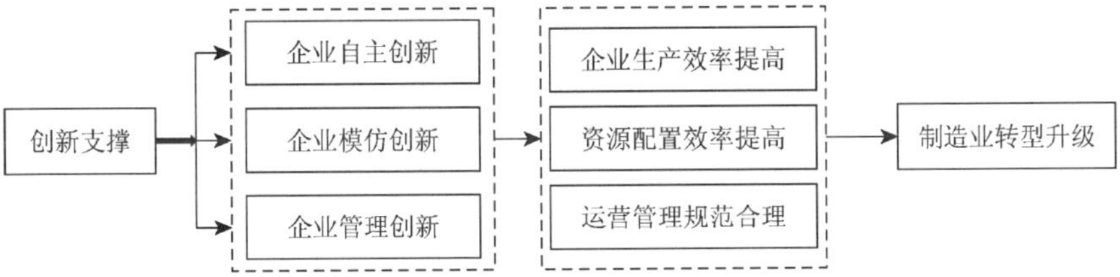

图 7-8 创新支撑保障机制

7.3.2 优化营商环境保障升级

先进制造业不是传统制造业的简单升级，而是信息化时代制造业的全面更新，实现结构转型，营造良好营商环境显得尤为重要。要让真正拥有自主知识产权，有翔实数据做支撑的创新产品走到前列，发挥创新引领作用带动西部地区制造业发展，保障产业结构升级。

根据世界银行的定义，营商环境（business environment，BE）是企业在一个国家（或地区）创办和经营的难易程度，包括遵循当地政策法规所付出的成本等。良好的营商环境应具备清晰、透明、高效的监管规则和成熟稳定的市场环境以及健全的社会诚信体系等。本书将营商环境划分为三个方面：行政管理、信用环境、市场环境。行政管理方面，西部地区政府意识到战略性新兴产业以及高端制造业行业中存在较高的隐性行政体制壁垒，导致民营企业很难向战略性新兴产业以及高端制造业方向实现转型升级。不少民营企业一直被挤压在低技术、低附加值的特定传统产业领域，因此西部地区国有企业要部分控制“关键领域”，特别是要积极发挥国有企业在基础创新和共性技术创新领域的独特作用，形成国有企业和民营企业产业链与创新链的全面合作关系，形成“大中小”企业形态的新型分工协作关系，在经济新形势下，打造全新的“国进民进”协同格局。在信用环境方面，西部地区各政府把国务院出台的《社会信用体系建设规划纲要（2014—2020）》作为行动指南，提出加快推进政务诚信建设、深入推进商务诚信建设、全面推进社会诚信建设、大力推进司法公信建设，致力于打造诚实守信的信用环境。在市场环境方面，2014年，国务院出台了《关于促进市场公平竞争维护市场正常秩序的若干意见》，提出简政放权、依法监管、公正透明、权责一致、社会共治等促进市场公平竞争、维护市场正常秩序的基本原则。西部地区各政府根据国家提出的基本原则，注重从制度层面查找原因，加强制度供给和法规建设，建立完善长效机制；采取规范交易行为的措施，加速市场发展，建立健全市场法律法规体系。对生产质量低下以及生产假冒伪劣产品的企业进行惩罚和监督，维护市场秩序，提高企业自主研发的动力，保障西部地区制造业有效快速升级。相对于我国其他区域来说，西部地区制造业企业自主研发的积极性不足，政府应从优化行政管理制度、完善信用体系建设和营造良好的市场环境等三个方面发力，以全面保障西部地区制造业的转型升级。图7-9为营商环境保障机制示意。

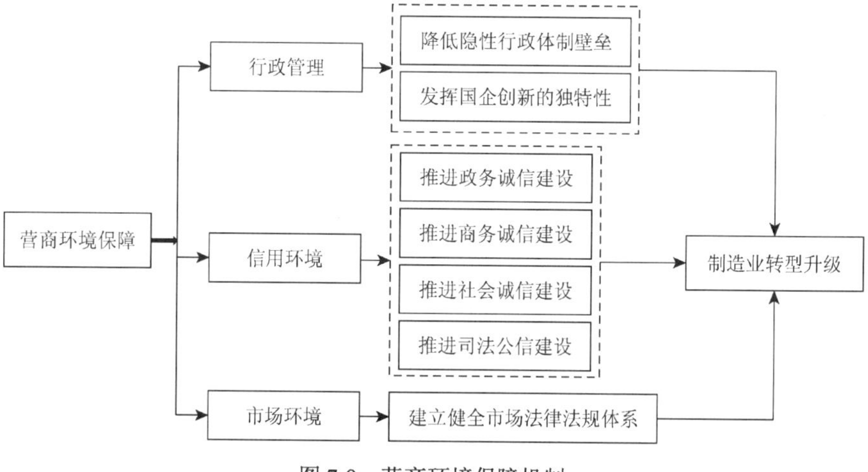

图7-9　营商环境保障机制

7.3.3　专业人才支持护航转型

人才是经济社会发展的第一资源。《中国制造2025》强调，要完善中国制造从研发、转化、生产到管理的人才培养体系，树立科学的人才观、创新人才工作机制、造就高素质制造业人才队伍，为推动我国制造业从大国向强国转变提供人才保障，为加快制造业转型升级打下坚实基础和提供战略支撑。

近年来，我国制造业人才队伍不断壮大，但人才结构性过剩与短缺的现象同时存在，行业吸引力不强。一方面是用人单位求贤若渴、真才难求，不少“文秀才”毕业即失业；另一方面是技工找活不易、就业压力大，人才结构失衡，不少企业招不到需要的“武状元”。在现实中，初级工多、高级工少，传统型技工多、现代型技工少，单一型技工多、复合型技工少，短训速成的技工多、系统培养的技工少，一些绝活绝技甚至出现断档。制造业人才调结构、提素质的任务十分紧迫。

西部地区制造业高科技人才的严重缺乏成了阻碍高新技术发展的一大重要原因，因此，加强人才培养成为信息技术及其产业化发展、推动西部地区经济发展、助力制造业转型升级的重要保障条件。在培育的路径上，首先，西部地区政府要发挥主牵引作用。大力支持制造企业以优秀专业技术人才为重点，有计划、分层次地选派制造业各领域的优秀人才赴制造业发达国家和地区培训。鼓励企业借鉴国外开展职业技术培训和技能人员培养方面的经验与做法，促进制造业人才与国外同行交流。其次，积极发挥西部地区制造企业的主阵地作用。进一步推行现代学徒制，在原来的基础上制定严格的培训标准，进行精准培训，将培训人员划分不同等级、不同层次，制定不同的学时学分、要求和考核标准，培养高素质技能人才。最后，充分发挥西部地区高校的主渠道作用。鼓励高校在生源选拔、人才培养、课程设置等方面实现突破，优化高校培养人才的教学体系。与企业建立“产学研”长期稳定的合作机制，鼓励高校教师给企业人员进行培训，定期开展课程，加强企业员工的理论知识。努力创造一个有利于人才交流和引得进、留得住人才的良好环境。

目前，西部地区创新氛围尚未真正形成，人才作用需得到充分发挥，为西部地区制造业转型升级保驾护航。为充分发挥专业人才的作用更好支持西部地区制造业转型升级，一方面要注重人才结构调整和人才素质提升，另一方面更要创造良好的环境引进和留住人才。图 7-10 为人才支持保障机制示意。

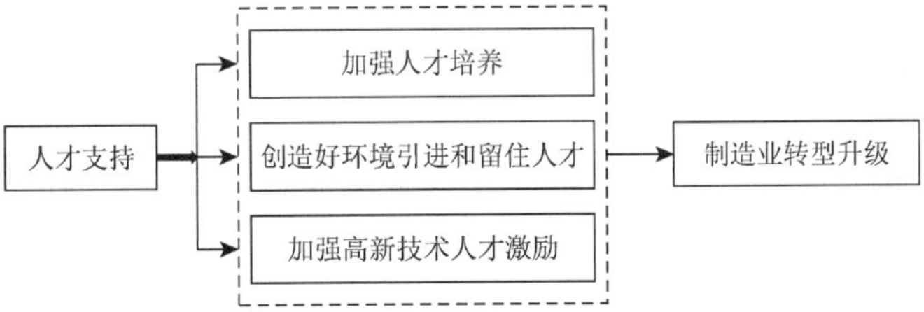

图 7-10　人才支持保障机制

7.4 本章小结

本章主要从动力、约束和保障三个层面分析全球价值链视角下西部地区制造业转型升级的发生机制。

（1）西部地区制造业转型升级发生的动力机制可以从科技研发、信息化建设、成本集约化等五个角度进行考量。一是强调科技研发，其本质是强调通过科技研发拉动制造业相关技术提高进而带动整个价值链条的升级转型。二是强调信息化建设，目的在于通过强调信息互联对制造业的整个链条进行智能化、数字化提升。三是强调成本集约化，意在通过生产成本集约化管理助推整个制造业产业升级。四是通过能源利用结构的优化，提高资源使用效率，减少资源浪费，促进制造业转型升级。五是通过绿色生产方式融入全球分工，力争实现价值链层级的跃升。

（2）西部地区制造业转型升级发生约束机制的探讨，可以从外商资本和市场垄断两方面进行深入剖析。首先，外商资本方面，主要体现在外商资本对产品、外汇和要素市场的"挤出效应"。外商或者跨国公司可能通过产品成本优势、转移定价和资本运作等方式对西部地区制造业的投资形成"挤出效应"，阻碍西部地区制造业转型升级。其次，跨国资本进入时，会导致外汇汇率攀升，出口企业成本增加，造成西部地区制造企业出口规模紧缩，影响企业转型升级方面的投入。再次，跨国企业涌入西部地区会使本土制造企业的优秀人才流失，进而影响了本土制造企业的全部生产经营流程，生产工艺技术得不到提升，进而阻碍了转型升级的步伐。最后，市场垄断对制造产业转型和升级产生了影响。一方面，当大型制造企业获取了产品和技术优势后，会通过申请专利保护，限制技术扩散，导致整个制造行业转型速度降低。另一方面，从上下游产业的角度来看，产业链条上各个环节都可能因为贸然创新承担较高的成本，造成创新动力不足，导致整个链条转型升级迟缓。

（3）西部地区制造业转型升级发生保障机制的探讨，主要从创新支撑、营商环境和人才支持三方面进行深入剖析。首先，创新作为核心确保西部地区制造业升级；其次，良好的营商环境保障制造业升级；最后，人才支持为西部地区制造业转型升级保驾护航。

第 8 章　全球价值链视角下西部地区制造业转型升级模式与路径

本章的主要内容是借鉴美国、德国和日本制造业转型升级的成功经验，明确西部地区制造业转型升级的模式选择与现实共性路径选择，针对不同条件地区、不同行业特性以及不同禀赋企业提出转型升级差异化路径选择。

8.1　西部地区制造业转型升级模式借鉴与选择

面对全球价值链分工日益明显的演变态势，世界上有些发达国家通过努力探索与实践，已经形成了一些富有借鉴意义的制造业转型升级成功经验。在此，借鉴美国、德国和日本制造业转型升级的模式，进而为西部地区制造业转型升级提供模式选择，以期为西部地区制造业在全球价值链视角下的转型升级提供必要的帮助。

8.1.1　西部地区制造业转型升级模式借鉴

2008 年由美国次贷危机引发的金融风暴席卷全球，使美国、英国等发达国家意识到脱离实体经济的“去工业化”战略，会导致以金融、服务行业为主要标志的虚拟经济过度膨胀，不利于经济的可持续增长。因此，“再工业化”战略成为这些发达国家重新塑造全球竞争优势的首选，而以高新技术为依托，创造高附加值的高端制造业成为各国的主攻方向，各国纷纷实施了不同的战略模式，其中比较典型的有美国的再工业化战略、德国的工业 4.0 战略、日本的重振制造业战略等。

1. 美国模式借鉴与启示

美国制造业转型升级模式主要是实施再工业化战略。受去工业化战略和经济全球化的影响，美国国内的大量工业投资转向发展中国家，导致制造业大量外迁。同时，过度强调依托信贷消费和金融创新拉动经济增长使得美国国内以资本市场为主体的虚拟经济不断膨胀，出现了产业空心化、失业率与日俱增等现象，经济系统稳定性受到了严重威胁。次贷危机的爆发使美国充分认识到虚拟经济无法脱离实体经济而独立存在，依靠制造业升级回归的再工业化战略，自然成为美国复苏实体经济、占领世界经济高地的现实选择。在这一过程中，美国主要将创新作为再工业化的支撑点，重点依托云计算与大数据，在新能源、新材料、纳米技术、生物制造、3D 打印、机器人等高端制造业领域进行技术革新，目的在于推动产业结构升级，打造高附加值、高科技含量的先进制造业，进而巩固其全球分工体系中引领者的战略地位。

为了确保再工业化战略的顺利实施，美国政府施行了一系列的政策措施。如《美国复苏和再投资法案》《美国清洁能源安全法案》《雇佣激励以恢复就业法案》《2010 制造业促进法案》、“先进制造合作伙伴（advanced manufacturing partnership，AMP）计划”以及《振兴美国制造与创新法案》等。具体措施可以归结为：加强基建、教育、科研投入，构建“官产学”联合攻关技术创新体制；大力发展信息技术、生物医学、清洁能源等战略性新兴产业；实施税收优惠、信贷扶持、削减关税等措施对“回巢”企业和中小企业进行扶持。2009～2017 年，通过实施再工业化战略，美国实际利用外资规模不断攀升，制造企业利润占比出现了止跌趋升态势，制造业就业规模萎缩现象开始扭转，实体经济复苏效果明显。但同时也应该注意到，全球经济复苏缓慢、国家债务负担重以及制造业人才匮乏都使再工业化之路变成了一个相对长期的过程。

审视美国的再工业化战略可以得到如下启示：首先，要想实现经济的可持续发展，必须协调好实体经济与虚拟经济的共同发展。在明确金融市场、房地产业等虚拟经济可以为实体经济融通资金、合理配置资源的同时，也应该防范虚拟经济过度膨胀带来的债务负担和资产泡沫。其次，发展制造业尤其是高端装备制造业可以为调整产业结构、转变经济增长方式，推动实体经济长久繁荣提供有力支撑。在依托创新加大智能制造力度的同时，运用 3D 打印、移动互联、云计算、大数据等新兴技术的新突破，布局“高端装备制造智能工厂”，引领制造模式转型，提升制造业的国际竞争力。再次，加大教育、科研投入，重视“产学研”合作模式。在鼓励科技创新的同时，利用税收补贴和杠杆效应撬动社会资本对科研的投资。在推动创新驱动和创新成果转化的过程中，探索“政产学研”联合攻关模式，推动先进制造技术的发展，增强制造业创新成果的转化能力。最后，加强对中小企业的扶持力度。将中小企业视为“再工业化”的生力军，从制定法规、融资贷款、技术支持、税收优惠、咨询服务等层面支持中小企业的发展。

2. 德国模式借鉴与启示

德国制造业转型升级模式主要是实施工业 4.0 战略。工业 4.0 概念的首次提出源于 2011 年德国汉诺威工业博览会，而工业 4.0 战略的正式提出是在 2013 年，是德国针对欧美发达国家纷纷实施再工业化特别是发展高端制造业采取的一系列重大战略措施。区别于机械化的工业 1.0、自动化的工业 2.0 和信息化的工业 3.0，工业 4.0 强调的是智能化概念，旨在适应互联网时代的全球发展趋势，同时结合网络技术发展的新特点，通过利用物联信息系统（cyber-physical system，CPS）

制定智能化新标准，进一步巩固自身在机械制造和机械装备领域的龙头地位。工业 4.0 战略主要强调立足于互联网发展趋势，重视将信息技术与智能技术有机融合，将生产过程中的供应、制造、销售、物流运输、售后服务等各个环节信息化、数据化、智能化，最终目标是提升传统制造业的服务水平。

德国工业 4.0 战略的核心可以归结为一个网络平台、两大主题和三项集成。首先，通过信息通信技术和网络空间虚拟系统，搭建信息物理系统网络平台，推动制造业向智能化转型。其次，重点研究通过智能化技术和智能化基础设施打造“智能工厂”和“智能生产”两大主题，从而推动整个工业生产流程智能化，使产业链更加灵活化、个性化和网络化。最后，强调企业在注重产品智能制造过程中利用信息资源共享实现柔性化、个性化定制生产纵向集成，同时注重运用信息网络和价值链实现企业间无缝对接的“横向集成”以及基于数据终端整合保证大规模个性化定制实施的“端对端”集成。另外，德国的工业 4.0 战略还强调对已有优势和资源的利用，充分借助本国自身领先全球的市场开发战略和已开发的供应商合作战略，不断增强制造业的核心竞争力。在具体措施上，主要是通过建立开放式的标准化技术体系，实现对复杂制造系统的模块化管理控制；通过强化制造业发展的智能系统基础设施建设，建立科学高效的制造业生产安全监管机制，实现组织管理创新；通过健全培训机制和相关的规章制度，实现资源利用效率的最大限度提升。

德国的工业 4.0 战略给我们带来的启示主要有：第一，随着全球竞争的加剧，新一轮的产业革命正在加速推进，以智能化、数字化为主要特征的高端制造业成为世界各国占据国际竞争有利地位的关键。第二，依托信息技术，运用物联网和云计算实现产业合理布局、组织结构优化、产业链上下游企业衔接稳定，并打造企业内部集成系统完善的科学产业体系是提升制造业国际竞争力的有力支撑。第三，建立政企学联合技术创新联盟，通过签订合作协议对投资收益和研发经费等进行合理分配，使三方密切配合、加快技术创新及技术成果转化，最终实现资源的整合和优化配置。第四，营造由大型制造企业牵头，新技术装备制造中小企业积极参与，社会各界积极响应和广泛支持智能化制造业发展的社会氛围。第五，在实现生产要素配置高度灵活的前提下，适当发展大规模、个性化、定制化产品，同时兼顾顾客和合作伙伴在此创造过程中的广泛参与，通过物联网、大数据和服务网建立灵活的制造系统，为未来工业的可持续发展奠定基石。

3. 日本模式借鉴与启示

日本制造业转型升级模式主要是重振制造业战略。日本为了加强对产业发展的控制，顺利实现制造业产业结构升级转型的目标，在分析美国以制造业复兴为目标的对策和德国利用高成本结构发挥竞争力优势特点的情况下，于 2013 年在日本经济再生总部制定的经济增长战略探讨课题方针草案中首次提出要重振制造业战略。此后，2014 年日本政府出版《制造业白皮书》，书中指出以德国和美国为首的发达国家正在通过将互联网与工厂装置和零部件互联来提高生产率、提升制造业竞争力，而日本的很多企业对发展数字化工厂持消极态度，强调只有理解信息技术的好处、产业学界与政府组织团结一致下决心转型，发挥大数据的作用才能使日本在这场制造业变革中不丧失竞争力。另外，白皮书也指出将继续鼓励日企赴海外发展，但倾向于将新技术研发基地留在日本国内，希望用人单位重视女性职工的能力和地位，加强职业技能培训与传承、理工科的人才培养等。2015 年 1 月 23 日，日本政府公布了增强制造业、服务业国际竞争力的《机器人新战略》，目的在于将大数据、互联网、人工智能与机器人深度融合，占领物联网时代机器人技术创新高地。随后出版的《2015 年版制造业白皮书》有感于德国的工业 4.0 和美国的再工业化可能带来的全球制造业变革，对日本制造业“未来可能落后”表现出强烈危机感，在分析日本制造业现状和存在问题的基础上，提出了重振制造业的战略目标。

重振制造业的战略目标是在日本企业对进一步发展数字化及软件技术和信息技术人才的培养持消极态度、制造企业间合作不充分，制造设备通信标准不统一、制造业生产过程中对 PLM 工具等软件使用不多等方面存在的问题而提出的。为应对以上制造业发展的阻碍，日本政府推出的重振制造业措施主要包括：一是由政府出资聘请具有特殊制造技术的优秀人才作为专家，对制造业现有技术人员和熟练工人进行培训，从而实现大量培养先进制造业所需的人才，同时保证制造技术和生产诀窍的传承。二是允许制造企业向海外转移生产，但必须确保日本独特的经营方式、技术研发机制和人才培训体制等“母体机能”留在日本国内，以维持本国制造业活力。三是追赶国际智能化制造的步伐，从信息技术与制造业融合的角度入手，使本国制造业的信息化程度提高 20%，达到总体信息化程度 50%以上的目标，加快制造业的转型升级。四是邀请制造业领军人物和行业专业学者共同研究不同制造业行业之间相互融合、相互渗透的空间，创造新的产业和市场。

日本重振制造业战略主要是日本官方发布的年度报告，是针对全球制造业发展趋势和发展情况的描述与思考，它并不属于严格意义上的战略规划，因此，它对制造业所起的引导和刺激作用也相当有限。但从日本应对全球智能化制造业发展的举措来看，我们仍可以得到如下启示：首先，面对全球制造业发展的新趋势，分析本国制造业发展存在的现状和挑战，利用本国已有的制造产业优势，联合合作伙伴共同构筑高门槛的价值链，加强对知识产权的经营管理。其次，采取国家财政支持等多举措培养适应智能制造业发展的人才，重视冶金、医疗护理、机械工程等特殊制造技术人才培养，同时强调适合各个学科发展趋势的信息技术类综合人才的培养。再次，主张将科技、通信技术等创新落实到培育新型医疗设备与护理领域，推进医疗机器人的开发，创造新型绿色、高附加值的产业市场。最后，有序推进区域创新，强调运用产业集群效应，促进地区间联合创收，注重通过校企合作和中小企业结构转化，创造新的产业集群优势。

8.1.2　西部地区制造业转型升级模式选择

通过对美国、德国和日本三国制造业转型升级的模式借鉴，发现从美国以实体经济复苏为目标而采取的再工业化战略，到德国为应对欧美发达国家纷纷实施再工业化而采取的工业 4.0 战略，再到日本为实现制造业产业结构转型升级而采取的重振制造业战略，均在不同程度上强调将创新作为制造业转型升级的动力源泉和支撑点，同时彰显了一系列智能化新标准对进一步巩固本国在制造业细分领域当中龙头地位的重要性，更反映了高附加值和高技术含量的价值链延伸是制造业转型升级的最佳方式之一。鉴于此，为解决西部地区制造业的经济总量不够大、产业结构不完善、空间布局不全面和新兴行业领域发展不充分等现实问题，本书认为，西部地区制造业转型升级的模式选择主要有三种：龙头带动型、创新驱动型、链条延伸型。

1. 龙头带动型

产业是众多企业的集合体，企业之间主要是通过市场这只无形的手而联系起来的。从微观视角来看，企业的发展程度决定产业升级的进程，所以，产业升级（包括制造业转型升级在内）最终必须落实到企业的行为中。值得注意的是，地区性制造业转型升级往往是地方制造业网络内的龙头企业。龙头企业一般是指在产业链中居主导地位的企业，其通常占据着产业价值链中最大的增值环节，把握着其所在行业的发展规律。另外，龙头企业既可以是全球价值链层次上的主导企业，也可以是在一个国家范围层次上或者是地区层次的主导企业，本节所指的龙头企业是指在地区层次上的龙头企业。相较于其他企业，龙头企业能更迅速地通过频繁的外部联系获取丰富的信息和知识，并主动根据所处地区特点和自身特点，逐渐专注于产业价值链的某个或某几个优势环节，而舍弃或弱化非核心经济活动。由此，龙头企业的竞争力得到进一步提升，进而吸引地方制造业网络内其他企业借助该区域内频繁的网络联系，纷纷跟进和模仿，最终出现地方网络整体产业活动基于全球价值链的垂直分离。此外，龙头企业还能对辅助制造业的企业进行一系列技术指导，使该类企业得以发展壮大，从而为龙头企业的创新与调整提供更加有力的支持。通过这种相辅相成的作用，龙头企业与辅助制造业企业相互促进，从而提高制造业竞争力，为制造业转型升级提供支撑。具体而言，主要通过三种龙头带动方式，在促进西部地区制造业龙头企业发展并让其充分发挥示范作用的基础上，实现西部地区制造业高质量高效率的转型升级。

一是调整西部地区制造业龙头企业价值链。要调整西部地区制造业龙头企业价值链，特别是要对龙头企业的横向或纵向价值链进行调整。具体而言，龙头企业可以通过产品升级，转向更高端的生产线；通过功能升级，以获得链上新的、更好的功能，如设计和营销或放弃现有的低附加值功能而集中致力于附加值更高的环节；通过链升级，把龙头企业从一个特定环节中所获得的能力应用于新的领域或转向一个新的价值链；通过流程升级，重组生产系统或引入高新技术将投入有效转化为产出。这将提升龙头企业在西部地区制造业产业结构中的竞争优势，有助于改变西部地区制造业的市场集中度和进入退出壁垒，还可扩大制造业龙头企业在西部地区占据的市场势力，逐步改变西部地区制造业的产业结构和竞争格局，助力西部地区制造业转型升级。

二是构建西部地区制造业龙头企业的双元性能力。通过产业链中的龙头企业双元性能力的构建，可以辐射带动西部地区制造业整个产业链上下游企业的共同演进。具体而言，一方面地方政府应对龙头企业进行主动干预，积极扶植龙头企业的发展，并培育龙头企业的忠诚度，着重训练龙头企业的双元性能力，即企业不仅要关注现有产品的创新，还要致力于新产品和相关环节的探索，并在两者之间实现平衡。另一方面地方政府还可号召西部地区制造业中的龙头企业加强与其他企业的合作，进一步明确西部地区制造业转型升级导向，发挥政策优势，影响龙头企业的双元性战略。即通过龙头企业的繁荣来辐射带动整个西部地区制造业的产业网络，使产业链上其他中小企业纷纷模仿和跟进，促进西部地区制造业产业结构的优化。

三是发挥西部地区制造业龙头企业的集成、整合和协调三大能力。具体而言，首先要发挥龙头企业集成西部地区制造业产业链资源的能力。龙头企业承担着整个制造业产业链的资源整合与集成功能，通过整合和利用各成员资源，合理配置和高效利用各种资源，可以为西部地区制造业整条产业链上的产品、技术研发和市场效益提供强有力的支撑，从而提高西部地区制造业产业链的核心竞争力。其次要发挥龙头企业整合西部地区制造业产业链知识的能力。龙头企业通过高效整合成员企业的有形资源，并整合有利于创新的知识、技术、品牌等无形资源，从而为西部地区制造业产业链上的企业提供知识学习和交流的平台，实现产业链成员企业间知识的整合利用，不断创造新知识和新技术，为西部地区制造业产业链建立战略联盟及知识联盟合作机制奠定基础。最后要发挥龙头企业协调西部地区制造业产业链利益的能力。产业链上的龙头企业利用其领导地位可能会损害其他成员的利益，附加不平等的合作条约，因此，西部地区制造业龙头企业要做到认真对待产业链上其他成员企业的利益，并与他们携手共谋，才能确保西部地区整个制造业产业链的正常运行和健康发展。综上所述，以龙头企业作为产业转型升级的主要任务承载者和方向引领者，其作用的发挥对于西部地区制造业转型升级有举足轻重的影响。

2. 创新驱动型

从西部地区制造业的发展现状看，西部地区制造业面临严重的区域发展不平衡问题，并且区域内制造业仍以粗放式发展方式为主，这在很大程度上导致西部地区制造业长期处于产业链最低端，并使西部地区制造业转型升级被迫陷入困境。而制造业转型升级实质上是一个技术进步和产业结构优化的渐进过程，二者的源头是创新，创新是解决区域经济发展竞争中是否具有长期竞争力的关键变量，也是一个区域经济转型升级是否能够取得成功的关键所在。为此，要实现西部地区制造业成功转型升级，进一步提升西部地区制造业整体发展竞争力，就必须由传统“要素驱动”经济发展模式转变为以“创新驱动”为核心的经济发展模式。创新驱动是指以知识、技术、制度、管理等创新要素为经济发展主要推动力的资源合理高效配置的一种方式，是区别于传统要素驱动的战略选择。其本质在于通过不断提升制造业企业的科技创新能力，推动制造业由价值链低端环节向高端环节跃迁。与我国东部地区相比，西部地区的传统制造业基础雄厚，但制造业的经济总量和原始创新能力却相对不足，严重制约了创新驱动西部地区制造业转型升级进程的顺利推进。因此，基于西部地区制造业严峻又复杂的经济形势，要让创新驱动西部地区制造业成功转型升级，单纯依靠运用某一种创新驱动路径，可能无法实现产业成功转型，而应具体结合西部地区自身的创新资源特点、丰裕程度及产业发展阶段，选取相对侧重或综合的路径。具体而言，可通过技术创新、市场创新和产业链创新三条创新路径，推进传统制造业向新兴制造业转型，实现价值链向高端攀升及传统制造业的高端化和智能化，综合驱动西部地区制造业转型升级。

一是通过技术创新路径驱动西部地区制造业转型升级。技术创新路径是从价值链的一个高端——技术研发入手，强调创新驱动过程的前端驱动阶段，同时，制造业的技术创新路径通常具有累积性、系统性、排他性、有限性等特征。其中有限性是指制造业发展过程中，所有技术都存在一个发展极限，当新技术发明产生后，旧技术就会逐步被取代，产业技术进入壁垒会迅速降低，所有企业又会在新技术路线上，重新处于同一起跑线，制造业的这种技术路线特征使价值链低端的产业拥有了转型升级的“机会期”。因为技术的有限性，当技术发展接近极限值时，其可改进的空间潜力小、成本高、边际效率降低，进而急需新技术路径进行技术革新，所以西部地区制造业可把新旧技术路径交替的期间作为转型升级的重要时机。另外，还需对西部地区具体省区市的制造业转型方式有所侧重，如针对重庆市而言，汽车、机床等均是其技术路径累积性相对较强的产业，因而需有持续的高端要素投入，新技术与传统产业间也要有效融合，还需有适当的政策保护，才有可能通过技术创新路径跃升实现该地区制造业转型升级。

二是通过市场创新路径驱动西部地区制造业转型升级。市场创新路径就是在消费者需求和企业价值实现双重导向下，通过多种形式找寻、创造并满足顾客需求，进而最大限度地开拓新市场。与技术创新路径不同，市场创新路径是从价值链的另一个高端——服务及市场切入，强调创新驱动过程的后端驱动阶段，通过开辟新市场创造需求。而市场需求是一个产业发展的基础，西部地区的新兴制造业发展不足，很多尚处于产业发展初期，需要巨大的市场空间满足企业的扩张需求以实现规模经济，从而获得足够的市场回报，抵消前期的研发、设备、人力等投入，开辟出新的技术路线。现阶段，西部地区制造业应抓住新一轮大众消费升级的机遇，积极培育新项目新业态，通过与旅游、医疗救护、农牧渔业等产业的深度融合，加快推进与新兴制造业的融合发展。此外，西部地区制造业还存在产值总量和商业模式创新不足问题，导致西部地区制造业市场需求释放不充分，因此，还可通过促进西部地区传统制造业与娱乐、运动、公务商务等关联产业对接，实施跨界盈利模式创新及经济总量增长。

三是通过产业链创新路径驱动西部地区制造业转型升级。产业链创新是指构成产业链的企业群体，通过互动及需求激励或供给激励，先后或共同推出存在上下游关系或配合关系的新商品或商品组合。具体而言，首先，可以通过政府和制造业企业合作，支持企业共同推进产业链创新。这种方式必须以企业为主体，以技术换市场，利用国家项目捆绑引进技术。其次，制造业企业可以组织产业链创新，尤其需要由一些实力较强的大型制造业企业来推动。最后，要壮大西部地区制造业中的“链主”企业，整合协调区域内外的产业资源，从传统的价值创造向以顾客为中心的综合价值创新转变，为市场提供满足顾客需求的优质产品。总之，通过创新驱动西部地区制造业转型升级是一个多维空间与多种要素综合作用的过程，只有推动各种要素路径协同创新才能实现西部地区制造业转型升级。

3. 链条延伸型

产业链延伸是指将一条已经存在的产业链尽可能地向上下游延伸或横向联结，根据其延伸的方向不同可分为产业链纵向延伸和产业链横向延伸。产业链纵向延伸实际就是产业链的纵向一体化。纵向一体化指企业向其上游产业或下游产业的扩张，包括前向一体化和后向一体化两种形式。而产业链横向延伸就是产业链的核心企业或节点企业在横向通过兼并、重组等方式扩大经营规模或组建产业链的若干子链，当这些子链扩展到一定程度时，便形成了纵横交错的链网，产业链也发展成为产业树或产业集群，从而产生更大规模的集群效应。产业链在延伸过程当中，一方面接通了断环和孤环，使得整条产业链产生了原来所不具备的利益共享、风险共担方面的整体功能；另一方面还衍生出一系列新兴的产业链环，增加了产业链附加价值。产业链的延伸与拓展最终带来的是生产成本的降低，生产效率的提高，同时产生强大的吸附作用，形成良好的经营环境，加速企业良性扩张，从而纠正产业结构的偏差。因此，产业链延伸可被看作影响产业结构调整进而实现产业转型升级的重要指标，产业链的延伸会影响区域的产业结构调整，体现在地方性主导产业的选择与兴衰等方面。当前我国西部地区制造业企业多位于产业价值链的中下游，中下游的产业部门存在供给能力过剩、价值增值能力有限的问题，对中上游产业的推动力不足；处在产业链上游的高技术产业也存在产品附加值不高进而对下游产业的拉动能力有限的问题。而一条产业价值链最前端的技术研发环节和终端的营销服务环节的价值增值最大，因此，西部地区制造业基于产业链延伸模式的转型升级方式主要有：通过提高西部地区制造业产业链上的技术创新能力和产品设计能力实现产业链向上延伸；通过提高西部地区制造业企业的营销能力和核心竞争力实现产业链向下延伸；通过拓展和培育西部地区制造业的主导产业链及产业集群实现产业链横向延伸。

一是通过提高西部地区制造业产业链上的技术创新能力和产品设计能力实现产业链向上延伸。技术创新是产业链延伸的基本动力之一，采用高新技术和先进适用技术改造传统制造业产业链是优化产业链的基本路径之一。一方面，企业是技术创新的主体，企业只有强化自身的技术开发和创新能力，实现技术水平和制造能力的提高，才可能促进高新技术产业的发展，提高自身的获利能力，这也是构建全球供应链非常重要的一个因素。因此，西部地区制造业企业应在企业承受能力之下加大技术研发投资力度，增强企业技术创新能力，提高技术的产业化转化能力。另一方面，西部地区制造业还应坚持自主创新与技术引进相结合、硬件改造与软件改造并重，支持工业共性、关键、前瞻性技术的联合开发。同时加大对具有广阔市场需求的制造业产业的改造力度，优化产品设计和技术结构，提高工艺和技术装备水平，增强西部地区制造业企业的快速反应能力。此外，还可适当加大跨国企业在西部地区制造业产业价值链上游研究和开发环节的投资，促进附加价值向微笑曲线的最左端移动。总之，要建立健全西部地区制造业的技术创新体系，就应始终把技术进步、增强制造业企业技术创新能力和产品设计能力作为促进西部地区制造业转型升级的主要手段。

二是通过提高西部地区制造业企业的营销能力和核心竞争力实现产业链向下延伸。首先，西部地区制造业企业要树立自己的品牌意识。因为品牌即市场，品牌即效益，通过联合、扶强、贴牌生产等途径，实行品牌整合，提升西部地区制造业企业的核心竞争力；通过切实加强产品质量管理，确保每个环节的质量安全；通过强化企业形象设计，加大对品牌的宣传推介力度，拓展销售市场；通过努力培育一批在国内外叫得响的西部名优品牌，实现由商品经营向品牌经营的深层次转变。其次，西部地区制造业企业应注重保护自身的知识产权，并在营销、售后服务以及配送等活动中不断积累自己的无形资产，逐步形成具有自主知识产权和广泛知名度的自有品牌。具体而言，对于西部地区大型的制造企业，在资金充足的情况下，可以在进行代加工的同时尝试树立自己的品牌，积极开拓自己的营销渠道；对于西部地区中小型制造企业，资金和销售人员储备相对不足，营销策略的重点应在提高产品质量、加强售后服务和新产品开发等方面，同时积累资金和行销人员储备，逐步将企业做大做强后再考虑建立自己的品牌。最后，地方政府也应在资金、信息等方面给予制造业企业一定支持，以帮助其积极开拓西部区域外的市场。

三是通过拓展和培育西部地区制造业的主导产业链及产业集群实现产业链横向延伸。一方面，以主导产业为依托构建的主导产业链决定了一个区域产业结构的基本构成，同时也是构成区域核心竞争力和区域比较优势所在。一个区域的主导产业只有形成有效的产业链，才能更好地带动区域经济的发展，才能为区域的产业结构调整提供物质基础。因此，西部地区可立足自身的比较优势和产业发展规律，大力发展“钢材、建材、基础能源、高新技术”等主导产业链，使西部地区制造业的产业链结构更加合理，促进西部地区经济逐渐进入良性循环的发展阶段。另一方面，产业集聚属于产业链的横向拓展，它能够形成一种集聚竞争力，是产业发展由优势企业向优势产业，进而影响优势产业链形成的关键。当前西部地区某些省区市的产业集群发展较好，如陕西的钢铁产业集群、西安的陶瓷产业集群等，西部地区制造业可以依托这些优势、特色产业集群，提高制造业产业关联度与带动性，并推动制造业企业集聚、资源共享、整体优化，实现产业链横向延伸。

8.2 西部地区制造业转型升级共性路径分析

从发达国家制造业转型升级经验上看，西部地区制造业转型升级具有多种可选的路径，结合西部地区自身实际情况，应选择合适的共性路径。

8.2.1 可选路径分析及比较

国际金融危机爆发促使发达国家对以制造业为代表的实体经济进行重新定位，为保障再工业化战略的顺利推进，各国纷纷颁布和制定了重振制造业的政策法规和扶持措施，力图通过政府干预的方式，突破再工业化面临的障碍，打造以高附加值制造业为特征的、具有强大竞争力的新工业体系。通过细心梳理发现，发达国家重振制造业的途径集中于以下几种。

1. 拟定制造业发展战略规划，重塑制造业的国家战略地位

随着信息时代的到来，依托网络技术发展以金融、服务为主的虚拟经济成为

西方发达国家发展经济的主流，然而金融危机的爆发，使这些国家纷纷认识到离开实体经济的虚拟经济是存在大量泡沫的，一旦泡沫破裂会给整个国家经济造成巨大的创伤，于是制造业作为发展实体经济的典型行业重新受到重视，西方各国纷纷拟定制造业发展战略规划，希望借助人工智能、数字制造、工业机器人、3D 打印等现代制造技术重塑制造业竞争力，进而提升整个国家的国际竞争力。美国拟定的制造业发展战略主要有《重振美国制造业框架》《制造业促进法案》《美国创新战略：促进可持续增长和提供优良工作机会》《先进制造业伙伴计划》《美国制造业复兴——促进增长的四大目标》《先进制造业国家战略计划》《国家制造业创新网络计划》《机器人技术路线图：从互联网到机器人》《振兴美国先进制造业 2.0 版》等。英国拟定的制造业发展战略主要有 2008 年英国政府推出高价值制造战略发布的《制造业：新挑战，新机遇》将发展制造业上升为重要的国家战略，2011 年确定了制造业的五大竞争策略，2013 年 10 月，英国政府推出《英国工业 2050 战略》《未来制造业：一个新时代给英国带来的机遇与挑战》。德国政府主要是 2010 年制定了《高技术战略 2020》，将工业 4.0 战略作为未来十大项目之一。欧盟在 2010 年提出了《欧盟 2020 战略》。日本的《制造业白皮书》提出重振制造业战略。法国在 2015 年提出了旨在优化产业发展布局的《新工业法国 2.0 战略》。韩国 2014 年 6 月推出《制造业创新 3.0 战略》。

2. 建立创新研究机构、技术联盟，推进创新型制造技术转移

美国先进制造业战略发布以后，为了加速战略落地，建立创新研究机构、技术联盟等加速先进制造技术转移。为了打通先进制造技术“基础研发—应用研究—产业化”的创新产业链，基础研发环节主要是在美国各地制造创新中心附近创建了由产业和大学资金支持与运营的实验室——卓越创新中心，促使孵化制造技术。应用研究环节通过在全国各地的创新中心搭建制造业创新网络，与当地制造产业无缝对接，推动区域产业集群发展。产业化环节建设旨在为各种规模制造企业及参与后期技术研发的技术企业提供新技术测试和展示的制造技术测试床。从而通过评估、研发、展示和定制服务降低制造企业特别是小型制造企业运用新兴技术的风险，同时为制造企业技术研发积累经验和人才。为使最新的制造技术快速投产，美国创立了制造业扩展联盟项目、制造业社区伙伴投资计划和制造技术加速中心。

德国为推动工业 4.0 战略落地，由经济能源部和教研部两个部门主推技术研发、技术转移政策。技术研发方面主要由经济能源部为智能制造的移动支持系统和互联网服务提供资金支持，着重从技术研发立法、技术安全标准化、劳动条件和技能等方面推动政策落实。教研部则主要围绕工业 4.0 战略，选择从技术标准及参考体系、信息技术在中小企业的应用、信息技术安全和制造人才资格能力这

四个方面入手。同时，教研部也注重对工业 4.0 相关的高校、中小企业和科研机构等辅助性组织进行资金资助。此外，2015 年德国各州政府也通过建立适应本州情况的基金项目支持工业 4.0 战略的实施，典型的有巴登—符腾堡州基金项目。在技术转移方面，2015 年 9 月，德国经济能源部为提升制造型中小企业和手工业的竞争力，启动了“中小企业 4.0 数字化生产及工作流程”，旨在加速中小企业的数字化进程，为这些企业在工业 4.0 领域开辟新的疆土。

日本在技术研发方面主要有三大作为：一是为“以 3D 造型技术为核心的产品制造革命”的特定领域研究开发项目提供资金支持；二是提升产品生产技术；三是集中大学、公共研究机构、企业等各方资源，建立大规模的产业协作基地，从事研发设计到商业化的各个环节。

3. 增加智能制造的科技创新投入，完善智能制造相关配套政策

自 2012 年起，美国对先进制造业投入不断增多。2013 年，美国先进制造业预算达到 22 亿美元，其中国家科学基金会、能源部、国家标准与技术研究院及其他机构的预算纷纷超过 50%。2014 年美国共投入 29 亿美元用于先进制造技术的研发，尤其支持创新制造工艺、先进工业材料和机器人等技术的研发，其中的 10 亿美元用于建立国家制造业创新网络。2015 年、2016 年预算资金也分别达到 22 亿美元、24 亿美元。2017 年，美国还是将资金重点用于直接支持先进制造业研发活动。美国在智能制造方面推出的配套政策主要集中在四个方面：一是实施税收优惠，改革相关税制，一方面对国内制造业税率下调，另一方面终结制造企业外包海外业务的优惠政策。二是简化行政审批流程、改革政府审批制度，吸引外商投资回流美国本土。三是设立专项扶持基金用于投资设厂，同时也广泛动员社会资本形成专项基金，吸引海外制造企业回归本土投资。四是培训制造业人才，引入学徒制伙伴关系项目，重点培养先进制造业人才。

德国在推动工业 4.0 战略中，也加大了对智能制造科技创新的投入。截至 2016 年 8 月，德国教研部已经批准了 1.2 亿欧元用于推动该战略的实施，而且已经提供 5000 万欧元用于 APPsist 项目、CoCoS 项目等 15 个工业 4.0 自主项目的推进。为了支持中型企业的数字化、网络化，德国政府提供 500 万欧元的资金支持，2018 年前将完成 10 亿欧元的投入，而中小企业核心创新项目和工业社区研究等中小企业创新项目也将分别增资 7 亿欧元和 2 亿欧元。在推进工业 4.0 实施的过程中德国也推出了相关的配套措施，首先，创建一个由德国教研部、经济能源部指导，三大行业协会、多家企业和科研机构共同参与的工业 4.0 平台。其次，通过加强信息技术安全建设、增加基础信息网络投资助推工业 4.0 体系建设顺利进行。再次，通过中小企业数字化计划和设立中小企业 4.0—数字化生产和加工流程资助项目、Go digital 项目、go-Inno 项目等多个项目帮助中小企业适

应数字化。最后，完善制造人才教育培训体系，制定适应制造业发展趋势的人才培养计划，针对产、学、研以及基础技能等各环节采取相应的措施培养实用型人才。

2014 年，日本政府依然把“以 3D 造型技术为核心的产品制造革命”项目作为优先扶持对象，当年对 3D 打印机的投资就达到 45 亿日元，在《科学技术创新综合战略 2015》中对 2016 年制造技术领域、纳米材料领域、信息通信领域、人工智能领域分别投入 147 亿日元、230 亿日元、916 亿日元、100 亿日元的政府预算。2015 年发布的《机器人新战略》中提出未来 5 年要扩大对机器人的投资开发，推进 1000 亿日元的机器人扶持项目等。在强化产品制造基础方面，投资 75.25 亿日元用于建立 X 射线自由电子激光设备的配备，投资 150.52 亿日元用于建立创新性的高性能计算基础设施项目。在配套政策方面主要有三个方面的内容：第一，多途径降低研究经费。按照 8%～10%的税额对试验研究经费进行减免，对于中小企业的试验研究经费减免 12%。第二，支持职业能力教育培训。设置公共职业能力开发设施为离职者、在职者和高校毕业生人群提供有针对性的培训。为开展企业内部劳动职业能力的雇主提供补助金，为自付经费的劳动者教育培训给予一定比例的费用减免。第三，通过政策性银行设立基金协助收购国外企业，为日企走出去提供金融支持。

4. 聚焦新能源技术开发领域，培育战略性新兴产业

各发达国家在振兴制造业的过程中，纷纷将目光聚焦到引领制造业科技创新和未来可持续发展的新能源技术开发领域。美国为振兴制造业，延续其未来全球霸主地位，强调以战略引领为导向，选准新能源开发为突破口，培育以绿色低碳、节能环保为主要特征的战略性新兴产业。2009 年奥巴马总统上任伊始，便签署了被誉为“能源新政”的《2009 年美国复兴与再投资法案》，旨在推广风能、太阳能、页岩气等绿色能源，来实现对工业经济可持续发展的能源支持。奥巴马在任期间，美国政府先后出台了《气候行动计划》《美国水资源规定》和《清洁电力计划》，并于 2016 年 4 月签署了《巴黎协定》。尽管特朗普上任后，要求暂缓、修改或废除前款相关规定，但特朗普政府也发布了“美国第一能源计划”。这项计划也强调要开发本土页岩油气，支持并振兴清洁煤炭工业，能源发展优先考虑保护环境等内容。此外，美国政府通过直接利用人力、技术，间接利用有形资本进行投资，结合制定和修订相关政策法规、提供良好基础设施的方式，重点支持节能环保产业、信息技术产业、生物医药产业和航空航天产业等新兴产业。

早在 2012 年 9 月 6 日，日本政府就出台了“创新能源及环境战略”草案，提出“早日摆脱依赖核电”的目标。该目标后来与“扩大绿色能源”和“能源的

稳定供给”共同构成日本能源战略的三大核心。2013 年 4 月 1 日，出台了《海洋基本计划》草案，强调为实现“可燃冰”商业化提供开采技术。2014 年 2 月 25 日，为加强可再生能源相关工作，确定了新的《能源基本计划》草案。2015 年 9 月对先前制定的环境能源技术革新计划进行了修订。2016 年 3 月 24 日，日本内阁基于 COP21 会议上提出的削减温室气体目标，公布了能源与环境创新战略草案，同年 4 月 CSTI 发布了《能源环境技术创新战略 2050》，5 月通过了《科学技术创新综合战略 2016》。2017 年 6 月通过了《科学技术创新综合战略 2017》，进一步明确在《科学技术基本计划》指导下实现超级智能社会的战略（Society 5.0）目标。在推动战略性新兴产业发展方面，2010 年 6 月，日本公布了《产业结构展望 2010 方案》纲领性文件，提出未来日本将重点培育以节能环保型汽车、电动汽车为代表的环保产业，以使用风电能、太阳能为代表的绿色能源产业，以信息通信和机器人开发为代表的尖端技术产业，包括医疗、护理、健康生活照料为代表的医疗护理产业。为了鼓励这些新兴的产业，日本政府还出台了针对发展新技术产业的税收优惠，通过提供研发补助金制度，加大对新兴产业的资金支持。通过修改出入境条例、设立国际合作奖励基金、开放国家实验室等方式弥补新兴产业领域的人才空缺。

为应对全球金融危机出现的新情况，欧盟委员会在 2010 年发布了《欧盟 2020 战略》，指出欧盟未来的经济发展目标是高效使用资源，鼓励通过自主创新实现经济的绿色健康发展，而增加科技创新投入，发展新兴产业成为实现这一目标的有效途径。2009 年欧盟采纳了《欧盟第三次能源改革方案》，随后通过了一系列新的欧盟能源立法。2010 年 5 月，欧盟通过了能源标签新指令 2010/30/EU，并于 2010 年 11 月 10 日公布了欧盟“能源 2020”计划，强调未来用 1 万亿欧元建设欧盟成员国的能源基础设施。2011 年 3 月 8 日发布了“欧盟能源效率新计划”，同年 9 月 7 日，通过了《欧盟能源政策：与非成员国合作伙伴建立联系》国际合作提案。2012 年底，欧盟公布了能源效率指令 2012/27/EU。2013 年发布了概述欧盟战略能源技术计划（SET-Plan）技术领域的《2013 年版能力图谱报告》。2014 年 5 月实施了《欧洲能源安全战略》。2016 年又推出《可持续能源安全方案》等。围绕欧盟制定的一系列能源政策，将低碳产业列为发展新兴产业的重点，强调将低碳能源、碳捕捉运输封存、新能源汽车、智能电网、生物燃料和建筑节能等绿色技术与信息技术、物联网技术结合，发展绿色经济。

8.2.2 现实的共性路径选择

从发达国家制造业转型升级可选路径的经验总结中，发现西部地区制造业转型升级的共性路径主要有以下几条。

1. 运用政府产业政策进行积极引导

通过以上分析可以看出，国家战略引领和产业政策的引导是促使美国制造业保持领先地位的两个重要支撑。采取有针对性的对外贸易政策与对内产业政策是带动美国产业不断升级，促使其占据世界领先地位的有力保障。20 世纪 80 年代后，美国通过实施《贸易政策行动计划》《综合贸易与竞争力法案》《国家贸易政策纲要》等政策，扩大了国内产业的出口。2008 年金融危机爆发后，美国政府提出的《重振美国制造业政策框架》等一系列政策和措施，力求从国家战略角度帮助美国制造业摆脱困境，实现转型升级。正是这些国家战略和产业政策的引导和助推，带动了基于市场的制造业风险投资，推动了制造业产学研的有效转化，使得美国制造业快速有效地融入了现代信息技术、3D 打印技术，转变为智能制造，产业结构调整和升级取得了实质成效。

德国打造具有竞争力的制造业，占据全球装备制造领域领头羊的地位也得益于政府政策的有效引导。第二次世界大战后，德国政府在重视市场机制运行和限制垄断的同时，着重加强了对制造业关键技术研究与开发的支持，有效地提高了能源、航空、通信、材料、电子、光学、生物等关键领域的科技创新能力，从而提升了整个制造业的竞争力。特别值得关注的是，德国政府对制造业的政策支持多倾向于中小企业，尤其支持中小企业进行技术改造和创新研发活动。与德国相比，日本政府的宏观调控政策成为推动日本产业升级的典范。首先，日本政府实施了国家能源战略，对产业发展方向给出了明确的指导和计划。其次，对有发展潜力的行业提供资金支持和技术扶持。最后，通过国家立法等形式，打造公平竞争的市场环境，促进产业的转型升级。

由此可知，西部地区制造业转型升级的过程当中也必定离不开国家和地方政府产业政策的有力支持。一方面，西部地区制造业面临着经济总量不足的问题，可以通过积极的产业政策引导实现地区经济总量的增长，带动西部地区制造业的风险投资，还能扩大西部地区出口量，进而与全球产业链联系更加紧密。另一方面，由于天然的地理区位劣势，西部地区制造业的整体竞争力落后于东部地区，因而地方政府应加强对制造业的技术研发支持力度，尤其是通信、电子、生物等科技创新能力的培养，进而从根本上提高西部地区制造业的竞争力。此外，政府还应考虑对中小企业提供合理的资金和技术扶持，以实现大中小企业协同发展，为西部地区制造业发展营造和谐公平的市场竞争环境。

2. 构筑与制造业相契合的人才培养体系

先进制造业科技创新能力提升的根本在于发展高端制造业需要的人才，构筑与先进制造业相契合的人才培养体系，培养符合制造业产业结构调整和产业发展需求的高端科技型人才，这是发达国家先进制造科技创新能力保持旺盛活力的根本动力。先进的研究生培养体系配合创新型人才培养模式是发达国家科技实力始终保持在世界前列的基础。1996～2011 年，美国每百万人中研发人员数量由 3100 人增长到 4000 人；同期德国每百万人中研发人员数量由 2700 人增长到 4100 人；同期韩国每百万人中研发人员数量由 2200 人上升到 5500 人，日本则基本保持每百万人中研发人员数量为 5000 人的规模。

先进的研究生培养体系配合创新型人才培养模式是美国科技实力始终保持在世界前列的基础。美国十分注重培养具有创新意识和创新能力的人才，依托哈佛大学、斯坦福大学、麻省理工学院等知名大学，吸引来自全球的精英型人才，鼓励他们发挥创意，并从政府角度全方位支持这些创意实现市场价值，先后形成了“CEO 的摇篮”“创新梦工场”“知识资本再造”等科技创新和人才培养模式。同时，通过政企学三方全面合作，形成了遍布全国的工业重点实验室，为美国的制造业发展提供了先进的技术和人才。与美国相比，德国在注重培养高端科技人才的同时，还重视通过职业教育为产业发展提供助力。《职业技术培训法》是德国通过立法推动产业技术工人技能和素质提升的法律，这部法律规定企业要为生产一线的技术工人提供技术培训岗位，借助校企合作、开展技术培训等方式，培养大批适应生产一线的高素质技能型人才，使德国制造业始终走在世界前列。

由此可知，西部地区制造业的转型升级也与能契合制造业发展需求的高端科技人才培养息息相关。西部地区制造业竞争力的落后在一定程度上与制造业高科技人才的缺失有关。因此，一方面，地方政府可借助西部地区知名高等院校的人才资源体系，注重培养高素质人才的创新能力，同时可适当借鉴美国政企学三方合作的成熟经验，试建立一些符合西部地区制造业发展需求的工业重点实验室，从而为西部地区制造业的转型升级提供和储备创新型人才。另一方面，西部地区还应该注重职业院校的职业教育，加强完善地方制造业企业内部的职业技能培训体系，进而在未来一段时间内培养一大批具有高素质的技能人才，使西部地区制造业的水平得到实质性提高。

3. 依托科技创新为制造业升级提供支撑力

科学技术作为第一生产力，在四次工业革命和历次经济危机复苏的过程中扮演着不可估量的角色。无论是机器化、电气化、自动化还是智能化时代，科技创新都被视为发达国家打造产业竞争优势、拉动经济增长的核心动力。美国、欧盟、日本等在研发方面的投入力度都很强。从研发经费支出与 GDP 之比来看，2014 年，美国、德国和日本这一比值分别为 2.74%、2.84%和 3.59%。从美国科研经费投入和调整的方向来看，除了重视高等教育等基础研究和实验发展领域，还非常重视现有科技领域的探索和突破，因此，试验与发展经费占研发经费投入较高，并且近几年非联邦政府投入研发经费呈现出大幅度增长趋势。根据欧盟委员会 2017 年《产业研发投入记分牌》公布的数据，欧盟产业界的研发投入水平显著增强，在全球 2500 强企业中欧盟企业的研发投入 1925 亿欧元，增速达到 7%，主要是因信息通信技术（13.8%）、医疗（7.9%）和汽车行业（6.7%）增速提高而带动。根据《日本经济新闻》的统计，2016 年，日本七大主要汽车制造商研发投入连续七年上升，增值约 268 亿美元，比 2015 年增长 2.8%。发达国家在加大尖端科技领域研发投入的同时，还注重加强技术成果的转化和推广，从而快速拉动了产业技术升级和经济的快速增长。据统计，发达国家的科技成果转化率达 80%以上，远超过中国 25%的科技成果转化率。

通过领先的科技创新能力和高效的创新成果转化能力，发达国家几乎掌控了产业技术的制高点，并依托该优势强化了对技术标准的控制、知识产权的保护，促使品牌价值和企业影响力不断提升。

由此可见，科技创新能力和创新成果转化能力的高低将决定一个国家或地区产业链的位置高低以及其自身的竞争优势。而西部地区制造业存在着产业结构不合理的问题，因此，一方面，地方政府可通过鼓励制造业企业尤其是龙头企业加大研发投入力度，同时给予相应企业足够的资金技术支持，从而让龙头企业的科技创新能力得到进一步提高，继而形成地方性示范效应，带动西部地区中小制造业企业提高创新能力，逐步打造西部地区制造业的产业竞争优势。另一方面，还可适当加大国际企业在西部地区制造业产业价值链上游研究和开发环节的投资，从而促进附加值向“微笑曲线”的最左端（研发端）移动，使西部地区制造业实现产业链升级，从而优化产业结构，实现制造业转型升级。

4. 打造多元化制造业科技创新投融资体系

科技创新对制造型企业来说是一项高风险投资活动，发达国家为鼓励本国制造业的技术创新活动，纷纷通过建立高效的创新创业投资支持机制、设立制造业风险投资基金等方式帮助企业分担创新风险、降低创新成本。从科技创新的主体选择来看，美国、日本、德国都将典型制造企业视为创新的主体，同时通过政府财政给予相应的资金扶持，鼓励主导制造业发展的企业进行全方位、立体化的资源整合，引导行业企业进行联合研发，打造产业集中度高，企业合作密切的制造业研发创新格局，从而形成国际优势。

同时，高度发达的风险投资体系为制造业创新活动发展提供了资金支持。美国企业高度支持工业方面的创新，同时容许风险投资提前介入工业创新活动，使得工业创新研发经费充足。另外，美国相对完备的风险投资机制侧重为中小企业尤其是从事高新技术产业方面的公司提供投资。风险投资与核心技术为美国的制造业格局由传统的依托钢铁、建筑、汽车工业向高端智能制造业转变提供了助力。相对成熟的资本市场和灵活的融资机制也为制造业科技创新和产业发展提供了资金来源。21 世纪初期，美国就有 93.6%的软件行业、84.8%的半导体行业、84.5%的计算机及外围设备、81.7%的通信行业的公司在纳斯达克上市。

由此可见，成熟的风险投融资体系是保障制造业创新活动的基石。西部地区制造业总体创新能力不足的一部分原因可能是没有完善的企业创新风险投资支持保障机制。因此，一方面，地方政府可通过为制造业企业建立完备的创新创业风险投资机制，进而降低制造业企业的创新成本，分散创新风险，鼓励制造业企业敢于创新。另一方面，政府还应侧重于引导西部地区制造业的龙头企业进行联合研发，从而提高西部地区制造业的产业集中度；通过出台产业政策以加强西部地区制造业企业的紧密合作程度，形成优质的产业集群，打造具有西部地区特色的制造业研发创新格局，为西部地区制造业转型升级提供支撑。

5. 构建提升制造业竞争力的三链融合机制

产业链、价值链、创新链存在着环环相扣、互相促进的关联关系，三链的动态结合，能合理优化、调整升级产业结构，有效提高企业、地区、国家的竞争优势，提高各个国家的整体经济实力。2009 年美国提出要重振制造业，让美国回归实体经济，由此掀起了一股再工业化浪潮。美国再工业化并非重建传统的低端制造业，而是坚持以优势拉动工业转型升级，其战略重点是发展高科技含量和高附加值的关键领域与高端环节，以高新技术为依托，发展先进制造业，向清洁能源、医疗卫生、环境与气候、信息通信等新兴产业投入 7870 亿美元，意图提升影响力和辐射力，推动美国制造业的革命性升级。2012 年美国政府提出《国家先进制造创新网络：初步设计》研究报告，旨在建立全国制造业创新网络，推进先进制造技术向产业转移、向生产力转化。美国制造业创新中心依托政府牵引、企业主导、高校和科研机构合作，整合产业链中下游各环节的创新资源，形成“产学研政”合作共赢的创新系统，实现先进制造技术从基础研究到应用研究，再到商品化、规模化生产的创新链条，促进科技创新更贴近产业需求。美国通过发展新兴产业、整合资源、技术创新等活动，推动产品高端化、生产高效化等，扩大原有产业链的价值效应，促进三链融合的实现。

德国实现制造业新的转型升级，一直保持世界制造业强国的地位得益于三链融合发展。自 2013 年德国正式提出工业 4.0 战略，加快信息技术应用到工业生产当中，建立信息物理系统，通过智能工厂、智能生产、智能物流三大主体内容，对制造业产品生产、物流运输等各个环节进行智能化监督与控制，为制造业注入新的血液，促进制造业向智能化、网络化、服务化、数字化方向发展，并催生出高效、新型的生产方式。为了有效推进战略的实施，德国不仅建立了政府、企业、高校三位一体的技术研发体系，通过分工协作、密切配合搭建了技术创新平台，还通过提升管理效能、完善营销手段、强化售后服务等多种活动，促进制造业全面升级。

由此可见，三链融合对促进产业结构优化，保持制造业竞争优势具有重要的战略意义。西部地区制造业近年一直存在由于地理位置相对劣势导致其新兴行业领域发展不充分的问题，因此，西部地区可借鉴美国和德国的经验，集中力度发展具有高科技含量和高附加值的价值链环节，同时发展先进制造业。同时还必须加大对清洁能源、医疗卫生、通信等新兴产业的投资力度，让信息技术更多地应用到制造业生产当中，使西部地区新兴行业得到充分的发展，推动西部地区三链融合，产业结构得到优化，最终推动西部地区制造业革命性升级。

6. 坚持以产能合作带动工业转型升级

推进国际产能合作和制造业“走出去”，是产业转型升级、保持我国经济中高速增长和迈向中高端水平的重大举措，是推动全面对外开放、增强国际竞争能力的重要手段，是开展互利合作的重要途径。美国、日本、德国制造业国际化程度都很高。从各国产品出口占全球出口比重来看，2014 年美国、日本和德国分别为 8.6%、3.6%和 8%。在制造业方面，美国对外投资集中于工业机械设备、电子和其他电气设备以及交通通用设备领域。2001 年，用于计算机和办公设备生产设施的投资总额达到了 235.5 亿美元；用于汽车和设备生产设施的投资总额达到了 382.7 亿美元，跨国公司海外子公司的税前利润总额达到了 1325 亿美元，由此可以看出，海外投资达到了相当可观的规模，并且对外直接投资为美国带来了巨额利润。日本制造业的国际化成绩也是有目共睹的，制造业国际战略从“贸易立国”向“投资立国”进行调整，试图将国内失去比较优势的劳动密集型产业转移出去，有效地降低了日本制造业的成本。产能合作成为日本制造业转型升级的助推器，日本产业结构实现了优化。

德国实现了制造业竞争力巩固提升，是因为它选择了正确的国际化发展道路，选择了通过向外转移中低端产业进行产品生产。在制造业“走出去”的这一过程中，首先，德国布局周边，加强与周边区域的合作，利用周边国家低廉的劳动力成本、物流成本和地租成本，始终占据产业链和价值链的高端。其次，德国通过系统谋划，实施产业链上下游协同转移。例如，德国的化学工业，采取将低端基础化工产品生产基地向发展中国家转移，高端化工生产基地向具有研发优势的发达国家转移，实现上下游和产业内的重新布局，有效地维持了本国市场的销售和对外出口能力。最后，德国注重融合发展，博世集团在中国的本土化发展就是融合发展的最好体现。在研发方面，博世集团赋予中国子公司自主开发权，对中国企业开发相关产品的验证，坚持以产能合作带动产业升级，大幅度提升了经济效益。

从发达国家的“走出去”战略和国际合作趋势来看，逐步将低端产业转移到发展中国家以及将高端产业转移到发达国家是一种明智的产业政策。因此，西部地区制造业早期承接了来自东部沿海地区的低端转移产业，使得西部地区制造业长期处于低端价值链环节。通过借鉴美国、日本、德国等国家国际产能合作的成功经验，首先，西部地区制造业不应局限于地区性的资源禀赋限制，而应加强国际化进程，逐步向高端价值链转变。其次，西部地区制造业还应该致力于引进国际企业投资，从而带动地区产业结构优化。最后，西部地区制造业还应与周边区域加强合作，从而形成更大的产业集群，为西部地区制造业转型升级提供保障。

8.3 西部地区制造业转型升级的差异化路径

目前，中国制造业总体上处于工业 2.0 到工业 3.0 的过渡阶段，制造业转型发展的地区差异较大。推动制造业转型升级是“十三五”时期的重要任务，但中国不同区域的制造业转型各有“本地化”特点，按照地理位置自北向南，由东向西，中国制造业主要划分为以黑龙江、吉林、辽宁为代表的东北地区，以浙江、江苏、广东、山东为代表的东部地区，以安徽、河南、湖北、湖南、江西为代表的中部地区，以云南、四川、陕西、重庆、广西为代表的中西部经济带。本书针对课题特点，以重庆、四川、云南、陕西为例分析西部不同条件地区制造业升级路径的地区差异，并从这些省区市中选取钢铁、装备制造、汽车制造等不同行业，包括：陕鼓集团［全称为陕西鼓风机（集团）有限公司］、四川长虹、云南祥丰集团（全称为云南祥丰实业集团有限公司）、长安汽车、五粮液集团、西安光机所等不同资源禀赋企业，对其分别进行比较。

8.3.1 不同条件地区的路径选择

不同条件地区制造业转型具有区域特征性，通过重庆、四川、云南、陕西和广西等典型地区制造业转型路径分析，总结不同条件地区制造业转型升级路径选择。

1. 重庆例证

随着重庆市政府对制造业实施的产业结构优化和高强度投资，重庆市在努力克服经济下行压力的情况下，以创新驱动制造业转型升级，由此加速了制造业转型升级，重庆市电子信息产业的快速发展正是制造业转型升级的结果。但仍存在诸多制约重庆市制造业转型升级的障碍因素。调查研究发现，在人才培养方面，重庆市制造业在面临人才缺口时，更倾向于从外部渠道招聘或引进人才，忽略从内部进行技术人员培养，这使得重庆市制造业在转型升级方面仍面临人才不足的问题，也就无法为技术创新提供更多人才支撑。在品牌建设方面，作为转型升级的必由之路，重庆市制造业在品牌建设方面面临着来自同行业、跨国公司和假冒伪劣等方面的竞争挑战，面临着来自资金制约、推广成本和规模等方面的实力挑战，面临着来自政策支持不力和过度干预等方面的政策挑战，面临着品牌意识不足的挑战，这四大挑战给重庆市民营制造业转型升级设置了一定的路障。在融资方式方面，重庆市制造企业现阶段采用的融资方式较为单一，外部融资以银行贷款为主，内部融资以自有资金为主，总体表现为对银行和对自身资本的极大依赖性，而随着宏观经济形势的变化，银行对于企业的贷款条件日益严谨，特别是中小微企业，有可能导致强度依赖的同时又无法顺利从银行获得需要的贷款，制约了企业转型升级。在政府职能发挥方面，原有的政府政策较多与资金有关，一方面固然反映了政府在近年对企业支持的力度，但另一方面也凸显出政府鼓励政策集中缺乏非资金的有效手段。就行政效率而言，如何改善政府职能发挥流程效率，成为促进企业转型升级的重要方面。

针对以上突出问题，重庆市积极探索创新有效的解决办法，结合重庆市产业结构特点，提出了以下化解制造业转型升级障碍的主要对策。

（1）加大制造业人才发展统筹规划和分类指导的力度。重庆市为了弥补制造业人才缺口，依托国家专业技术人才知识更新工程和先进制造卓越工程师培养计划，在高校内培养了一大批高素质专业人才。同时，重庆市还引导了一批普通本科高等院校向应用技术类高等院校转型，以使职业教育和技能培训得到强化。对于表现突出的制造业人才，重庆市建立了相应的激励机制对其进行表彰和鼓励。

（2）开启质量品牌建设工程，吸引核心企业入渝。重庆市为了更好地实现制造业的转型升级，出台了一系列的相关法律法规，加大了对知识产权的保护力度，为制造企业品牌建设保驾护航。同时，出台了相关的优惠政策，吸引龙头企业来渝建立研发中心。在政府的大力支持下，重庆市的笔电产业逐渐实现了蜕变。从 2009 年到 2017 年重庆市的笔电产业经历了从无到有、从有到强、从强到稳的突破性发展。重庆市引进的具有世界知名度和强大垂直整合能力的品牌商带动了 ODM 企业的跟进，发挥品牌商和 ODM 厂商的带动效应，快速引进了大量零部件企业，形成了“品牌+整机代工+零部件企业”环环相扣的产业集群。并且，为了深入引导企业培育品牌意识，提升品牌附加值和软实力，一方面，重庆市政府通过引入具有国际影响力的品牌评价理论研究机构和品牌评价机构，督促并帮助重庆制造业品牌质量实现快速提升；另一方面，充分发挥新媒体和新渠道的传播作用，提高重庆市品牌知名度。重庆市政府还抛出了“垂直整合一体化”的模式，吸引惠普、宏碁、华硕等先后来投资。不仅推动了由制造向“智造”的转变，更带动了重庆市经济的快速发展。传统的笔电产业是“四个在外，一个在内”的产业模式，产业链的高端环节即销售结算、零部件制造、销售和研发在国外，低端环节即组装在国内的模式。重庆笔电产业现行的发展模式与传统的产业模式差别很大，将产业链最核心的高端环节转向市内生产，即第一个是将附加值比较高的销售结算在重庆两江新区的金融结算中心完成；第二个是将笔电产品的零部件生产商迁入了重庆，大部分笔电产品的零部件能够在重庆生产；第三个是向重庆集聚附加值较高的研发业务。重庆市的笔电产业发挥了品牌商的带动功能，为重庆打造了“搬不走”的全球笔电产业。

（3）拓宽融资渠道，降低融资成本。大力建设现代金融中心，提高直接融资比重和国民经济证券化率，加强金融服务实体经济的能力。引导各类金融机构加大对工业领域信贷投放力度和产品创新力度，健全多层次资本市场，推动区域性股权市场规范发展。通过引导风险投资、私募股权投资等多种方式，丰富制造企业资金来源渠道，为制造企业创新发展保驾护航。

（4）丰富政策引导手段，全方位支持制造业转型升级发展。一是继续加强税收优惠等资金类的鼓励制度。积极落实西部大开发鼓励类产业按减 15%税率缴纳企业所得税、鼓励类投资项目进口设备免关税、使用首台（套）重大技术装备、研发投入加计扣除、研发准备金、加速折旧等各项优惠政策。二是在非资金渠道方面，扮演好服务制造业发展角色。积极收集和分析全国及全球制造业发展动向，搭建数字化综合数据信息发布平台，为企业生产经营决策提供参考依据。健全制造业专业人才培养体系，为制造业转型升级输送优质人才。

2. 四川例证

四川省作为西部地区制造业典型省份，与全国其他地区一样，工业经济增长进入新常态阶段，呈现出整体增速放缓、工业投资增长乏力、投资风险上升等特点。国家“一带一路”倡议、“中国制造 2025”以及“互联网＋”重大发展战略的提出，为四川省适应新常态，抓住“十三五”战略机遇期，破解制造业发展瓶颈，推动制造业转型升级提供了路径参考和动力支持。

当前，四川省已经整体进入工业化中期后半段，处于制造业转型升级的关键时期，产业调整任务艰巨，面临的矛盾更加突出，传统产能过剩，新兴产业发展相对滞后的局面急需改变。2007 年实施工业强省战略以来，四川省通过做大做强装备、能源电力、钒钛钢铁、油气化工、建材等重工产业，实现了经济的高速增长，但经济增长的同时，资源的过度消耗和环境污染也接踵而至。因此，低碳环保、绿色发展成为提升改造传统制造业的基本要求，将部分传统产业提升为高端化、高科技化产业成为再创竞争优势的首选。对比东部地区来看，四川省的战略性新兴产业和高端成长性产业占比较低，发展先进制造业的创新力不强、创新投入不足、高端制造科技成果转化能力依然较弱，创新驱动能力亟须增强。“制造业 + 服务”的积极推进，拓宽了企业的资金来源，提升了企业抗风险能力和盈利能力，但在经济新常态下，制造业融资难、融资贵成为转型升级的最大约束，亟须加快多层次资本市场建设，形成新常态下利于制造业转型升级的投融资体系。

面对以上制造业转型升级的突出矛盾，响应国家战略号召，针对制造产业的发展特点，四川省提出以下推进新常态下制造业转型升级的路径。

（1）加深信息化，助推优势产业再造。深化制造业与互联网技术融合，将大数据、云计算、物联网等技术应用于电子信息、装备制造、饮料食品、油气化工、能源电力、钒钛稀土、汽车制造等七大优势产业，实现产业提升再造。具体而言，一是通过“互联网 + 先进制造业”深化两化融合，提升信息化在制造业产品研发、加工生产、销售管理、物流配送、售后服务等环节的应用。二是通过“物联网 + 工业”整合生产流程向智能制造转型，运用传感器和执行器等设备，实现远程操作和定时感应，使工业产品生产更加网络化、智能化。三是采用“云计算 + 工业”，创建智能管理服务平台，为企业生产加工不同门类的产品提供个性化的大数据支持。

（2）实施智能化，优先发展智能制造业。以《中国制造 2025》十大重点领域划分为方向，引导战略性新兴产业和高端成长型产业向智能化迈进。具体而言，一是加快培育高端成长型产业。围绕节能环保装备、航空与燃机、信息安全、页岩气、新能源汽车等五大高端成长型产业，整合多方资源，依托自主研发技术，打造国际国内先进水平，创造具有四川本土特色的优势产业品牌。二是引领带动战略性新兴产业快速形成。通过产业链延伸，将高端成长型产业成果及核心技术应用于战略性新兴产业，促进其形成规模化发展。三是推广智能制造应用示范。树立制造企业集成化生产作业管理示范，带动传统制造企业实现数字化转变。设计开发工业控制芯片、新型激光传感器、智能仪器仪表、高端数控机床等关键零部件和智能装备。加速推进人机智能交互、智能仓储物流管理、增材制造等先进技术在制造企业的应用。

（3）推进绿色化，改造提升传统产业。随着资源环境约束和节能减排压力的增大，绿色化、低碳化成为各地区追求经济稳定增长的前提。加快化解过剩产能、淘汰落后产能，推进传统产业绿色化、智能化改造重组成为推进绿色化工业发展的必然要求。一是提高油气化工、饮料食品、轻工纺织、冶金建材等传统产业设计开发的生态化要求，从源头上实现绿色发展。二是加快传统产业改造重组步伐，支持化工、水泥、有色金属等行业进行联合重组，支持有产业技术优势和市场竞争优势的重点企业对产业链上下游进行延伸兼并，从而改造建设为绿色生态的行业领军企业。三是推进节能环保产业快速发展。加快大气污染防治装备、水污染防治装备、固体废弃物治理装备制造的发展，加强城市典型废弃物和工业废弃物的循环利用，着力开展绿色金融服务、合同能源管理服务、绿色制造工程等绿色服务，支持传统产业绿色化改造。

（4）促进服务化，培育发展新增长极。鼓励发展服务型制造，引导工业企业开展服务化转型，在获得制造业产品短期效益的同时，获得该产品增值服务的长期效益，从而促进工业持续增长的新增长极形成。一是促进制造业高级化发展。推动新兴产业形成过程中，注重产业链各环节附加值提升，使制造业结构以提供产品和增值服务为中心，渗透到产品的整个生命周期。二是积极推进生产性服务业发展。从制造业产业链前、中、后端出发，分别提供相应的服务，从而高效整合资源，提高生产效率。三是加快制造业服务化转型速度。注重制造企业核心技术服务化，鼓励企业由加工制造转向提供产品研究、生产流程控制、市场营销服务、客户关系管理等生产性服务，实现制造业与服务业融合发展目标。

3. *云南例证*

云南省是一个特殊的制造业省份，具有先天的资源、区位优势。20 世纪 80 年代，云南曾制造出多个“中国第一”，其中以花名冠名的工业“五朵金花”更是红极一时，但随着市场经济的快速发展，“五朵金花”逐渐凋零，整个云南工业也呈现出烟草独大的产业格局，在云南省政府的带动下，云南深入推进制造产业转型升级，在信息化、智能化和融合性发展方面都形成了一定的基础，取得了一定成效。但由于人才、技术、资金等方面的种种制约，云南省存在智能制造业的总体发展规模仍然偏小、智能制造系统解决方案供给依然缺失、智能制造资金支持力度不够、制造企业自主研发创新能力较弱等问题。

针对目前云南省制造业升级成为智能制造存在的这些问题，云南省政府摸清了全省制造业发展水平多极分化现状，分析了云南发展智能制造的基础、地位和优势，提出了以下主要路径，促进制造业转型升级。

（1）多举措促进企业提质增效。推动省内制造企业着眼于东南亚、南亚和国内市场，针对食品、消费品、农产品制造的特点，在积极引入先进制造技术的同时，加速技改进程，全面提升设计创新、制造工艺水平；支持从事有色金属、化工冶金、装备制造等优势传统产业的企业淘汰老旧设备，引进和购置先进适用设备，推广应用工业机器人，提升企业装备水平。设立产业转型升级专项基金支持制造业转型升级重点项目，对使用和优先购置自主研发生产的装备设施企业给予税收优惠政策。

（2）全方位推进企业产品升级。以高端智能制造为发展目标，支持企业通过技术改造对现有产品进行更新换代升级，发展符合市场需求的中高端产品。一方面，鼓励企业针对在产工业品进行二次开发，增加新功能、提高使用性能。另一方面，提升新产品研发设计能力，优化产品结构，创建新的盈利点。推动嵌入式系统在工业产品制造中的应用，优先开发智能产品。引导企业树立品牌意识，强化质量第一的行动标准，加强全面质量管理，着力提升产品附加值，打造名优产品，争做行业标杆。

（3）多层次推进智能化技改。推进传统制造业与互联网的深度融合，加快工业大数据、云服务、人工智能平台建设，发展网络化、个性化、柔性化协同制造模式。支持制造企业依据行业发展趋势和自身产品特点，利用新一代信息技术对研发、设计、生产、销售、管理、售后等环节实施全过程改造提升。滚动实施年度智能制造示范项目，培育由智能制造单元、智能生产线、智能车间、智能工厂构成的智能制造典型。鼓励支持以“云烟”为代表的烟草企业打造智能工厂，树立行业标杆。推动智能生产管理系统在钢铁、有色、化工、建材、装备、生物医药等行业的应用，加快日化、纺织、服装、食品和农产品加工行业新型制造模式的推广。引导和鼓励企业对制造作业环境差、安全风险高、工艺要求严、劳动强度大的岗位加快实施“机器换人”计划。

（4）多形式促进创新成果产业化。持续完善军民融合、产学研相结合的制造创新体系。建设军民融合公共服务、先进工业技术研发中心、重点工程技术研究中心等创新平台，鼓励企业与高校、科研院所合作创建产业技术创新联盟，推动院士专家工作站、博士后科研工作站进驻企业提供技术支持。推动“政产学研用”协同创新，通过产业链延伸、科技成果产业化等形式，培育为制造生产提供方案设计、流程再造、装备升级、售后服务的生产性服务业。重点支持和推广应用新技术、新设备对传统制造产业进行改造升级的项目，优先给予资金支持和税收优惠。

（5）立体化推行绿色制造理念。立体化推进制造业清洁生产，加大加快先进节能环保技术、工艺、装备的研发和推广应用，倡导将物联网、大数据、云计算等技术应用到能耗监测领域。建立健全循环发展经济体系，着力提升资源、能源使用效率，利用有利条件搭建绿色智能制造平台，重点服务钢铁、有色、化工、建材、食品等传统制造产业的绿色化改造工程。加速淘汰落后产能，推动电机、变压器、锅炉、窑炉等终端能耗装置的节能改造。实施工业园区循环改造项目，推广使用固体废弃物智能分拣、智能化除尘、大气污染治理、污水处理等节能环保装备，逐步实现工业“三废”资源化目标。

4. 陕西例证

陕西不仅是我国古代丝绸之路的起点，更是我国重要的装备制造业基地。近年来，在“一带一路”倡议的推动下，以先进装备制造和高新技术制造为代表的陕西制造综合实力稳步提升，表现为依托航空/航天装备、电力装备产业等先进制造业打造重点科技创新工程等举措取得了良好成效，保障了陕西重卡、输变电设备、石油机械与中亚地区的合作有序推进。但同时，以创新为引领的制造业转型升级之路仍面临以下困境。第一，高新技术制造产业规模偏小，企业创新投入不足，企业自主创新能力薄弱，科研成果转化速度较慢。第二，制造企业研发设计能力不足，生产设备老旧，产品附加值低。第三，企业所需的高端信息技术人员严重缺位，信息化基础设施不完备，资金投入不足。

基于以上困境，结合“一带一路”倡议对陕西制造业发展的要求，促进制造业快速转型升级，主要路径如下。

（1）加快传统产业改造升级，推动制造企业走融合发展道路。依托高新技术改造提升传统制造技术，实施固定资产更新改造补贴、技术改造贷款贴息、新型制造设备租赁购买补贴等项目，推进企业加速技改步伐，向打造高技术含量、高附加值的产业链高端环节迈进。聚焦科技资源实施创新驱动战略，加速突破制造领域的关键技术，鼓励制造企业协同技术创新，破除国外垄断和技术壁垒，实现从“生产车间”到“企业总部”的整体转型。构建产业技术创新联盟，联合开发新技术、新工艺、新产品，带动产业内制造企业实现转型升级。

（2）推行制造企业精益化管理，促使管理创新应用制造全过程。搭建由供应商、制造商、分销商、零售商、终端用户协调合作的端到端的供应链优化网络，促使企业精简采购、销售、库存、物流等方面的流程，缩减成本。以科学管理为推手，推动陕西制造业向智能化、服务化、国际化、绿色化道路迈进。鼓励重点行业利用信息技术进行工艺流程再造，运用先进生产装备，提高产品性能和管控水平。鼓励制造企业通过组织结构创新提升企业管理效率，瞄准制造业国际标准，实施先进制造业标准化提升工程，促进陕西制造业品牌的竞争力和创造力提升。

（3）整合优化人力资源战略体系，吸引高端制造人才入驻陕西。陕西打造的高端制造业将成为促进陕西就业的新引擎，未来迫切需要与产业发展相适应的“制造工匠”，故而高端制造人才队伍建设尤为重要。首先，陕西应借助西安交通大学和西北工业大学较高的技术研发与创新能力，培养适合陕西制造业发展的创新型制造人才，以满足制造产业的发展需求。其次，鼓励有条件的制造企业根据自身产业技术发展实际，选派优秀人才赴海外进修学习，同时适当引入国外先进制造人才，为企业创新提供动力源。最后，陕西应该加快教育体制改革创新，鼓励各类学校以培养高端制造型人才为目标，创建制造人才直接对接企业的教育新模式。

（4）对接工业 4.0 借力“一带一路”，推动陕西制造实现快速转型。鼓励陕西制造企业抓住“中国制造 2025”与德国工业 4.0 对接的战略契机，借助“一带一路”加强与德国在技术战略、人才战略层面的合作。支持企业以全球制造业价值链高端为发展目标，从供给侧改革出发，利用目前我国人工智能、移动智能终端、先进传感器等发展优势，打通产业链的所有环节，从客户需求出发，拉动生产，促进传统制造产品向个性化、多样化制造生产转型。加速推进工业机器人在制造业中的运用，将现有劳动力从低端的加工组装环节中解放出来，并转移到研发创造领域，以此发挥人类智慧的更大作用。

5. 广西例证

广西作为沟通中国与东盟关系的最便捷国际大通道，具有良好的制造业基础，汽车、制糖等行业具有比较优势。随着工业经济逐步迈入新常态，而广西总体上又处于工业化中期前半阶段迈向后半阶段的时期，制造业发展总体水平和质量与发达地区相比存在较大差距，更落后于国际先进水平。广西提出以工业供给侧结构性改革为主线，着力强龙头、补链条、聚集群做大做强工业规模和总量的重大发展思路，为实现工业高质量发展，扎实推进经济持续健康发展提供了前进方向。立足于工业高质量发展的目标，对照新形势新要求，广西制造业转型升级还存在以下困境。第一，产业链“低端锁定”，产业链两端升级面临更大困难，优势和增值能力强的关键环节没有突出。第二，产业结构偏重，结构不合理。第三，科技创新能力不足，企业研发投入强度不够，分布不均衡，创新环境有待改善。

针对广西制造业转型升级面对的问题与瓶颈，为贯彻落实国家实现工业高质量发展的重要指示，结合广西实际，对广西经济社会发展精准分析，对新形势下广西工业现状精准把脉，积极地在以下四个方面寻找路径，促进制造业转型升级。

（1）实施产业链精准招商，建立健全工业招商机制。以强龙头、补链条、聚集群为方向，聚焦产业链缺失环节，瞄准龙头企业，坚持精准招商。一方面，重点帮扶产品与服务功能完备、技术先进、竞争力大、引领性强的大企业大集团，促使大企业发展壮大。灵活采用精准招商、以商招商、产业链招商、环保招商、科技招商、集群招商等方式，实施工业招商三年行动计划，推进产业链向价值链高端攀升，打造龙头企业领跑新方阵，积极培育优势企业从弱到强、从小到大，形成优势企业集群的产业结构。另一方面，为了保障工业项目招商引资和项目推进的有序进行，工业主管部门应强化其招商职能。首先，积极与市级工业部门、信息化部门、主管部门、行业协会进行沟通与交流，保证信息的对称性，发挥招商工作的联动机制，多层次发力，推动招商引资取得成效。其次，设置、分解工业招商引资“合同投资额”“开工率”等绩效考核指标，建立公平公正的考核机制。

（2）推动产业延伸升级，优化先进制造业内部结构。依照高标准制定产业集群发展指导性意见，结合广西现存的产业特色优势，提出抓好园区建设和围绕广西“两区一带”的工业布局，加强先进制造业建设为路径，培育具有竞争优势的产业集群。依托现存的产业基础，以汽车产业、工程机械及内燃机产业、铝精深加工产业、钢铁产业、石化和煤化工产业、糖业、木材加工及造纸产业、粮油加工产业、计算机通信产业、生物医药产业为产业建设重点，建设高新工业园区，打造先进制造业生产基地。通过吸收先进科研成果，强化技术创新，探索出高技术含量、高制造装备水平、高产品附加值、高效益、资源利用集约化和生产清洁化的发展道路。培育补足优势产业链条，使具有竞争优势的产业为加快制造业转变发展方式，结构优化升级，实现经济持续发展作出贡献。围绕广西“两区一带”的工业布局，做大做强产业链，在北部湾经济区加快形成石化、钢铁、冶金、电子等重大产业基地，培育壮大西江经济区汽车、机械、冶金、化工、新能源、新材料、修造船等为重点的主导产业，朝集群化发展，利用桂西资源丰富的优势，努力推动有色金属产业延伸升级。

（3）强化技术进步、技术创新，深化科技合作。突出企业创新主体地位，在机制体制、企业研发投入、科技合作等方面出台相关政策，为企业营造良好的创新环境。通过政策激励和引导，鼓励企业与企业、企业与高校之间强强联合的方式，支持大中型龙头企业和高新技术企业建立企业研发机构，深入开展科技交流，引导和鼓励企业加快研发投入，对新技术、新产品进行针对性的研发攻克，有助于丰富技术创新的实践成果，提高科技研发与创新能力。出台相关优惠政策，吸引技术创新能力强、技术核心的龙头企业，通过股份合作等方式，加快本土企业技术进步，提高竞争力和持续发展能力。引领重点工业企业进行研发活动，在智能装备、有色金属、汽车、医药、电子信息等产业，培育壮大高新技术企业、科技型中小企业。为了新增一批具有自主知识产权、持续创新能力、带动行业发展的技术创新模范企业，政府应开展自治区技术创新示范企业认定活动，推进企业创新主体培育计划的全覆盖。

（4）开展质量强桂战略，加大工业品牌培育。开展质量标杆、质量楷模的评选活动，实施系统化质量管理，运用快捷便利的信息技术，对产品质量进行在线监测、在线控制和线下反馈等追溯能力。依托国家和行业标准，鼓励制定严格的企业标准，积极参与国际标准、国家标准和行业标准的修订。带动攻克质量技术，提升核心质量技术，推动所在行业领域质量整体提升。加强品牌创意设计、宣传、保护、文化建设等方面的能力，培育壮大行业品牌，保护品牌声誉，合理运用产权。利用政府、中介服务机构、院校和研发机构提供的资源，开展商标注册、运用、管理和保护的工作。为了加强国际商标品牌合作，努力提升企业境外商标发展能力，根据广西自身境内业务，有针对性地开展商标品牌海外布局，积极推进国际商标注册，对商标进行国际保护。创建中国—东盟知名品牌推广服务平台，有助于推动中国—东盟知名品牌互认，加强国际业务合作。通过政策激励与支持，对获得中国质量奖、自治区质量奖和获评为广西知名品牌产品的企业，进行相关表彰和奖励。着力创品牌，开展质量强桂战略，采取严质量、提品质、控品种专项行动，打造更多质量过硬、品牌一流的龙头产品，扎牢工业之“根”。

8.3.2　不同行业特性的路径选择

不同制造行业转型升级具有行业特殊性，通过钢铁、装备制造、汽车制造和电子信息等行业转型路径分析，总结不同行业转型升级路径选择。

1. 钢铁行业例证

党的十八大以来，我国钢铁行业主动适应新常态，整个行业扎实推进供给侧结构性改革，化解过剩产能、力图转型升级谋发展，取得了一定的成绩，实现了整个行业的整体复苏。党的十九大对新时代的钢铁行业转型提出了新的要求，要求钢铁行业顺应时代发展趋势，抓住大有作为的关键期，加快推进供给侧结构性改革，加速推进产业结构调整，以绿色发展为重点，以加快技术创新为主线，以国际化建设为支撑，实现产业优化升级，建成综合竞争实力强、可持续运营的钢铁产业。可见，我国钢铁行业已然进入了深化供给侧结构性改革，加速推进产业转型升级的新阶段。在这一新阶段，西部地区钢铁行业应审时度势，认清整个行业供需结构不平衡矛盾的长期存在，认清整个行业依然存在发展质量和效益不高、创新实力偏弱、生态环境压力增大等突出问题。要使西部地区钢铁行业整体发展实现持续满足客户多样化需求、与生态环境和谐友好共处、实现可持续运营的高质量发展，还需走好以下转型升级的路径。

（1）持续深化钢铁行业供给侧结构性改革。西部地区钢铁行业必须正视本行业目前处于阶段性、结构性供大于求关键矛盾期的事实，要成功实现转型升级还需将深化供给侧结构性改革作为基础保障，继续化解行业过剩产能，加快推进产业结构调整、优化产业布局。首先，钢铁行业着力优化产能，必须确保落后产能淘汰出局。建立打击低效“地条钢”的长效机制，督促相关责任方加紧处置行业中的“僵尸企业”，严把产能置换项目审核关，强化对相关企业的指导和监督。其次，统筹兼顾控制好钢铁总量的同时，加快推进行业产能布局优化，创建公平稳定的市场环境。鼓励企业淘汰现有高炉—转炉生产工艺，采用绿色节能环保的电炉生产工艺。强化对钢铁和焦化企业的动态规范化管理，促进行业市场规范化经营，维持公平稳定的行业市场环境。最后，着力推进钢铁行业的组织结构调整。鼓励有条件的钢铁企业沿着产业链上下游，跨行业、跨地区、跨所有制实施兼并重组，从而整合各方优势，形成综合竞争实力强的钢铁专业化集团。

（2）依靠创新驱动引领行业向创新型钢铁转型。西部地区钢铁行业要想在全球市场塑造核心竞争力，达到世界领先水平，必须依靠创新驱动，紧抓发展战略机遇期，加快推进新旧动能转换，培育适应时代发展的创新型钢铁。钢铁行业坚持创新驱动发展，需要跳出过往“引进—消化吸收—跟随创新”的发展思路。具体而言，可以从全行业加强体系建设、提升自主创新能力、升级产品质量和发展智能制造四个方面入手。第一，将西部地区钢铁行业的发展纳入国家打造制造强国、网络强国总体战略体系建设中。针对目前西部地区钢铁行业创新载体分散、协同创新能力不强等问题，建议充分整合现有技术资源，创新产学研用合作模式，支持围绕钢铁行业作为主导产业的国家级创新平台建设，推动国家技术创新示范企业、国家新型工业化产业示范基地建设。第二，鼓励钢铁企业加大创新研发投入力度，注重个性化、多品种钢材产品的研究开发和技术领先。强化钢铁企业与科研院所、设计单位以及产业内外上下游企业的协同创新，重点致力于制约钢铁行业长足发展的关键前沿技术的合作研发。第三，经过激烈的市场竞争，钢铁行业的产品市场需求更趋向于中高端，钢铁企业应通过技术创新使企业产品质量更趋于稳定、可靠并且持久耐用。同时，钢铁企业应该转变自身原材料提供商的定位，向提供材料使用系统解决方案和后续加工集成解决方案的服务商转变。持续坚持创新驱动，提升行业有效供给是西部地区钢铁行业发展的必然之选。

（3）着力打造行业竞争新优势，走国际化发展路线。基于我国钢铁行业发展步入新阶段的事实，西部地区钢铁行业需借助“一带一路”倡议、新亚欧大陆桥经济走廊等国家发展战略，走可持续发展的国际化道路。一方面，西部地区钢铁行业可围绕产业链加强与下游用户的合作，着力提升钢铁的出口价值，打造全球钢铁产业链，综合利用国内国际的多种资源。另一方面，应以加强钢铁企业自主创新能力为支撑，推动钢铁行业技术设备向“中国智造”和“中国创造”发展，引领全球钢铁行业生产技术、设备和产品标准的国际风向标。最后，加快推动西部地区钢铁企业跨国组建国际钢铁集团，从而加强跨国联合，整合优化国内国际资源，降低国际化经营的风险和成本，提升西部地区钢铁行业的国际竞争力。

（4）积极构建和谐共生生态环境，发展绿色低碳钢铁。绿色、低碳钢铁是钢铁行业实现同社会、生态环境和人类和谐共生的必然之选。随着国家加强大气污染治理和环保监管工作的推进，整个钢铁行业面临的环境压力日益严峻，但同时也倒逼整个钢铁行业实施技术改革，推进生产工艺结构调整和技术进步，实现降污减排目标，钢铁行业应将升级发展的重点集中在低碳、环保、循环发展等方面，才能真正实现行业的可持续发展。目前，整合利用废钢资源扩大行业发展优势，成为整个钢铁行业走低碳绿色发展之路的共同关注点。钢铁企业须致力于废钢资源回收利用稳定供应、钢材产品市场需求动向和生产能源稳定供给保障等方面的研究，为企业的可持续发展提供决策参考。此外，钢铁行业必须在保持总量适度稳定的前提下，注重研究产品质量的提升、产品结构的优化，重点关注绿色低碳技术的研发和应用。

（5）树立高质量发展目标，走钢铁可持续运营之路。建设高质量可持续发展钢铁产业是整个钢铁行业可持续发展的最终目标。钢铁行业的可持续运营表现为既要使自身通过转型升级得到发展，也要完成支持整体社会经济进一步提升的目标。这就要求整个钢铁行业致力于创新能力提升，变原材料制造商的角色定位为提供面向整个产业链的服务商，积极构建以客户为中心、以先进钢铁生产技术为引领、以创造优质钢铁产品为先导的新型钢铁竞争力体系，充分提升整个西部地区钢铁产业的竞争力水平。此外，从钢铁企业角度，还应注重新型钢铁产业人才的储备和培养，优化现有先进技术人才的结构，注重维护员工各方面的权益，激发员工积极性。积极创新和开发成本低、稳定高效的生产技术，强化企业资本运营能力，同时带动企业整体运营效率的提升，使钢铁企业可以更加灵活自如地应对复杂多变的国内国际市场环境，实现高质量发展目标。

2. 装备制造例证

近年来，在“一带一路”倡议的推动引导下，西部地区装备制造业飞速发展，在机器人及其智能装备、电子信息设备、轨道交通、增材制造、通用航空及其相关装备制造等领域打造了一张又一张靓丽的名片，推动西部地区装备制造业沿着“一带一路”沿线国家走向了全世界。党的十九大进一步号召发展装备制造应放眼全球视野，结合国内、国外产业格局变动趋势，构建全球发展的战略思维。这就要求西部地区装备制造行业契合国家发展战略、满足市场的多样化需求，结合产业发展规律进行产业定位，分析行业现有的优劣势，找准突破口，做好装备制造业整体升级方案的设计，加快实施装备制造转型升级。具体可采纳的转型路径选择如下。

（1）夯实西部地区装备制造智能发展基础。依托现有的智能制造产业基础和科技条件，以客户需求为导向，贯彻落实重点突破、协同创新的发展原则，以满足重点工程项目设备的迫切需求为中心，强化装备制造相关核心零部件、关键基础材料、软件等工艺技术的研发和应用。重点推进智能制造生产技术的攻关和推广，智能制造关键核心零部件的质量检测、检验，加强装备制造共性技术服务体系建设和推广。

（2）搭建西部地区装备制造行业质量工程。以发展高端装备制造业为目标，全面提升整个行业发展效益和质量。针对现有的重点装备企业开展质量调查，积极组织开展质量对标、专家会诊等质量攻关活动，发现装备制造行业发展中的“通病”或“短板”，制定有针对性的系统解决方案。以美国、德国、日本等国际制造强国生产的智能制造产品为参照标杆，实施技术改造提升工程。积极开展装备制造行业关键技术攻关和工艺优化活动，推动企业搭建优等质量工程。

（3）强化装备制造相关产业配套水平。审视国内外装备制造转型升级的风向标，甄选东部地区和国外的产业转移项目，主动承接科学技术成果转化项目，强化西部地区产业发展配套水平，多角度谋求与国内外装备制造的产业对接。对目前已取得一定领先优势的装备制造配套企业给予重点支持，引导其发展成综合竞争实力强、成长空间大的“小巨人”型企业。同时，沿着现有装备制造业产业链整合资源，强化产业链上下游企业间的协作、配套服务能力，构建商流、物流、资金流、信息流四位一体的高效快捷供应链服务体系，促进产业链相关的大中小企业协同发展。

（4）推进高端智能装备制造业发展。深入贯彻两化融合，推动信息化在装备制造业中的应用，提高装备制造生产过程的智能化水平，鼓励企业进行信息化改造，引进工业机器人、机器臂等，组建智能化生产流水线，构建全数字化生产车间与工厂，实现生产柔性化。强化智能制造技术基础，重点研究提升数控机床检测系统和高档数控机床的加工精度。运用大数据技术，提升装备制造产品全流程的智能服务能力，向发展高端智能化装备制造转型。

（5）推进西部地区装备制造业服务化转型。树立装备制造业服务化转型理念，打造与“中国制造 2025”强国战略相适应的服务型制造体系。通过纵向延伸增强生产加工环节服务要素投入比重，由“生产制造”转向“制造 + 服务”；基于原有产业价值链进行横向拓展，鼓励企业紧抓价值链核心增值环节，实现经营领域多元化，创造新的利润增长点；通过虚拟化重置将非核心业务外包，将服务价值高的环节打造成企业的核心增值环节。积极构建贯穿装备制造生产全流程的研发设计服务体系。

（6）构筑装备制造绿色发展体系。贯彻落实国家发展循环经济要求，积极推动装备制造环节资源循环利用，鼓励使用节能、低碳、清洁、环保的绿色能源，构筑装备制造绿色发展体系。增强装备制造产品从设计研发、采购运输、存储包装、加工销售、物流配送到售后服务全过程的绿色化，积极推动废弃电机设备、废旧家电、废旧汽车零部件和其他大宗固体废弃物循环利用技术的推广。以大型装备制造企业为引领，研发无损破解、表面预处理等再回收技术，推动航空发电、汽车及其零部件、智能家电生产成套装备的再制造。

（7）推动西部地区装备制造走国际化发展之路。鼓励西部地区装备制造企业紧抓经济全球化战略契机，依托全球资源配置优势，为西部地区装备制造参与更大市场空间、更广范围的竞争奠定雄厚基础。鼓励企业立足于全球视角，通过对比分析找出制约高端装备制造发展的“短板”，对全球范围内的原材料、资金、技术、人才、渠道等进行战略性整合。鼓励装备制造企业通过对外投资、并购、技术合作等方式与国外知名企业、研究机构进行合作，实施“走出去”战略，打造国际知名品牌形象，构筑全球性的营销体系。

3. 汽车制造例证

西部地区制造业要助推国家制造强国战略，汽车制造行业无疑占据着重要的战略地位。对比欧美等国家奠定制造强国的历程发现，汽车制造行业的崛起贡献卓著。《中国制造 2025》规划中有十多处提到了“汽车”，可见，汽车制造行业的转型发展成为促进新一轮经济增长的关键引擎。目前，西部地区汽车制造行业转型升级趋势明显，一些实力较强的汽车及其零部件制造商纷纷谋求转型发展的路径。总结来看，它们的转型升级之路主要围绕智能化、新能源化、国际化和互联网化展开，具体如下。

（1）紧抓两化融合契机，助力汽车制造智能化。工业 4.0 时代背景敦促西部地区汽车制造行业的发展转型必须紧跟智能制造潮流，从生产模式、经营模式和产品三个层次提高智能化水平。第一，生产模式方面。首先，面对消费者日益增长的个性化、差异化需求，汽车制造行业生产需要围绕个性定制、柔性生产筹建智能化生产线。西部地区汽车制造商应从研发设计入手，采用分布式、模块化生产设计思路，构建网格化生产系统，使生产过程更加透明，产品质量优质可靠。其次，通过整合消费者需求大数据，实现生产设备间互通，完成个性化产品生产过程的自调节、汽车零部件的自匹配。再次，积极整合西部地区汽车制造企业和零部件生产企业的现有优势，加速推进行业生产供应体系化建设，鼓励企业开展自主研发，提升集成生产技术创新能力。最后，多方联合共同组建研发团队，重点研究智能机器人、智能传感器和芯片等核心技术在汽车制造领域的应用。第二，在经营模式方面。西部地区汽车制造行业应积极搭建汽车电商、汽车超市等营销平台，使线上线下有效融合，同时利用电商平台收集到的消费者购买数据开展“产品＋服务”的混合经营模式，为整个行业发展谋求新的利润增长点。第三，产品的智能化方面。受共享经济和自动驾驶、人工智能技术的驱使，西部地区汽车制造行业应紧抓行业变革的风向标，探索和开发智能网联汽车产品，从而实现“制造＋服务”的市场角色转变。

（2）明确转型战略方向，重点发展新能源汽车。随着国内能源和环境压力的逐年攀升，以节能、环保为特色的新能源汽车成为汽车制造行业转型的首选。

第一，西部地区汽车制造行业应抓紧制定新能源汽车发展专项规划，围绕现有的整车组装产能规模优势和动力电池优势，优化资源配置，使新能源汽车生产要素保持快速高效流动，促进新能源汽车产业集群效应的提升。第二，重点扶持和引育纯电动乘用车、混合动力汽车、电动客车生产企业，力促“以主带配，以大带小”产业发展格局的形成。第三，依托行业协会、行业技术联盟等载体，搭建研发机构与整车生产及其配套企业间的合作平台，增强新能源汽车产业链各方的协调运作能力，降低经营风险和成本。第四，落实中央和地方新能源汽车购置补贴相关政策，给予新能源汽车技术研发费用减免，通过贷款贴息、优先贷款和延长信贷周期等形式给予新能源汽车制造企业信贷支持。第五，积极引导消费者选择新能源汽车的倾向，鼓励企业借助交通运输网络，将制造的“拳头汽车产品”拓展到外部市场。

（3）定位全球价值链中高端，积极实施国际化战略。随着我国汽车产业整体外向型结构转型步伐的推进，西部地区汽车制造行业也应逐步实施从对外出口到海外建厂再到海外并购的三级转型。西部地区汽车制造应定位全球价值链中高端，从地方政府、企业等角度出发，多策并举鼓励车企走出去，参与世界范围内资源配置，谋求汽车行业生产设备、技术、服务的全面提升。首先，从地方政府层面，应着力提升政策法规、知识产权、检验检测认证等系统性服务能力，鼓励车企通过产能合作、海外并购和创建海外发展联盟等方式，整合国内外资源，打造“拳头汽车产品”，提升西部地区汽车在海外市场的竞争力。支持汽车行业企业“抱团出海”，鼓励其联合合作国政府和社会资本创建汽车行业海外发展基金，强化国际化战略的资金保障。其次，依托“一带一路”倡议，支持车企参与国际重点汽车招投标项目，带动中小车企及汽车配件企业出口增长。夯实西部地区汽车制造产品的技术基础，加速推进国家级汽车及其零部件出口基地建设。同时，加大出口基地技术研发、产品认证、检验检测、专业服务等公共服务平台支持力度，鼓励车企借助公共服务平台进行技改和自主创新，增强出口产品的竞争力。再次，鼓励西部地区地方银行和金融机构创建适应汽车产业国际化发展的金融和保险跨境服务体系，探索在海外开展汽车专属融资租赁服务，开展信用担保，创建汽车产品的融资平台。最后，搭建汽车产业信息平台，提供车企国际化发展的政策指导、投资环境分析、市场需求信息等。

（4）顺应时代发展需求，推动汽车互联网化。目前，汽车行业的互联网化是汽车行业发展的一大趋势。西部地区汽车制造行业需要紧跟时代步伐，多措并举推进汽车互联化，以满足消费者的多样化需求，促进市场销量的增长。具体而言，西部地区汽车行业应依托互联网技术从产品、营销、渠道和运营四个角度进行资源整合，创新销售模式，提升生产效率、重构产业价值链。鼓励车企转变“制造商”的角色定位，发展成能为产业链各环节客户提供 O2O（offline to online，线上对线下）解决方案的“制造商 + 服务”型车企。在产品互联方面，鼓励汽车制造企业借助无线通信技术使汽车接入互联网，实现车载功能、行车状况、车主需求的互联互通，实现车辆与各方的无缝连接。在营销互联方面，鼓励汽车经销商与汽车制造商、汽配生产商、后市场服务提供商以及二手销售商利用互联网开展网络营销活动，利用各类电商平台、门户网站、社交平台、APP 等拓展宣传渠道，运用在线广告投放技术实现高精确度的营销目标。在渠道互联方面，鼓励车企借助 O2O 模式销售汽车产品和服务，通过借助网银、支付宝等平台优化交易支付手段，并通过与顺丰、中通、申通等物流企业的合作，实现快捷配送。在运营互联方面，鼓励整个汽车行业产业链条上的企业，依托互联网技术加强信息互通能力和协同合作能力。

4. 电子信息行业例证

近年来，西部地区电子信息行业已基本实现平稳发展，创新能力显著增强，结构调整和转型升级加速，为促进数字经济发展、服务“一带一路”作出了巨大的贡献。西部地区按照全国工业和信息化工作会议的总体部署，紧紧围绕将我国建设成制造强国、网络强国的要求，集中力量突破电子信息行业核心技术的瓶颈，努力打造以人工智能、智能硬件等为代表的智能信息产业，以产业新动能带动经济社会新发展，加快电子信息行业实现了关键性跳跃。例如，重庆笔电产业面对产业变革的新要求，通过延伸产业链和形成产业集群的加工贸易方式，推动产业结构的调整形成内陆大规模的加工贸易地。西部地区电子信息行业可通过借鉴重庆打造“搬不走”的全球笔电产业成功经验，积极应对新的挑战，认清关键领域发展制约因素，走好产业转型升级之路。

（1）着力把握电子信息行业智能化新趋势。借鉴《中国制造 2025》重大战略，围绕西部地区电子信息行业的发展，重点应放在智能化发展上，发挥西部地区的后发优势。推进智能制造为主攻方向，打造行业智能制造模式，还需在以下三个方面实现突破。第一，加强智能制造研究工作，夯实智能化发展基础。明确国家重大战略需求和未来产业发展主线，分析智能信息产业关键环节和重点领域的现状，布局建设西部地区电子信息行业发展新方向。加大研发计算机视听觉、生物特征识别、复杂环境识别、新型人机交互、自然语言理解、机器翻译、智能决策控制等技术，大力支持软硬件产品发展，包括智能芯片、智能传感器、智能操作系统等。开发人工智能领域的高端服务器、关键网络设备、网络安全技术设备等产品。优化资源配置，提升智能信息技术，增强产业发展的能力。第二，促进产业配套发展，建立健全智能信息产业体系。把握智能化发展新趋势，强化产业链配套发展。以满足智能化市场消费需求为导向，大力发展行业智能化产品，如研发智能汽车、智能无人系统、智能服务机器人、智能可携带设备等产品。围绕产业链促进配套发展，打造智能信息产业领域。第三，开展智能化应用示范，推动传统产业向智能化转型。以智能制造为主攻方向，深化智能信息与基础行业领域的融合，加快智能技术在家居、交通、医疗、电网、安防等领域的推广应用，便捷人们的生产生活，积极开展典型智能化应用示范，实现传统产能信息化向智能化转型，激活传统产业新活力，带动经济持续健康新发展。

（2）融合应用引领电子信息行业创新发展。新一代信息技术、互联网思维将带动西部地区电子信息行业创新发展，以创新提升核心竞争力。第一，加大研发投入，提供良好的创新环境。电子信息行业不仅是技术密集型产业，也是知识密集型产业，从政府层面来看，为了更好地加大研发力度，需要采购大量的科研产品，增加对研发技术的投入，为提升西部地区电子信息行业创新能力提供支持。从企业自身出发，应积极参与国家科技项目的相关研究，加强与科研中心、当地高校的科技交流，引导企业自主创新。企业各级领导和研发人员应充分认识到提高自主创新的重要性。另外，还要加大人才培养投入力度，人才对于技术型产业具有关键性作用，通过教育培训、设立创新奖项等措施，不断加强科技人才的培养，推动产业的发展。第二，加强跨界融合发展，完善创新体系。基于“互联网＋”行动指导意见，构建软硬融合、制造与服务融合、网络与产品融合的创新平台，引导传统产业在融合中创新，促进传统产业生产、消费、服务一体化，跨界融合已经成为传统产业创新必由之路。第三，深化国际合作，推动西部地区电子信息行业走出去发展。通过建立多层次、多渠道沟通交流合作机制，为国际合作技术研发、开发新产品、标准制修订提供了平台。贯彻落实“一带一路”倡议部署，加大与中亚、拉美、非洲等区域国家的合作力度，积极推动通信系统、光伏等“走出去”，推进信息技术领域的合作交流，共同推动西部地区电子信息行业从中端向高端转型、信息化向智能化转型。

（3）明确绿色发展生态可持续战略。“绿色发展”理念是《中国制造 2025》重点强调的基本方针之一，大力发展新一代信息技术，构建绿色制造体系是西部地区电子信息行业未来主攻的方向。西部地区电子信息行业的绿色发展，就是用新一代信息技术推动节能环保、工艺和装备的研发，提高资源利用效率，实现多个产业低碳化、环保化和循环化。在工业领域，需要从源头上杜绝有害物质的使用，突破核心技术瓶颈，实现技术革新，研发环保型装备、设计绿色型工艺。使用新一代信息技术对产品的配方、原材料采购、仓储、运输、使用等过程进行监督和管理，夯实工业绿色发展的基础。从企业角度来看，绿色发展是企业应履行的社会责任和法定义务，实现产业链在各个环节的绿色设计、绿色生产、绿色回收等，能够提高企业资源利用率，可以提升企业在全行业的整体竞争力。为了形成可持续发展的清洁工业、生态农业和绿色服务业生态体系，西部地区电子信息行业应从源头到终端通过提高资源利用效率、加大生产制造高效循环等方式，实现国民经济绿色发展。

（4）加速构建新兴电子信息行业领域。在“互联网 + ”的时代背景下，应把握大变革的趋势，强化顶层设计和规划布局，探索西部地区新型的商业模式，形成新兴技术与行业应用协同发展的局面。通过发展超高清视频产业和虚拟现实产业来支持产业新兴化。第一，发展超高清视频产业。目前，视频技术正从高清向超高清提升，超高清视频产业链较长，发展超高清视频产业将带来芯片、显示面板、视频制作设备等产业链各环节产品的升级换代。我国部分企业已经具备了一定的研发和产业化能力，西部地区应结合自身的优势，积极与龙头企业组建超高清视频产业联盟，合作搭建产业协同发展服务平台，加强与骨干企业的技术交流，有助于西部地区提升自身研发能力。第二，推动虚拟现实产业创新。瞄准虚拟现实产业龙头企业，关注“芯片研发、硬件生产、软件开发、内容制作、相关服务”等关键产业链，通过引进、并购、合作等多种方式，引进核心技术和专利，补齐产业链的低端、缺失环节，迅速提升研发生产能力。推动形成一批产业规模突出、创新能力强、产业链上下游带动能力强的龙头企业，支持西部地区“专精特新”的中小企业加快发展，积极培育虚拟现实应用品牌。整合西部地区现存的人才、资本、市场等要素，集聚社会力量共同开展虚拟现实核心技术、产品、商业模式创新，打造众创格局。依托西部地区现存的电子信息产业基础，布局虚拟现实产业制造基地，构建集研发平台、投资平台、孵化平台、活动平台一体化的虚拟现实全产业链创新生态圈，打造电子信息行业新兴增长极，加速产业转型升级。

8.3.3　不同禀赋企业的路径选择

不同企业的转型升级具有企业自身特性，通过陕鼓集团、四川长虹、云南祥丰集团、长安汽车、五粮液集团、西安光机所等不同类型制造企业转型路径分析，总结不同禀赋企业转型升级路径选择。

1. 陕鼓集团例证

陕鼓集团始建于 1968 年，主要为冶金、石化、化工、电力、国防、城建、环保等行业提供大型动力装备系统问题解决方案和系统服务。随着国家以供给侧改革为主线，推动提质增效，实现可持续发展目标的提出，石化行业通过升级装备实现绿色可持续发展成为必然。近年来，陕鼓集团围绕石油、化工、空分、冶金、电力（包括核电）、城建（地铁）、环保、制药等主要服务行业的“智慧绿色”转型升级发展需求，以分布式能源一体化系统方案为圆心，带动设备、EPC、服务、运营和金融等产业协同发展，开创了高质量发展新路径。2016 年陕鼓集团荣获第四届中国工业大奖，2017年销售订货突破113亿元，同比增长41%。

陕鼓集团原本是典型的装备制造型企业，经过50年的经营在能量转换领域积累了大量的技术、经验。但随着我国工业的发展，陕鼓集团意识到系统的解决方案逐渐成为满足顾客和市场需求的亮点。基于此，2005年陕鼓集团提出“从单一产品制造转向为客户提供系统解决方案和服务”和“由产品运营转向品牌、资本运营”两个转变战略，形成了由工业服务、能量转换设备制造、能源基础设施运营三部分构成的业务体系，在打造智慧绿色能源强企的道路上迈出了坚实的一步。陕鼓集团转型升级的主要路径如下。

（1）创新企业运行管理机制，实施“归零赛马”业务责任制。自2005年开始实施战略转型，在十余年的转型实践过程中，陕鼓集团持续深化国企改革制度，采取了一系列的体制机制创新和股权化结构改革。“归零赛马”是陕鼓集团开展的市场法则下典型的机制创新活动，该项机制将企业内设的业务单元划分为竞赛团队，并且将这些竞赛团队的领队和行政级别、历史成绩、干部终身制全部归零，为各团队营造起点相同的公平竞争氛围，同时转变人才引入使用机制，创建人才综合评价体系，减少管理者的主观臆断和“行政认定”，赛马而不相马，调动企业职工全员参与经济和开拓市场的积极性，培养出一支充满团队精神的高绩效团队。

（2）聚焦高端智能制造业务，舍弃非核心辅助性业务。“中国制造2025”概念的提出，使得高端、智能成为制造业进行变革的方向。一方面，专业化分工是陕鼓集团围绕“有所不为、有所作为”理念进行产品生产流程再造取得的成果。产品制造向高端智能方向发展必然要采取一定的措施，陕鼓集团选择将设备维修、铸件制造等辅助性业务进行专业化外包，自身则集中精力和资源做高附加值环节的业务。例如，通过购买先进的叶片加工数控设备布局滚模锻叶片生产线，实现了从设计到检测的产品制造全过程智能化。另一方面，陕鼓集团注重通过精益化生产提升工艺流程的智能化水平。节能、环保是精益化生产帮助企业实现绿色智造之路的保障，陕鼓集团致力于企业技术活动的参数化、自动化、智能化水平提升，通过向德国西门子、艾默生等企业学习精益生产技术，开展生产流程再造和工艺布局，提升企业服务客户需求的效率。

（3）加大科技研发投入力度，提升企业技术创新实力。科学技术始终是工业企业走绿色制造之路的主要推手。2007～2015年陕鼓集团累计投入研发经费25.24亿元，占到其销售收入的8%以上，2016年这一比重更是达到8.4%。陕鼓集团的技术研发之路主要是通过借助国际化创新平台，整合全球科技资源，设立欧洲研发、服务中心，创建分布式能源技术装备创新中心，针对关键共性技术进行突破，提高了“压缩机＋工业汽轮机”等分布式能源高效利用装备的产业化应用速度。目前，陕鼓集团已经构建了由超临界混合工质布雷顿循环发电技术、高效一体机技术、有机工质朗肯循环 ORC 技术、生物质热解技术以及高参数中小汽轮机等分布式能源前沿技术组成的研发体系。特别值得关注的是，2016 年由陕鼓动力自主创新研发的“冶金余热余压能量回收同轴机组应用技术”入选国际能效合作伙伴关系组织国际“双十佳”最佳节能技术项目，同时还荣获了在捷克布尔诺举办的国际机械工业博览会授予的“金牌产品”奖。2017 年陕鼓集团自主研发的首套 8 万等级空分装置离心压缩机组帮助煤化工行业实现了加速淘汰落后产能，推动产业升级的目标。

（4）持续推进全球化发展战略，塑造陕鼓集团国际化品牌形象。陕鼓集团紧抓“一带一路”倡议深入推进带来的全球发展机遇，重点围绕分布式能源领域核心能力构建产品技术研发体系，开拓全球市场。继 2015 年陕鼓集团并购捷克布尔诺 EKOL 公司后，陕鼓集团分别成立了陕鼓香港、陕鼓印度、陕鼓卢森堡等离岸公司，创建和优化了包括资金、技术、人才、采购、服务以及外协加工等在内的全球资源的国际业务体系。同时，陕鼓并购捷克布尔诺 EKOL 公司后，在埃及、捷克、伊拉克等国家突破多个生物质发电领域项目技术攻关的优势，陕鼓集团开始打造遍布全球的营销体系。目前，陕鼓产品已销往欧洲、北美洲、南美洲、非洲的多个国家，品牌的国际知名度和国际化形象稳步提升。

2. 四川长虹例证

四川长虹创建于 1958 年，其前身是我国“一五”时期重点工程项目国营长虹机器厂，是当时我国唯一的机载火控雷达生产基地。历经 60 多年的发展，长虹从军工立业、彩电兴业到信息电子的多元拓展，已发展为集军工、消费电子、核心器件研发与制造为一体的综合型跨国企业集团。2013 年，面对家电市场出现的“新常态”，长虹以“家庭互联网 + CHiQ 智能家电产品 + 长虹大数据”创新模式，赋予传统家电行业全新的想象空间，成为引领家电行业整体转型的领军人。随着新一轮供给侧结构性改革的推进，家电巨头长虹将主攻方向瞄准“高端个性化定制”，旨在通过有效整合企业内外部资源，继续深耕智能制造转型之路。截至 2017 年，长虹的品牌价值已达 1319.75 亿元，中国电子百强品牌排名上升到第 6 位，中国制造 500 强企业排名上升到第 58 位，四川百强企业榜首。

长虹的成功转型在于始终坚持走技术创新之路。近年来，随着国家发展先进制造业，打造制造强国目标的提出，以互联网、大数据、人工智能改造传统制造成为企业尊崇的风向标。以技术创新而著称的长虹，在以“智能化、网络化、协同化”为重点的“新三坐标”引领下，创建了国内家电行业首个大数据中心与云计算平台，并基于企业物联网优势，推出了全球首个物联运营支撑平台（UP 平台），打造了智能研发、智能制造、智能交易、智能运营四大平台，率先将人工智能技术运用到家电产品中，引领了产业和市场的发展趋势。课题组通过收集相关资料将长虹的转型升级成功归结为以下几点。

（1）着力推进体制机制改革，助力企业"轻装上阵"。面对国内经济下行压力增大，外部需求总体偏弱的宏观大环境，以及家电行业整体进入存量竞争时代的不利形势，长虹认识到推进体制机制改革成为企业提升业绩和竞争力的关键。首先，在管理环节中通过下放管理权限，提高决策效率，实现政企角色的转换。其次，在用人机制上实行全员劳动合同制，打破传统"国企铁饭碗"思维，强化"快节奏、高效率"的工作理念。最后，完善竞聘上岗、考核淘汰、契约管理等机制，提拔任用具有成长经历、业绩突出的年轻人才，为企业智能化转型打造一支领导干部率先垂范，企业员工激情勃发的创新型团队。

（2）深入实施产业升级战略，加快向服务型制造转型。为适应我国经济形势的发展，长虹为实现智能制造目标，先后做出了三次重大战略调整。从 2004 年提出的"三坐标"到"十二五"时期提出的"三转型"，再到 2013 年提出的以智能化、网络化、协同化为坐标方向的"新三坐标"战略，长虹始终在根据时代的变迁推进产业转型升级。近两年，长虹通过重构研发体系，深化与 ABB、阿里、微软等战略伙伴的合作，强化了工业机器人、人工智能、大数据等领域的产品和技术开发。长虹还基于独创的"以人为中心"的 IPP 技术框架及率先在全球发布的物联运营平台，实现了利用人工智能整合产业链资源，进而加速了智慧家庭、智慧社区、智慧医疗、智能售卖终端等业务的发展，为转型成为服务型制造企业打开突破口。

（3）搭建智能化系统管理平台，推动传统营销向 C2B 转型。为顺利推进企业智能战略实施，长虹依托"互联网＋"、大数据和云技术独创了由智能研发、智能制造、智能交易三大平台组成的智能化系统管理平台。首先，围绕"以人为中心"的产品理念，构建内外协同的智能研发体系，深入挖掘消费者需求，规划产品形态、功能。其次，在承接消费者个性化需求的同时，在传统制造生产环节引入机械臂等工业自动化技术，打造出"无人工厂"，率先实现智能制造蜕变。最后，以 O2O 战略为核心，搭建智能交易平台，整合线上线下资金流、信息流、物流等资源，使个性化定制的产品快速送达客户，同时承担品牌文化传播、新产品发布、促销活动、售后跟踪服务等职能，最终实现满足客户 C2B 高端定制的极致体验，助推传统营销 B2B 向 C2B 转型。

（4）加快调整企业主营业务，聚焦军民融合协同创新。一方面，随着供给侧结构性改革的推进，长虹开始着手调整企业的主营业务，采用"进退并转"对非主营、非控股、非盈利的业务单元进行了清理，同时，对照明、后勤服务、生产保障等业务进行了整合，有效地盘活了闲置资产。另一方面，长虹也注重加强对外合作，积极响应国家军民融合发展战略，与四川省国防科技工业办公室、电子科技大学共建了国内首个电子信息军民融合创新实验室，充分发挥双方技术成果方面的优势，开展新能源、新兴电子元器件、新型雷达系统等关键领域的协同创新，着力打造“军工＋智能制造”的新型产业生态圈。

3. 云南祥丰集团例证

云南祥丰集团始建于 1988 年，是我国优秀的磷复肥、氮肥等产品制造商，是云南省最大的民营磷复肥企业。历经 30 年的发展，云南祥丰集团已发展成为以生产中、高浓度磷复肥为核心，集化工生产、房地产开发、进出口贸易、餐饮服务等为一体的综合性企业集团。现有资产 28.5 亿元，下属全资子公司及中外合资企业 23 家，职工 3700 余人。祥丰集团目前拥有“螳丰”“云弘祥”“滇金麦”等名牌产品，其产品不仅销往国内 23 个省区市，而且远销东南亚、南美洲的诸多国家和地区。祥丰集团多来年连续荣登中国化工化肥企业 10 强、中国化肥企业 100 强、中国化工 500 强、中国民营 500 强企业榜单，2016 年荣获云南省制造业企业 20 强的第三名。

由于过往依靠低效、落后设备进行简单扩大再生产，产品质量参差不齐，产品结构单一化复制，导致国内化肥行业无效供给增加，摆脱结构性产能过剩成为磷复肥行业众多企业亟须解决的主要问题。与此同时，随着互联网技术的发展，化肥行业的客户需求也呈现出多样化、个性化的趋势，这极大地挑战着传统的企业营销模式。面对国际国内市场磷复肥产品需求下滑，订单量不容乐观的局面，祥丰集团提出了“销售围着市场转、生产围着销售转、一切围着效益赚”的经营理念，在兼顾产品质量和安全环保的前提下，重点拓展产品营销渠道和提高客户服务质量，打造了具有竞争优势的创新性营销模式，并取得了实质成效。2017 年祥丰集团实现营业收入 70 亿元，实现利税总额 2.25 亿元。

祥丰集团在行业整体不景气的情况下，质量和效率不断提升主要得益于以下几个方面的转型发展工作取得实效。

（1）转变营销观念，变制造型为制造服务型。随着电子商务的发展，化肥市场的竞争已然走过了依靠“一、二级经销商”增加销售量和利润的阶段，尽全力、更准确地满足终端客户的多层次、多样化的需求成为供给端必须掌握的化肥市场新特点。伴随竞争的加剧，化肥市场也呈现出以精准服务客户为核心目标的营销新趋势。围绕行业产业链，打造服务型制造新业态，依托整个链条的服务能力提升实现利润目标成为企业在新兴市场竞争中的新追求。祥丰集团深刻认识到化肥市场的这种变革和发展趋势，2016 年便开始围绕集团的磷复肥主业，转变传统营销观念，通过成立农化服务中心，优化产品推广销售渠道，以服务促进终端客户数量增长。具体而言，祥丰集团采取了三项举措：第一，通过平衡施肥技术对农户的土地开展测量，根据测量数据提供有针对性的施肥配方，同时指导施肥。第二，通过农户服务车推广宣传企业的新技术、新产品，提升企业产品形象。第三，注意农化服务中心工作的开展和跟进，吸收先进农化服务经验，及时解决为农户提供服务过程中出现的新问题、新情况。通过农化服务中心活动的开展，祥丰集团真正实现了销售贴近终端客户的目标，同时实现了由“制造销售产品”到“制造销售产品 + 提供服务”的转型，使得企业的市场份额和占有率得到稳步提升。

（2）强化质量管理，以差异化提升品牌价值。受竞争激烈的行业态势驱使，国内磷复肥供给商家纷纷调整产品结构，将目标锁定在高端产品领域。然而，这种一窝蜂似的转变也会驱使产品同质化现象从低端向高端蔓延。基于对这种行业发展趋势的研判，祥丰集团认为打造高品质的品牌、走差异化竞争路线，才是企业塑造竞争优势、实现成功转型的关键所在。秉承这一观念，祥丰集团从企业内部入手，全面推行品牌管理。围绕产品狠抓质量管理，强化品牌形象，树立品牌意识，重视客户服务，构建了一个“以品牌质量为生命、服务为依托、文化为灵魂、创新为支撑”的品牌体系，对产品生产的全过程进行严格把控，从源头上杜绝不合格品的产生。通过实施这种管理模式，祥丰人树立了“质量就是生命、质量就是品牌，品牌产出效益”的质量观念，提升全员质量意识的同时，将质量管理落到了实处，使企业生产的化肥产品达到甚至超越了国家标准水平，成为同行业标杆。

（3）坚持绿色发展，创国家环境友好企业。自习近平总书记提出“绿水青山就是金山银山”的发展理念以来，积极推进生态文明建设成为我国企业界的共识。特别是十九大召开后，稳步推进绿色发展，加快推进生态文明建设，着力解决突出环境问题，加强生态环境的监管和保护力度，成为实现美丽中国梦的关键。祥丰集团始终贯彻绿色发展理念，以创建绿色现代化磷复肥企业为目标，从产品生产制造的全过程入手，严控生产排放标准，通过实施产能设备改造，引入天然气作为新能源，带动企业实现绿色环保升级。此外，祥丰集团还投入了大量的资金为旗下企业安装天然气管道，同时配备尾气监控设施，对企业排放进行实时监控、动态分析和不间断管控。历经近十年的技术改造，祥丰集团建成“三废”综合回收利用项目 10 多项，其中工业废渣循环利用项目还为企业创造了新的经济增长点。企业原有的能耗高、污染重的工艺技术和设备完成了“绿色变身”，真正做到了从源头控制“三废”，实现磷复肥“绿色制造”目标，为创建“国家环境友好企业”奠定了良好的基础。

（4）优化产品结构，走高质量转型之路。面对国内磷复肥市场产能过剩的现状，企业亟须通过实施产品差异化战略提升竞争力，通过增加磷肥品种和提升产品质量来满足客户的差异化需求，进而实现提升企业产品市场认可度的目标。祥丰集团审时度势，基于国内磷肥市场产能过剩的现状，致力于产品结构调整，走出了一条具有自身特色的转型升级之路。首先，加速优化产品结构。在聚焦“螳丰”“云弘祥”“滇金麦”等多种品牌产品研发的基础上，运用农化服务中心扩充产品种类、强化品牌形象、增加高附加值产品的市场比重，使得企业产品的平均销售价格得到了持续提高。其次，持续推进产品质量提升。一方面，强化对产品质量工作的领导，积极开展产品质量攻关，稳定相关产品质量。另一方面，依托产业链开发氟化铝、氟硅酸钠等下游产品，从而控制质量成本，降低内部损失，实现产品生产全流程质量管控。

为推进企业向高质量发展转型，提升市场竞争优势，近几年，祥丰集团积极培育“拳头产品”，为企业走高质量转型之路积蓄了能量。2013 年、2014 年分别在旗下的金麦化工和弘祥化工新建磷矿浮选项目，使企业的浮选磷矿生产能力明显提升，同时解决了长期困扰企业的磷矿开采难题。2015 年，企业旗下的祥丰化肥完成技改，改变了只能生产单一的过磷酸钙的历史，使企业的生产能力扩充为年产 30 万吨过磷酸钙、25 万吨普通复混肥料和 3.5 万吨挤压肥，从而使企业享受到走高质量转型之路的红利。2017 年，祥丰集团进一步开发转型发展项目，主要是通过引入中缅天然气管线的天然气，融合先进的两段联合工艺，对整个集团原有的能源结构进行改造。

（5）强化自主创新，打造企业核心竞争力。随着磷复肥行业竞争的日趋白热化，企业想谋求新的利润增长点，必须借助技术创新，针对客户的差异化需求，制造符合其需求的个性化产品。2015 年，祥丰集团投资 1.2 亿元新建成年产量达到 4 万吨工业磷酸项目，借助旗下金麦公司的资源优势，创新引入湿法磷酸工艺，使企业同时可生产精细磷酸盐和枸溶性磷肥，不仅为开发缓释肥提供了原料来源，大大降低了企业的生产成本，同时拓宽了磷化工产业链，使企业实现了经济效益的稳步提升。目前，祥丰集团在加紧实施创新驱动战略，围绕磷复肥产业关键核心技术，搭建技术创新平台，聚焦技术尖端、产品高端、服务终端和智慧云端四个领域，推动自主知识产权的磷复肥产品和核心技术的研发，增强企业在化肥领域的核心竞争力。

（6）开展国际合作，实施企业国际化战略。近年来，我国的磷复肥远销全球多个国家，凭借可靠的产品质量和稳定的供应，在国际市场中赢得了一致好评。祥丰集团紧抓这一发展时机，加快实施企业国际化战略，搭建国际化合作平台。2010 年，祥丰集团与新加坡的化工公司共同投资成立了云南祥丰金麦化工有限公司，凭借企业的自身优势，拓展了企业的全球产业链。祥丰集团成功通过了澳大利亚的化肥认证体系，这些不仅为企业开拓海外市场增加了动力，推动了企业的国际化战略进程，也提高了企业的国际知名度，为企业的国际竞争力提升奠定了基础。接下来，祥丰集团还计划依托“一带一路”倡议、“云南桥头堡”国家战略，深化国际合作，开展国际化运营，推进企业产品实现“品牌国际化”目标，努力将企业打造成为具有国际影响力的优秀企业集团。

4. 长安汽车例证

长安的历史最早可追溯至洋务运动时期，开创了中国近代工业的先河。伴随中国改革开放大潮，20 世纪 80 年代初长安正式进入汽车领域。经过多年的发展，长安汽车目前主要制造和销售汽车（含轿车）、制造汽车发动机系列产品。长安汽车始终坚持以“引领汽车文明，造福人类生活”为使命，秉承“节能环保、科技智能”的理念，大力发展新能源和智能汽车，现已形成轿车、SUV、MPV、交叉型乘用车、客车、货车等多档次、宽系列、多品种的产品谱系，覆盖传统燃油和新能源车型，拥有排量从 1.0L 到 2.0L 的发动机平台。公司旗下拥有长安乘用车、长安欧尚、长安福特、长安马自达、长安铃木、长安 PSA、长安客车等众多知名品牌。截至目前，已成功推出睿骋 CC、逸动系列、悦翔系列、CS 系列 SUV、CX70、欧尚、欧诺等一系列经典自主品牌车型；合资品牌新福克斯、新蒙迪欧、翼虎、锐界、CX-5、昂克赛拉、维特拉、启悦等多款知名产品。同时，打造了逸动 EV、新奔奔 EV、欧力威 EV、奔奔 miniEV、CS15EV 等新能源车型，深受市场欢迎和消费者的喜爱。

近年来，汽车行业深入贯彻党中央、国务院的决策部署，坚持稳中求进的工作总基调，以供给侧结构性改革为主线，积极推进产业转型升级。长安汽车集团以“愿景 2025”为统领，以“直击痛点、增收节支、改革创新、整体提升”为关键，坚持自主创新与合资合作携手发展，走出了一条独特的转型升级路径。

（1）增强科技创新实力，加快全球研发中心建设步伐。长安汽车的自主创新之路尤其注重“产学研”合作，与国内多所高校都曾建立联盟关系。除与日本铃木公司（1993 年）进行合资合作外，长安汽车还先后携手福特（2001 年）、马自达（2007 年）、法国标致雪铁龙集团（2011 年）等跨国企业建立合资企业，通过对标，持续完善、优化项目管理体系、精益过程管控、聚焦重点，持续增强科技创新实力。2017 年，长安汽车全年研发投入 36.31 亿元，全力推动 400 余个科研项目顺利开展，全球研发中心开工建设，投资 33 亿元，建成后将成为全球研发体系总枢纽，为长安汽车提供不竭的升级动力。

（2）加快推进新能源战略，深耕智能化领域。长安汽车提出了“香格里拉计划”新能源全新战略，将通过“千亿行动”“万人研发”“伙伴计划”“极致体验”四大战略行动，到 2020 年完成三大新能源专用平台的打造；2025 年全面停售传统意义燃油车，实现全谱系产品电气化。同时在智能化领域方面，长安汽车已加快传统汽车向智能汽车的转型步伐，已掌握智能互联、智能交互、智能驾驶三大类 60 余项智能化技术，打造六大体系平台、五大核心技术，分四个阶段逐步实现汽车从单一智能到全自动驾驶。长安汽车还积极与百度、阿里巴巴、蔚来等跨界企业携手，在智能互联、新能源汽车领域共谋发展。

（3）着力建设自主品牌，推动企业结构调整。汽车产业正在发生深刻的变革，电动化、智能化等已成为新型汽车产业链的发展方向。因此，长安汽车顺应产业发展趋势，实施自主板块产品结构升级换代，自主乘用车升级到第三代。2017 年，长安自主品牌结构调整初见成效，经营质量持续提升。新品 CS55 上市后持续热销，上市第二个月销量便达到 1.5 万辆，CS75 在 8～12 月月均销量 2.4 万辆，其中 9 月销量一度达到 2.7 万辆。为了进一步提升品牌价值，2017 年 4 月 7 日，长安汽车在北京发布“生命动感·智色双旋”设计理念，为品牌注入灵魂与精髓，逐步形成产品家族化。2017 年，长安汽车入选国家技术创新示范企业，成为唯一一家入选的汽车企业，并再度入选央视“国家品牌计划”，企业形象得到了进一步提升。

5. *五粮液集团例证*

五粮液集团是以五粮液及其一系列酒的生产经营为主，现代制造业、现代工业包装、光电玻璃、现代物流、橡胶制品、现代制药等产业多元发展，具有深厚企业文化的特大型现代企业集团。其前身是由 20 世纪 50 年代初几家古传酿酒作坊联合组建而成的“中国专卖公司四川省宜宾酒厂”，1959 年正式命名为“宜宾五粮液酒厂”，进入 80 年代中期后有计划地实施了“质量效益型”“质量规模效益型”“质量规模效益多元化”三步发展战略。1985 年起，五粮液集团激发内部潜力，深化全面质量管理，促进优质品率的提高，改进外观质量和科技含量，增加附加值。1991 年后，在保证提升质量的前提下，五粮液集团加快拓展生产规模。1997 年至今，集团围绕酒业为主，实行多元化的质量规模效益扩张。特别是新消费趋势下，五粮液集团自 2012 年开始积极参与行业调整和自身转型升级，现阶段正依托大数据和信息技术，逐步引领企业乃至整个行业的转型升级并已取得初步成效。2018 年，五粮液集团在“2018 年我国制造业 500 强”中名列第 89 名。在顺应新消费趋势和利用新兴技术上，五粮液集团立足于白酒行业，创新了一条可资借鉴的转型升级道路。

（1）着力企业品牌文化建设，加强产品结构多样化升级。自 2015 年以来，白酒消费者更加看重品牌。这不仅表现在全国知名白酒“量价齐升”和低度酒市场的逐渐扩大，而且表现在品牌底蕴深的白酒品牌的市场规模增长速度加快。一方面，五粮液集团主动加强技术创新、持续调整产品结构、创新营销模式，配合国家战略，提升和创新产品结构，逐步完善了全价位全产品的完整产品体系，满足消费者多样化需求。另一方面，五粮液集团强化企业品牌塑造，确立五粮液“大国浓香”典型代表的地位，将品牌形象亮相美国纽约时代广场、意大利米兰世博会、阿斯塔纳世博会等，参与达沃斯论坛、金砖国家峰会，向海内外展示了中国白酒五粮液的魅力，强化系列酒品牌价值。产品结构和品牌价值的提升强化为制造业企业转型升级奠定了基础。

（2）依托数据信息管理技术，促进产业流程再造升级。五粮液集团依托大数据，与 IBM 合作五粮液数字化转型项目，围绕用户体验，全面提升商业模式创新能力、市场激活能力、精准行动能力、敏捷运营能力、组织执行能力和生态协同能力等六大核心能力，推进整个五粮液管理系统的数字化升级，为品牌系列酒的发展提供管理保障。管理体系跨越式的转型升级，更能匹配消费新趋势发展。

（3）加强技术自主创新，推动供应链改革。自 2015 年开始，五粮液集团陆续新建原酒产能、原酒储存工程，保证原酒储存时间充足，提升全系产品品质，把白酒的时间价值充分发挥出来。同时，五粮液集团先后与江苏农垦集团、中化农业等专业农业集团达成战略合作，以“订单农业”为主全力打造“宜长兴”产业带五粮液酿酒专用粮基地，强化产品预检和溯源管理，形成系列酒的品质保障。此外，五粮液集团启动了十几个科技研发项目，涉及酿酒原料、酿酒工艺、活性成分研究、智能检验系统、循环经济、低碳环保技术多个方向，为向价值链各环节拓展增加了技术可能性。

6. 西安光机所例证

西安光机所创建于 1962 年，是中国科学院在西北地区最大的研究所之一。1999 年以前，西安光机所长期承担国家重大需求任务，并取得了优异的成绩，多项成果达到国际先进水平。1999 年，西安光机所面临人才流失、科研任务拖拉等问题，时任所长相里斌提出将文化建设放到与科研管理同等位置，构建了创新文化理念体系。此后，西安光机所不断推动创新文化建设和实施，坚持“迎进来”和“走出去”的交流合作模式，为西安光机所以后的创新发展模式奠定了基础。2006 年，西安光机所创新机制体制，在完成国家重大科研任务的同时，把为企业产品升级换代提供关键技术支撑、引领技术发展方向作为新时期的重要使命，创办了炬光科技、飞秒光电等科技企业，鼓励内部科研人员创业并引进优秀人才。2012 年 6 月，西安光机所成立了全资的资产管理公司——西科控股（全称为西安中科光机投资控股有限公司）。2013 年，西安光机所成立了西科天使基金和中科创星孵化器（全称为西安中科创星科技孵化器有限公司），初步形成人才、技术、资本、服务“四位一体”的科技成果转化模式。在此期间，西安光机所坚持面向世界科技前沿，面向国家重大需求、面向国民经济主战场，以创新驱动发展，建立开放式创新创业平台，整合多方资源协同孵化科技企业。截至 2016 年底，西安光机所累计孵化培育企业 140 家，新增就业 5000 多人，其中有四家企业挂牌新三版，并形成了光子制造、光子信息以及生物光子三大产业集群，通过科技创业实现了科技成果的有效转化。

（1）协同国家需求和市场需求，促进科技产业绩效提升。西安光机所自 2012 年开始，在完成国家重大科研任务的同时，把为企业产品升级换代提供关键技术支撑、引领技术发展方向作为新时期的重要使命。在市场化道路上，西安光机所瞄准市场需求，布局科研立项，支持企业可持续发展，按照市场需求部署研发计划、逐步形成以市场为导向，采用人才、技术、服务、资本“四位一体”的创新创业模式。西安光机所不仅实现了国家需求和市场需求的协同，而且为国家科技进步与协同科技产业绩效作出贡献。这适用于我国制度环境和市场环境长期共存、市场与政府双元驱动的转型经济情境。

（2）整合科研目标和产业战略，推动科研成果有效转化。自 2007 年开始，西安光机所将功能定位调整为创造技术和企业。传统科研院所注重科研但轻视产业，导致了科研院所大量科技资源闲置，无法实现实际应用和促进产业转型升级。而西安光机所将科研与产业深度融合，实现两者协同发展，在科学研究和科技成果转化方面取得了优异的成绩，紧扣知识经济时代的主题，迎合了国家战略需求，集聚了我国人才、智力和成果等科技资源，推动了科学研究和产业发展相互促进，形成了共赢的良性互动机制，促进了协同科技创业的有序、健康、协调和持续发展。

（3）建立开放式创新转型平台，保证科技创业协调发展。2013 年，西安光机所成立了国内第一家专注于“硬科技”领域的国家级科技孵化器——中科创星，标志着西安光机所人才、技术、资本、服务“四位一体”的科技成果转化模式的形成以及开放式创新创业平台的成立。以中科创星为代表的开放式创新创业平台是西安光机所开放式创新创业模式的载体，不仅面向所内的科研人员，同时向全社会的科技创新创业者开放，为在孵的科技企业提供战略规划、市场对接、技术支撑、设备共享、财务、法务、人才招聘、科技项目申报、品牌宣传推广、知识产权管理与培训、投融资对接等全方位的孵化服务，打通了资本、研发、技术、市场、渠道等环节，为中小型科技企业快速发展提供了可靠支撑，从而推动整个科技产业的转型升级。

（4）打通政产学研沟通途径，致力科研产业转型升级。西安光机所主动与企业、高校合作，主动争取政府的支持，统筹各方的优势资源与能力。2013 年 1 月，西科控股代表西安光机所与社会资本共同发起成立西科天使基金，为科技创业领军人才创办企业提供资金支持，出资人包括研究机构、政府机构、企业以及社会投资人；西安光机所先后获得科技部、陕西省、西安市、西安高新区等政府部门资金、土地以及政策的支持；西安光机所积极与西北工业大学、西安电子科技大学等高校建立协同创新关系，吸引众多高校的人才资源和技术资源；西安光机所还与中国科学院其他科研院所建立合作关系，积极引进创新创业人才。通过政产学研多方资源与能力的整合与协同，西安光机所成功地孵化了众多科技企业，提高了产业高新技术水平，助推了相关制造业转型升级发展。

8.4 本章小结

本章基于全球价值链视角研究分析西部地区制造业转型升级的模式与路径。美国、德国、日本等一些国家在遭受了金融危机的重创后，纷纷强调要借助实体制造业重塑世界强国地位。顺应全球制造业发展浪潮，我国制定实施了制造强国战略，力图搭载第四次工业革命列车，实现伟大中国梦。西部地区制造业是我国制造强国战略的重要组成部分，本章首先对不同国家制造业转型升级的路径进行了对比分析，然后，基于我国西部地区制造业发展现状，对可选的转型升级路径进行了对比分析，总结了转型升级的共性路径。同时，针对西部地区制造业自身发展的特点，对不同行业、不同企业选择转型的差异化路径进行了分析。

（1）制定制造业发展规划、推进创新研究机构发展、着力发展智能制造产业和促进新能源技术开发是发达国家制造业转型升级的主要路径。首先，拟定制造业发展战略规划，重塑制造业的国家战略地位，如美国的《重振美国制造业框架》、英国的《英国工业 2050 战略》、法国的《新工业法国 2.0 战略》等。其次，建立创新研究机构、技术联盟，推进创新型制造技术转移，如美国创建了由产业和大学资金支持与运营的实验室——卓越创新中心，德国为推动工业 4.0 战略落地，由经济能源部和教研部两个部门主推技术研发、技术转移政策。再次，增加智能制造的科技创新投入，完善智能制造相关配套政策，如美国使用 10 亿美元建立由 15 个制造业创新研究机构组成的国家制造业创新网络，德国政府提供 5000 万欧元用于 APPsist 项目、CoCoS 项目等 15 个工业 4.0 自主项目的推进。最后，聚焦新能源技术开发领域，培育战略性新兴产业，如美国政府通过直接利用人力、技术，间接利用有形资本进行投资，结合制定和修订相关政策法规、提供良好基础设施的方式，重点支持节能环保产业、信息技术产业、生物医药产业和航空航天产业等新兴产业。

（2）西部地区制造业转型升级可选的共性路径主要是制定产业政策、依托科技创新、构筑与制造业相契合的人才培养体系、打造多元化制造业科技创新投融资体系。一是运用政府产业政策进行积极引导。带动基于市场的制造业风险投资，推动制造业产学研的有效转化。二是构筑与制造业相契合的人才培养体系，先进制造业科技创新能力提升的根本在于发展高端制造业需要的人才，构筑与先进制造业相契合的人才培养体系，培养符合制造业产业结构调整和产业发展需求的高端科技型人才。三是依托科技创新为制造业升级提供支撑力。科学技术作为第一生产力，在四次工业革命和历次经济危机复苏的过程中扮演着举足轻重的角色。无论是机器化、电气化、自动化还是智能化时代，科技创新都被视为发达国家打造产业竞争优势、拉动经济增长的核心动力。四是打造多元化制造业科技创新投融资体系。科技创新对制造型企业来说是一项高风险投资活动，发达国家为鼓励本国制造业的技术创新活动，纷纷通过建立高效的创新创业投资支持机制、设立制造业风险投资基金等方式帮助企业分担创新风险、降低创新成本。

（3）西部不同条件地区制造业转型升级实现的差异化路径主要是围绕各地区的优势制造产业进行智能化、绿色化、信息化、服务化转型。如重庆市要加大制造业人才发展统筹规划和分类指导的力度，开启质量品牌建设工程，营造良好的品牌发展环境，拓宽融资渠道，降低融资成本，丰富政策引导手段，全方位支持制造业转型升级发展。四川省应该加深信息化，助推优势产业再造，实施智能化，优先发展智能制造业，推进绿色化，改造提升传统产业，促进服务化，培育发展新增长极。云南省应该多举措促进企业提质增效，全方位推进企业产品升级，多层次推进智能化技改，多形式促进创新成果产业化，立体化推行绿色制造理念。陕西省应该加快传统产业改造升级，推动制造企业走融合发展道路，推行制造企业精益化管理，促使管理创新应用制造全过程，整合优化人力资源战略体系，吸引高端制造人才入驻陕西，对接“中国制造 2025”、借力“一带一路”，推动陕西制造业实现快速转型。广西应该实施产业链精准招商，建立健全工业招商机制，推动产业延伸升级，优化先进制造业内部结构，强化技术进步、技术创新，深化科技合作，开展质量强桂战略，加大工业品牌培育。

（4）西部地区不同制造业行业转型升级实现的差别化路径主要是结合制造行业的特殊性从化解过剩产能，实施供给侧改革、搭建质量工程、实施制造设备技改、促进创新成果转化、推行绿色生产等不同角度进行转型，提升不同行业的竞争力。如钢铁行业应该持续深化钢铁行业供给侧结构性改革，依靠创新驱动引领行业向创新型钢铁转型，着力打造行业竞争新优势走国际化发展路线，积极构建和谐共生生态环境，发展绿色低碳钢铁，树立高质量发展目标走钢铁可持续运营之路。装备制造业应该全面夯实西部地区装备制造智能发展基础，积极搭建西部地区装备制造行业质量工程，强化装备制造相关产业配套水平，加速推进高端智能装备制造业发展，着力推进西部地区装备制造服务化转型，积极构筑装备制造绿色发展体系，推动西部地区装备制造走国际化发展之路。汽车制造业应该紧抓两化融合契机，助力汽车制造智能化，明确转型战略方向，重点发展新能源汽车，定位全球价值链中高端，积极实施国际化战略，顺应时代发展需求，推动汽车互联网化。电子信息业是要着力把握电子信息行业智能化新趋势，融合应用引领电子信息行业创新发展，明确绿色生态可持续发展战略，加速构建新兴电子信息行业领域。

（5）西部地区不同禀赋制造业企业转型升级实现的异质化路径主要是根据国家产业政策结合企业自身实力，从加强自主创新、提升产品质量、提供生产配套服务、提升企业国际化经营能力几方面增强企业实力。例如，陕鼓集团创新企业运行管理机制，实施“归零赛马”业务责任制，聚焦高端智能制造业务，舍弃非核心辅助性业务，加大科技研发投入力度，提升企业技术创新实力，持续推进全球化发展战略，塑造陕鼓集团国际化品牌形象。四川长虹着力推进体制机制改革，助力企业“轻装上阵”，深入实施产业升级战略，加快向服务型制造转型，搭建智能化系统管理平台，推动传统营销转型，加快调整企业主营业务，聚焦军民融合协同创新。云南祥丰集团转变营销观念，变制造型为制造服务型，强化质量管理，以差异化提升品牌价值，坚持绿色发展，创国家环境友好企业，优化产品结构，走高质量转型之路，强化自主创新，打造企业核心竞争力，开展国际合作，实施企业国际化战略。长安汽车应继续增强科技创新实力，依托自主创新这一核心竞争力加快推进产品新能源化和智能化发展，提高企业品牌竞争力。五粮液集团着力企业品牌文化建设，加强产品结构多样化升级，依托数据信息管理技术，促进产业流程再造升级，加强技术自主创新，推动供应链改革。西安光机所协同国家需求和市场需求，促进科技产业绩效提升，推动科研成果有效转化，保证科技创业协调发展，打通政产学研沟通途径，致力科研产业转型升级。

第9章　研究结论与政策建议

9.1　研 究 结 论

本书针对全球价值链视角下西部地区制造业转型升级机制与路径展开研究，按照“问题提出—理论分析—实证检验—规范研究”的基本思路，层层递进，深入分析，最终形成研究结论如下。

（1）西部地区制造业总体保持平稳增长，不同区域发展有所差别，产业结构较为稳定，企业谋求转型发展。从总体增长上看，西部地区制造业销售产值逐年平稳攀升，利润总额呈现良好发展态势，研发经费投入与专利拥有数增长速度明显加快，单位产值能源消耗量逐年下降，治污设备年运行费用整体呈上升趋势。从不同区域发展上看，西部地区制造业发展在不同区域之间存在较为明显的差距，制造业主要集中在四川、重庆、广西、陕西等发展潜力相对较好的地区，四个省区市的产值之和在西部地区制造业整体占比超过了 70%。从行业结构上看，西部地区制造业产业结构较为稳定，在劳动密集型行业上具有相对竞争力，但在技术密集型行业中缺乏竞争力。从企业发展上看，西部地区制造业企业正在努力通过多种方式实现产业转型升级。

（2）西部地区制造业转型升级能力持续提升，多数区域转型发展保持上升趋势，重工制造业转型升级快于轻工制造业。首先，西部地区制造业转型发展能力逐步增强，逐渐由数量增长向质量增长转变，包括经济创造、科技创新、两化融合、资源节约、环境保护和社会服务在内的表征制造业转型升级能力的各项数据指标也均表现出明显的上升趋势。其次，西部地区各个省区市制造业转型升级能力总体保持上升趋势，不同省区市制造业转型升级动力来源有所差别，如重庆、新疆和广西主要是经济创造能力提升而带动，陕西和甘肃则通过两化融合来引领制造业转型升级。最后，西部地区制造业中多数行业的转型发展步伐不断加快，说明西部地区各个制造业大致朝向价值链更高层级攀升的方向发展，计算机、通信和其他电子设备制造业、交通运输设备制造业、黑色金属和压延加工业、化学原料和化学制品制造业等重工行业转型升级效率较高，而轻工制造业转型升级效率值均处在较低水平。

（3）西部地区制造业转型升级受多种因素影响，并且作用方向和效应程度有所差别。从促进因素上看，在地区维度上，研发投入强度、区域信息化程度、能源利用结构、污染治理水平和能源消耗量对西部地区制造业转型升级起到积极作用。在行业维度上，行业贡献率、就业人员人均利润率、产品销售率是促进西部地区制造业转型升级的主要影响因素。从抑制因素上看，无论在地区还是行业层面上，外商直接投资都是抑制西部地区制造产业转型升级的主要因素，信息产业规模在地区层面上阻碍西部地区制造业转型升级，行业销售比重的阻碍作用源于垄断对制造产业转型的负面影响。此外，各个因素对西部地区制造业转型升级的影响效应与其对东、中部地区制造业影响相比具有一定差异。

（4）西部地区制造业转型升级是多重影响机制共同作用的结果。在动力机制上，西部地区制造业转型升级发生的动力机制可以从科技研发、信息化建设、成本集约化、能源利用、绿色融入等五个角度进行考量，通过科技研发拉动制造业相关技术提高进而带动整个价值链条的升级转型，通过强调信息互联对制造业的整个链条进行智能化、数字化提升，通过生产成本集约化管理助推整个制造业产业升级，强调制造业转型升级与能源利用结构优化相互促进，强调融入全球化应选择绿色化路径达到优化目标。在约束机制上，西部地区制造业转型升级发生约束机制的探讨，可以从外商资本和市场垄断两方面入手进行深入剖析。一方面，主要体现在外商资本对产品、外汇和要素市场的“挤出效应”；另一方面，市场垄断对制造产业转型和升级产生了影响。在保障机制上，对西部地区制造业转型升级发生保障机制的探讨，主要从创新支撑、营商环境和人才支持三方面进行深入剖析。创新作为核心确保西部地区制造业升级，良好的营商环境保障制造业升级，人才支持为西部地区制造业转型升级保驾护航。

（5）西部地区制造业转型升级的实现既有共性路径，也有不同维度上的差异化路径。首先，西部地区制造业转型升级可选的共性路径主要是制定产业政策、依托科技创新、构筑与制造业相契合的人才培养体系、打造多元化制造业科技创新投融资体系，构建提升制造业竞争力的“三链融合”机制，坚持以产能合作带动制造业转型升级。其次，西部不同条件地区制造业转型升级实现的差异化路径主要是围绕各地区的优势制造产业进行智能化、绿色化、信息化、服务化转型。再次，西部地区不同制造业行业转型升级实现的差别化路径主要是结合制造行业的特殊性从化解过剩产能、实施供给侧改革、搭建质量工程、实施制造设备技改、促进创新成果转化、推行绿色生产等不同角度进行转型，提升不同行业的竞争力。最后，西部地区不同禀赋制造业企业转型升级实现的异质化路径主要是根据国家产业政策结合企业自身实力，从加强自主创新、提升产品质量、提供生产配套服务、提升企业国际化经营能力几方面增强企业实力。

9.2　政 策 建 议

目前，中国经济已进入高质量发展阶段，作为经济发展相对滞后的西部地区，传统制造业依然处于全球价值链低端环节、产业结构失衡、产品附加值低等转型困境，亟须通过深化供给侧改革推进传统制造业转型升级，提升在全球价值链重构中的地位。为积极创建“中国制造 2025”国家级示范区，加快推动西部地区制造业转型升级取得实质成效，本书结合西部地区制造业发展的资源禀赋差异，提出如下政策以供参考。

9.2.1 总体制度框架

西部地区制造业转型升级的制度框架应嵌入全球价值链和“中国制造 2025”战略体系，具体可围绕两条路径展开：一是《中国制造 2025》“1 + X”规划体系和《智能制造发展规划（2016—2020 年）》；二是深化供给侧结构性改革，发展服务型制造。选择制定具体转型路径还应明确西部地区制造业转型升级的驱动力，包括转型升级必须处理好的关系、实施转型升级的目标和依据，以及在转型过程中需借助的经济性和非经济性政策工具，力争依托产业创新平台或行业联盟，加强宏观、中观和微观政策的协调，做优制造业存量，做大增量。

1. 西部地区制造业转型升级政策制定必须处理好的关系

制定西部地区制造业转型升级的政策，做强西部地区制造业，在贯彻落实国家制造业强国战略的同时，还需重点兼顾和处理好以下几组关系。

（1）做好纵向选择性产业政策和横向功能性产业政策协调。一方面，西部地区各省区市政策制定主体，要针对特定的地区、行业领域、产品或服务、技术路线和机构企业发展的差异制定纵向选择性产业政策；另一方面，要从制造业信息基础设施建设、投融资环境、人才引进与培育、创新激励、知识产权保护、协同合作与联盟等层面制定横向功能性产业政策。

（2）培育新兴产业的发展政策和优化升级传统产业的政策。西部地区制造业转型升级政策的制定应在立足国家《中国制造 2025》战略的基础上，在培育新兴产业和新生力量的同时，兼顾传统制造产业的优化升级。梳理国内外的制造业转型经验发现，对传统制造业的优化和升级本身就可以带动及孵化出一批新的业态与商业运营模式。长虹彩电等制造产品的个性化定制就是最好的例证。

（3）侧重生产性制造的产业政策与均衡发展产业链各环节的产业政策。未来服务业与制造业深度融合是制造业发展的大势所趋，所以西部地区制造业转型的产业政策制定不仅需要瞄准生产加工制造和转配制造环节搞生产性服务业，同时也应面向整个制造业产业链的研发设计、资源配置、运营管理、信贷服务、物流配送等所有环节开展服务，从而推动“制造 + 服务”模式的发展。

（4）处理好经济政策工具和非经济政策工具之间的关系。推动西部地区制造业整体转型的进程，各地方政策制定主体不仅要把握好金融、财政、税收、土地、科技等传统经济政策工具，还要注重法律、法规、技术标准、信息服务、咨询指导、教育培训和业绩考核等非经济政策工具的搭配。

（5）理顺国家制造业发展政策与地方制造业发展政策的关系。推动西部地区制造业转型升级不仅需要由点到线再到面的结合，而且也需要与国家发布的《中国制造 2025》及其“1 + X”规划体系的结合。西部地区制造业转型的产业政策制定需要在保证国家相关产业政策政令畅通的基础上，根据地方制造业发展的特殊性，留出一定的空间，以鼓励不同政策制定主体因地制宜地制定产业政策。

（6）兼顾好转型政策制定实施及动态优化调整。鉴于新一轮信息技术革命和产业变革的不确定性，西部地区制造业转型升级的产业政策制定相对于已然出台并实施多年的装备制造业、汽车、钢铁、电气机械和器材、计算机通信等行业的产业政策而言，需要不断探索和逐步优化完善。因此，各政策制定主体需要兼顾好前期制定政策的实施和效果评价，同时要建立政策动态调整机制。

（7）协同好制造业转型发展产业政策与其他产业发展政策。西部地区制造业转型升级政策是创建在已有加快发展战略性新兴产业、建设国家现代制造业基地、国家自主创新示范区等产业转型专项政策基础上，根据制造业发展的风向标，聚焦和优化转型政策，同时与其他产业政策有效缔结，形成政策服务平台，全面提升西部地区制造业发展。

2. 西部地区制造业转型升级政策制定的总思路

就西部地区制造业转型发展的现状来看，构建一个科学高效、有序推进“中国制造 2025”战略的西部地区制造业转型升级政策体系，要在了解政策体系建立的依据、归宿、驱动力以及架构等基本构成要素基础上，理清政策制定的总思路和原则，推动具体转型政策的制定实施。

西部地区制造业转型升级政策的制定首先要围绕国家制造业创新中心建设、智能制造、工业强基、绿色制造和高端装备创新五大工程展开，充分发挥市场优化配置资源的决定性作用，强化政府在规划引导、市场监管、信息服务、技术标准等方面的独特作用，推动西部地区制造业转型升级，为国家实现制造强国目标奠定基础。其次，要将把握全球制造业的发展动向和化解西部地区制造业整体质量效益不佳的局面作为制定政策体系的两大驱动力。最后，要明确政策体系框架的内容，包括政策主体定位、政策工具选择、政策实施载体、政策视角、政策重心和指向、政策评估和动态调整等方面。

基于以上分析，本书认为制定西部地区制造业转型升级的政策体系遵循的总体思路如下。贯彻落实《中国制造 2025》及其“1 + X”规划体系，牢固树立创新、协调、绿色、开放、共享的新型发展理念，顺应制造业数字化、智能化、互联化、服务化、绿色化以及国际化趋势，以供给侧改革为切入点，破除质量效益不高、结构性产能过剩、核心技术缺失、价值链低端固化、资源约束趋紧等制造产业发展痼疾，以创新发展、提质增效为主题，以高端智能制造为主攻方向，充分发挥市场的主导作用和政府的引导作用，借助产学研用平台、产业创新联盟等载体，综合运用财政、金融、税收、科技、教育、法规等经济和非经济政策工具，统筹推进、分业施策、盘活存量、做优增量，着力打好西部地区制造业转型升级的“组合拳”，推动西部地区制造业向全球价值链的中高端迈进。力争用三到五年时间，基本形成功能完善、协调有序、成效显著、动态优化调整的西部地区制造业转型升级政策体系。具体制定实施政策的过程中应着重把握以下几个方向。

（1）转变产业政策倾向。产业政策的倾向性方面，应从过去针对特定的行业领域、产品或服务、技术路线的纵向选择性产业政策向重点扶持中小制造企业进行技术创新、知识产权保护、优化投融资环境、创建协同网络等横向功能性产业政策转变。

（2）调整产业政策重点。产业政策制定需由点及面，转变过去只针对制造产品生产环节进行政策制定的视角，应从全球价值链视角，面向整个制造产业链和产品寿命周期全过程，构建制造信息集成服务平台，推动智能制造的稳步实施。

（3）产业多元创新。鼓励制造业创新由单一向多元拓展，转变原有重点鼓励支持企业自主研发进行技术创新的政策制定定位。鼓励多方联动，借助产学研用创新平台，发挥各方优势，针对制造业运营模式、管理方法、人才培养、产业集群等多方面实施创新，力争创建一个深度融合的创新政策体系。

（4）兼顾新兴产业和传统产业。政策上由只侧重新兴产业转变为兼顾传统制造产业转型升级。在培育壮大新兴制造产业，做优增量的同时，兼顾传统制造业的转型升级，盘活存量。发挥两种类型制造业的优势，提升西部地区制造业的整体实力。

（5）优化产业政策执行体系。产业政策执行体系由单向执行型向双向灵活型转变。制造业转型的政策制定不仅是贯彻、执行和落实，还应加入考评、反馈、调整和优化等环节，以提升政策执行效果。

3. 西部地区制造业转型升级政策制定的基本原则

（1）以市场需求为导向，发挥政府政策引导作用。借鉴美国、德国、日本对传统制造业进行转型升级的经验，正确处理好各级政府和市场的关系是西部地区制造业制定转型政策的关键所在。西部地区各地方政府应积极响应“中国制造2025”号召，重视市场在配置资源过程中发挥的决定性作用，加快推进竞争有序、公平透明的现代市场体系建设，注重放活市场主体，通过营造良好的营商环境、搭建信息平台、完善制度设计服务等方式，激发市场创新的内生动力。

（2）以点带面、点面结合，整体推进政策体系制定。制定西部地区制造业转型升级的政策体系是一个由点及面逐渐聚合完善的过程，需要基于已公布制定的针对特定企业、产品和技术的点政策，逐渐向外围扩散，通过加强与产业创新联盟、产业综合体等合作，构建集成化程度高、服务能力强的面政策体系，最终发挥出点面结合的政策红利。

（3）以供给侧改革为主线，盘活存量、做优增量。西部地区制造业转型升级的政策制定与西部地区各省区市制定的战略性新兴产业发展政策最大的区别在于“双轨并驱”。制造业转型升级应以供给侧改革为主线，以市场需求为导向，优化资源配置，一方面统筹兼顾传统制造的创新型改造，应用现代信息技术，盘活制造业生产数据，创造无限潜能。另一方面引入创新元素，采用新技术，谋划新产业，布局新业态，做优制造产品的增量。

（4）以典型示范为引领，强化政策的协同互补。发挥制造业典型示范区、行业和企业成功转型政策的示范引领作用，加强西部地区各省区市制造业转型发展政策与国家制造业发展政策间、与不同职能部门配套政策间的协同互补，力争统筹兼顾，破除政策互通障碍，促进具体政策规范的制定和落地实施。

（5）以借鉴探索引进吸收，补足政策短板。西部地区制造业转型升级政策的制定可以借鉴吸收国内外成功转型经验，结合本区域发展的实际，从利于中小制造企业发展、利于信息基础设施和公共研发平台搭建、利于新技术标准化和产业化等层面入手，补足现有政策短板。同时，要注重“补短”政策与发展战略性新兴产业政策间的兼容性，避免形成以大型企业主流技术路线和产品标准压制封锁新产业技术和标准发展空间的状况。

（6）以自主创新为驱动，营造良好政策生态体系。鼓励西部地区各省区市根据自身传统制造业转型发展需求的特殊性，在与中央和地方制定的其他相关政策不抵触的前提下，进行政策制定尝试。特别是为技术创新发展较快的中小型制造企业，营造宽松的制造服务政策，构建良好的政策生态体系。

4. 西部地区制造业转型升级重点支持的产业

西部地区制造业的转型升级应结合西部地区制造产业发展基础和其他产业间关联度，瞄准未来全球制造市场的需求，重点启动通用设备制造业，汽车制造业，计算机、通信和其他电子设备制造业，电气机械和器材制造业，铁路、船舶、航空航天和其他运输设备制造业，化学原料和化学制品制造业，有色金属冶炼和压延加工业，非金属矿物制品业等八个制造业的改造提升工程，辐射带动其他传统制造行业转型升级，提升西部地区制造的品牌价值。

（1）支持通用设备制造业。推动通用设备制造业向高端、智能、数字化方向发展，加快工业机器人、智能生产机床、智能传感检测装置等新型装备关键技术的研发与应用。围绕传统产业升级和打造战略性新兴产业“双轨并驱”的需求，加快推动国家工业机器人检测评定中心、3D 打印技术创新联盟、固高科技长江研究院等平台发挥产出效应。继续推动工业机器人创新研发中心、众创空间、应用与培训中心等公共服务平台的构建。鼓励通用设备制造企业积极参与重大技术装备保险补偿试点项目，推动西部地区先进制造产品进入国家保险补偿目录。

（2）支持汽车制造业。推动汽车制造业向智能制造、新能源、科技互联、国际化方向发展。鼓励汽车制造企业依托行业技术优势，推动大数据、人工智能与汽车制造的深度融合，加快新能源汽车、智能网联汽车、智能驾驶系统的应用与推广。着力推动西部地区智能网联汽车制造中心、汽车智能互联云平台、智能汽车管理服务平台、汽车及零部件创新研发中心等平台建设，引导汽车制造企业打造国际品牌，促进整体竞争力提升。

（3）支持计算机、通信和其他电子设备制造业。推动计算机、通信和其他电子设备制造业向高端化、智能化、集聚化方向发展。加快推动“芯片”“高端显示屏”等电子行业核心产品的技术攻关，加快推进计算机、通信和其他电子设备制造基础设施建设，提升配套服务能力。打造长江经济带、成渝城市群计算机、通信和其他电子设备制造集群，跨地区联合创建计算机、通信和其他电子设备制造业技术创新联盟，强化关键共性技术的研发与转化。

（4）支持电气机械和器材制造业。推动电气机械和器材制造业向高端化、精益化、绿色化、生产服务化方向发展。加快完善工程机械器材服务业体系，推进信息管理系统在机械器材再造和零部件循环利用过程中的应用。推动产品结构向专用、高附加值、轻重型机械合理搭配转型。瞄准新兴机械制造领域和旧工程机械回收再造开展技术研发，推动专业化、精益化、差异化机械器材的加工制造，塑造行业发展的新增长点。

（5）支持铁路、船舶、航空航天和其他运输设备制造业。推动航空、轨道交通等交通运输设备制造业向行业领先、自主创新实力强的高端化方向发展。加快拓展通用飞机整机谱系，通过开展项目合作、强化自主研发，提高航空飞行器设计研制能力。加快实施航空发动机关键技术引进，推动航空运输设备制造建成总装集成度高、验证测试和维修服务配套齐全的生产保障体系。加快推动轨道交通装备“走出去”战略，鼓励西部地区各省区市轨道交通设备生产制造企业创建产业发展战略联盟，面向国际市场，打造行业领先竞争格局。

（6）支持化学原料和化学制品制造业。推动化学原料和化学制品制造业向功能多元化、高性能化、绿色集聚化方向发展。加快推进石墨烯量子点、电气石、结构型导电塑料、无机盐等新型化工材料的推广使用。稳步推进化工产品向绿色、安全、高性价比转变。重点强化工程塑料、特种化学制品等化工新材料标准化工作，加快制定环保型材料标准。推进化工产品生产制造重大关键技术的产业化推广和应用，整合优化化工生产服务系统，为行业改造升级提供研发设计、融资租赁、工程承包、信息共享互通等专业化服务。

（7）支持有色金属冶炼和压延加工业。推动有色金属冶炼和压延加工业向高端、集约、智能、绿色、国际化方向发展。加快使用高热效加热及热处理、熔炉余热利用、连续铸造、连续挤压、异型材连续拉拔、机器人智能化管件制造等技术改造传统生产方式，推动有色金属制造向高速、连续、短流程、智能方向转变。推进高强铝合金纯净炼化技术的研究，提升新型轻合金材料制造工艺的整体水平。拓展合金产品种类，支持发展耐磨耐蚀、高强高导、高阻尼、高弹性、抗蠕变的精密硬质合金及深加工有色金属产品。推进重金属减排技术、有色金属再生回收利用技术的推广应用，积极打造有色金属回收利用示范基地。

（8）支持非金属矿物制品制造业。推动水泥、玻璃纤维、陶瓷、微孔碳砖等非金属矿物制品制造业向绿色、环保方向发展。推动能源低碳化、生产洁净化、废物资源化的绿色水泥制造工厂示范建设，发展屏蔽电磁波玻璃、透红外线无铅玻璃、高品质光伏玻璃、薄膜电池导电玻璃、建筑用导电玻璃等高端玻璃产品。推广使用氮化铝陶瓷基片等精密高性能陶瓷原料，鼓励高品质人工晶体及晶体薄膜制品的研究开发。

9.2.2 主要任务和保障措施

1. 西部地区制造业转型升级的主要任务

（1）搭建产业创新服务综合体，促进企业技术创新能力提升。借助“一带一路”和长江经济带发展红利，结合西部地区传统制造业优势，搭建制造业产业创新服务综合体，推动传统制造业研发设计、产品检测、技术转化等方面的能力提升。实施数字化车间、智能工厂、验证体验中心、传感器及仪器仪表智能升级等一系列智能改造工程，推动传统制造企业智能化转型、发展成为拥有自主高新技术优势的示范性科技创新企业。进一步完善知识产权保护规章制度，建立与先进制造业发展相契合的知识产权法律体系和运行机制，激励保障制造业自主创新技术的研发与应用。多举措促进拥有技术创新优势的制造企业与产业创新联盟联合攻关先进制造技术，破除传统制造转型障碍。

（2）瞄准制造技术国际领先目标，推动企业实施“机器换人”计划。鼓励西部地区制造转型典范瞄准行业领域国际顶尖水平，开展关键领域技术攻关，带动示范中小型制造企业重点技术改造工程项目的实施。针对西部地区八大传统优势制造业的特殊性，稳步推进“机器换人”方案的分业实施，扎实推动不同生产环节、生产领域“机器换人”试点示范项目的建设。针对钢铁、水泥、煤矿、非金属矿产、化工防腐等重点行业的高危作业环节开展“机器换人”行动计划，力争一定时间节点范围内，实现工业机器人、机器臂、高档数控机床等职能设备在高危作业领域全覆盖，推动安全生产、提质增效目标的实现。

（3）深入实施两化融合战略，重点打造“大数据 + 制造”“互联网 + 制造”。

西部地区制造业发展成为我国先进制造业新高地，需要继续推动信息化和工业化的深度融合，加速推动西部地区传统制造业应用大数据、云计算、物联网技术实施改造升级，创建数字化车间、智能生产线、智能工厂生产模式，塑造传统制造业转型发展的新业态、新格局。支持陕鼓、长虹、力帆、长安、玉柴等制造龙头企业，依托互联网“双创”平台，打造制造业创新创业生态圈。加速推进制造业云平台建设，进而借助云端的仿真设计、CRM应用服务实现制造产品研发和销售效率的提升。鼓励企业借助物联网云平台，发展个性化定制、网络协同、生产服务型制造，推动传统制造产业向“制造+服务”的方向转型。

（4）实施制造业“标准化”提升工程，推动西部地区制造品牌实力提升。参照国内国外先进制造标准，依托装备制造、汽车、光电子、机械器材等传统制造掌握的前沿、高端技术优势，打造国际先进的技术标准体系，振兴“西部制造”。支持筹建制造标准化技术委员会，对接服务企业参与国际先进制造标准的制定。推动实施“西部制造”品牌培育工程，开展制造品牌培育试点示范，加强技术指导和经验交流，引导制造企业完善品牌管理体系，提升品牌创新和培育能力。筛选拥有自主知识产权的企业品牌，培育成为具有国际竞争力的“西部制造”品牌。

（5）培育制造业转型龙头企业，促进产业整体向全球价值链高端迈进。引导西部地区制造企业专注特定制造产品的精耕细作，争做制造业转型升级的龙头企业，冲击全球制造业冠军地位。鼓励支持具有行业优势的龙头企业通过兼并重组、国际并购等形式加强协作、增强创新能力，推动“西部制造”品牌发展成为具有国际竞争力的优势品牌。同步推进西部地区中小微型制造企业向“专特优精”方向发展，鼓励中小微制造企业借助各类创新载体和社会化服务平台，提升产品质量、强化品牌建设，发展成为具有核心竞争力的制造业“隐形冠军”，与龙头企业一同助力“西部制造”走向世界。

（6）制定传统制造改造提升专项激励政策，推进企业多层次多渠道上市融资。西部地区各地方政府应全面落实制造企业科技研发费用加计扣除、制造业专用设备税额抵免等税收激励政策。同时，制定激励政策考评办法，将综合考评结果作为财政专项激励基金发放的重要参考。统筹推进传统制造企业进行股份制改造、挂牌交易和上市交易，完善相关公司治理结构、多渠道拓宽融资渠道。优化完善梯度层次清晰的上市公司培养体系，鼓励由上市制造企业牵头发起或业内联合发起产业并购基金，支持优势制造企业围绕提高产业集群度，拓宽延伸产业链开展并购重组，整合全球生产要素、人才和先进技术成果。

（7）加速生产性服务业发展，推进制造业转型升级提质增效。围绕西部地区重点制造产业链“设计+”理念，规划布局生产性服务业，同步推进制造业研发设计、金融、科技、电子商务、信息服务、生产性租赁、现代物流等专业公共服务平台建设。鼓励传统制造企业引进开发核心智能装备，瞄准自动化、数字化、智能化，面向制造过程控制和执行，实施高端制造装备进口替代，推动高档数控机床、高精度检验检测仪器、高档成套制造装备的普及运用。发挥西部地区八大传统制造产品门类齐全、研发配套能力强、创新型人才丰裕优势，大力发展工业大数据、新材料、高端装备以及数字创意等战略性新兴产业。

（8）整合优化要素资源，提升平台服务能级。加快西部地区制造业特色示范区建设，将其打造成为面向未来先导产业、自主创新实力雄厚、辐射带动能力显著的高端制造发展载体。在人工智能领域，依托重庆大学、四川大学、西安交通大学等知名院校和各类研究所，筹建人工智能研究院，有效整合西部地区高校、科研院所、骨干企业的创新资源，加强与国内外知名研发机构、大型企业集团的深入合作，力争在人机混合智能、跨媒体智能、大数据智能方向取得突破进展，夯实传统制造转型的基础支撑能力。在先进装备制造领域，按照高起点、高标准、高质量、高服务的发展要求，筹建工业装备结构重点实验室、智能装备技术创新中心、重大装备制造协同创新等创新平台，提升共性技术研发和创新能力。在精细化工制造领域，支持西部地区各省区市精细化工企业成立技术创新联盟，重点支持新型催化技术、高分子反应动力转化技术、现代煤化工技术等关键工艺研究实验室的建设，推动绿色生产制造能力提升。

2. 西部地区制造业转型升级的保障措施

（1）强化组织领导保障。推动西部地区制造业转型升级应组建由西部地区各地方政府、科研机构、行业协会、制造企业等共同组成的专项工作推进小组，统筹负责制造业改造升级方案制订，着力抓好协调服务、监督指导、试点示范、评估反馈等具体推进制造业转型升级的工作。各地区、各部门应密切合作，将推动传统制造业转型升级摆在突出位置，强化落实主体责任制，根据自身实际，制定改造重点传统制造业细则，抓好配套方案的制订工作，发挥多方联动的优势。同时，制造业转型专项小组应定期组织对各地方、各试点示范企业转型推进情况的评估和反馈，全方位推进传统制造转型进程。

（2）推进试点示范项目实施。西部地区传统制造转型发展应从地区、工业园区、企业三个层面开展试点示范项目。地区层面，参照国内外先进制造集群发展模式，选择传统制造业中转型需求迫切、改造措施力度大的区县进行试点，探索转型升级的共同路径，为其他地区和省区市提供经验借鉴与参考。工业园区层面，选择转型方向清晰、拥有相当技术优势、集群程度高的传统制造业园区先行先试，辐射带动其他园区向智能化、自动化程度高的智慧园区转变。企业层面，选取西部地区各省区市智能制造典型企业，树立为转型示范榜样，重点从提高传统制造质量效益、创新能力、智能制造和清洁生产等方面发挥带动效应。

（3）加大政策扶持激励力度。统筹西部地区各省区市制定的促进传统制造业转型的财政、科技、土地等方面政策，形成推动整个西部地区制造智能转型的合力。鼓励支持有条件的地方和企业联盟设立发展高端制造的专项基金，筹建产业创新服务综合体。加大对西部地区制造的首台（套）智能装备的奖励，并提供对应的产品保险补偿措施。落实推进国家对重点行业施行的固定资产加速折旧、重大技术装备和产品进口关键零部件及原材料免征关税和进口环节增值税、研发费用加计扣除等税收优惠政策，研究制定针对采购西部地区制造机械设备的增值税退税、企业融资租赁补贴以及科技成果转化税收优惠政策，夯实转型发展的财政支持。

（4）创新产融对接服务机制。西部地区各省区市应充分运用和激发政府引导基金对传统制造转型的推动促进作用。多举措吸引金融、社会资本、创投和风投等投资机构共同设立传统制造升级改造产业基金，重点支持企业智能设备改造和关键技术研发。鼓励西部地区各省区市金融机构创新探索针对传统制造业转型升级的信贷产品，驱动西部地区传统制造业向绿色环保的高端制造迈进。西部地区各省区市还应该设立相应的政策性融资担保机构，搭建产融对接平台，满足传统制造企业转型的融资担保需求。构建企业综合评价与金融机构信贷信息实时互通的信息数据库，实施差别化信贷准入、审批授信、信用评级和考核激励等机制，为制造业转型发展提供特色金融服务。

（5）引进培育“先进制造”人才。做强西部地区制造业，必须充分重视发挥制造人才的引擎作用。围绕西部地区传统制造的八大领域，依托西部“千人计划”“万人计划”平台，引进吸收掌握先进智能制造技术和具备智能制造技术研发能力的高层次人才。加快推进西部地区智能制造人才培育项目建设，支持制造企业与西部地区高校开展校企合作，完善智能制造学科体系，搭建智能制造实训平台，创新人才培养模式。聚焦西部地区传统制造业的关键领域，实施高技能人才、高级管理人才素质提升计划。借助互联网，向全球招揽大数据“双创”人才和大数据应用项目，集聚一批具有创新意识和市场潜力的人才，实现西部地区制造业与全球创新资源的有效融合，助推西部地区制造业数字化“变身”。

（6）优化传统制造转型升级环境。西部地区各地方政府应着力简化工业企业行政审批流程，深入推进“零土地”技术改造项目审批改革。积极推动“降成本优环境”专项行动的实施。统筹做好招商引资平台和招商人才队伍建设，拓宽企业全球化发展的空间。积极引导企业树立“环境论英雄”“亩产论英雄”理念，鼓励传统制造产业转型发展成为资源环境友好型产业。推动企业分类综合评价制度的实施，促进生产要素的差别化配置和叠加运用。强化制造业转型专项小组分类指导和精准服务能力，兼顾运用“反向倒逼”和“正向激励”两种考评激励机制。发挥行业协会和企业家联盟的中介服务功效，着力推动先进制造领域关键核心技术的交流与研讨，形成多方联动促转型的良好氛围。

参 考 文 献

白清，2015. 生产性服务业促进制造业升级的机制分析——基于全球价值链视角[J]. 财经问题研究，(4)：17-23.

蔡昉，王德文，曲玥，2009. 中国产业升级的大国雁阵模型分析[J]. 经济研究，(9)：4-14.

蔡旺春，李光明，2011. 中国制造业升级路径的新视角：文化产业与制造业融合[J]. 商业经济与管理，(2)：58-63.

蔡宇，2006. 关于产业链理论架构与核心问题的思考[J]. 统计与决策，(17)：114-116.

曹文梁，胡选子，2012. 基于全球价值链的产业升级研究——以东莞市电子信息产业为例[J]. 科技管理研究，(21)：186-190.

陈华，2005. 中国产业结构变动与经济增长[J]. 统计与决策，(6)：68-69.

陈建军，2004. 长江三角洲地区的产业同构及产业定位[J]. 中国工业经济，(2)：19-26.

陈丽娴，沈鸿，2018. 生产性服务贸易网络特征与制造业全球价值链升级[J]. 财经问题研究，(4)：39-46.

陈耀，2017. 制造业提质增效与创新发展[J]. 领导科学论坛，(14)：45-56.

陈仲常，马红旗，绍玲，2012. 影响我国高技术产业全球价值链升级的因素[J]. 上海财经大学学报，(2)：56-64.

程强，武笛，2015. 科技创新驱动传统产业转型升级发展研究[J]. 科学管理研究，(4)：58-61.

程瑜，王玉玲，阎敏，2012. FDI 与产业结构升级：西部的实证分析[J]. 经济问题，(7)：122-125.

戴翔，徐柳，张为付，2018. “走出去”如何影响中国制造业攀升全球价值链?[J]. 西安交通大学学报（社会科学版），(2)：11-20.

戴翔，张雨，2013. 开放条件下我国本土企业升级能力的影响因素研究——基于昆山制造业企业问卷的分析[J]. 经济学（季刊），(4)：1387-1412.

邓向荣，曹红，2016. 产业升级路径选择：遵循抑或偏离比较优势——基于产品空间结构的实证分析[J]. 中国工业经济，(2)：52-67.

窦宗军，宋辉，2006. 区域主导产业选择与结构优化[J]. 统计与决策，(24)：10-12.

杜朝晖，2017. 经济新常态下我国传统产业转型升级的原则与路径[J]. 经济纵横，(5)：67-74.

杜鹏，2012. 中国制造业产业升级研究[D]. 武汉：武汉大学.

冯芳芳，蒲勇健，2012. 我国区域产业结构优化及其影响因素分析——基于分位数回归方法[J]. 技术经济，(2)：36-42.

高传胜，2008. 中国生产者服务对制造业升级的支撑作用——基于中国投入产出数据的实证研究[J]. 山西财经大学学报，(1)：44-50.

高秀艳，2004. 国际产业转移与我国产业升级问题探析[J]. 理论界，(5)：17-18.

戈贞，2011. 基于区域分工视角的产业集群发展探析——以成渝经济区为例[D]. 成都：西南交通大学.

葛顺奇，罗伟，2015. 跨国公司进入与中国制造业产业结构——基于全球价值链视角的研究[J]. 经济研究，(11)：34-48.

龚一斌，龚三乐，2006. 自主创新与全球价值链嵌入产业升级[J]. 经济与管理，20（8）：49-52.
关士续，2002. 马克思关于技术创新的一些论述[J]. 自然辩证法研究，（1）：16-18.
郭晨，2012. 全球价值链下中国汽车零部件产业升级影响因素研究[D]. 武汉：武汉理工大学.
郭巍，林汉川，付子墨，2011. 我国先进制造业评价指标体系的构建[J]. 科技进步与对策，（12）：125-129.
郭伟锋，王汉斌，李春鹏，2012. 制造业转型升级的协同机理研究——以泉州制造业转型升级为例[J]. 科技管理研究，（23）：124-129.
郭玉屏，2013. 全球价值链视角下的宁波装备制造业产业升级[D]. 沈阳：辽宁大学.
韩惠民，杨上广，2015. 生产性服务业集聚对制造业生产率提升机制研究——以安徽省为例[J]. 商业经济研究，（25）：115-117.
何庆光，2008. 外商直接投资对我国经济增长的动态效应[J]. 经济与社会发展，（12）：48-52.
胡蓓蓓，2010. FDI对江西省产业结构升级的影响——理论分析与实证检验[D]. 南昌：南昌大学.
胡昱，2009. 基于竞争力视角的中国制造业系统升级战略[J]. 生产力研究，（15）：124-125.
黄平，2010. 产业集群促进产业升级对地方经济管理的影响[J]. 广东社会科学，（1）：63-66.
黄庆华，刘晗，曹祖文，等，2013. 城市新型工业化水平及发展趋势研究——对重庆发展的分析[J]. 重庆大学学报（社会科学版），（6）：24-30.
黄琼，李娜娜，2019. 制造业全球价值链地位攀升影响因素分析——基于发达国家与发展中国家的比较[J]. 华东经济管理，（1）：100-106.
黄群慧，2017. 培育四种观念推动制造业向服务化转型[J]. 中国战略新兴产业，（15）：96.
纪玉俊，刘金梦，2016. 环境规制促进了产业升级吗?——人力资本视角下的门限回归检验[J]. 经济与管理，（6）：81-87.
纪玉山，周英，吴勇民，2005. 库兹涅茨人均收入决定论质疑——兼论我国产业结构升级的政策取向[J]. 经济经纬，（1）：58-61.
简晓彬，周敏，2013. 基于VAR模型的制造业价值链攀升影响因素研究——以江苏为例[J]. 科技进步与对策，（15）：61-68.
江茜，王耀中，2016. 生产性服务业集聚与制造业竞争力[J]. 首都经济贸易大学学报，（1）：74-80.
蒋中一，温赖特 K，2006. 数理经济学的基本方法[M]. 刘学，顾佳峰，译. 北京：北京大学出版社.
金碚，2014. 工业的使命和价值——中国产业转型升级的理论逻辑[J]. 中国工业经济，（9）：51-64.
金碚，2017. 全球化新时代产业转型升级新思维[J]. 中国中小企业，（8）：27-28.
靖学青，2004. 长三角主要城市产业发展的区域定位和协调互动[J]. 上海经济研究，（3）：51-56.
李国璋，武玉洁，2008. 浙江产业结构与经济增长关系的实证分析[J]. 商场现代化，（6）：234-235.
李宏，陈圳，2018. 制度约束与全球价值链地位提升：制度红利的门槛效应[J]. 现代财经，（2）：41-53.
李慧媛，2010. 基于面板数据模型的我国产业结构优化升级的影响因素分析[D]. 杭州：浙江大学.
李嘉图 D，2014. 政治经济学及赋税原理[M]. 郭大力，王亚南，译. 南京：译林出版社.
李廉水，周勇，2005. 中国制造业“新型化”状况的实证分析——基于我国30个地区制造业评价研究[J]. 管理世界，（6）：76-81.
李娜，伍世代，代中强，等，2016. 扩大开放与环境规制对我国产业结构升级的影响[J]. 经济地理，（11）：109-115.

李萍，谌新民，2012. 人力资本投资、就业稳定性与产业转型升级——基于东莞市的经验数据[J]. 学术研究，（9）：80-86.
李晓春，2008. 浙江制造业升级的技术制约与突破路径[J]. 经济师，（10）：246-247.
李毅学，汪寿阳，2010. 基于全球价值链的中国产业升级风险管理战略[J]. 中国科学基金，（2）：78-82.
廉龙，刘燕，代斌，2016. 政府干预视角下金融支持产业升级的门槛效应研究[J]. 区域经济评论，（1）：105-112.
林青石，2013. 中国技术创新和产业升级作用机制研究[J]. 北方经济，（16）：12-13.
刘斌，魏倩，吕越，等，2016. 制造业服务化与价值链升级[J]. 经济研究，（3）：151-162.
刘超，2012. 基于熵理论的产业转型升级机理研究[D]. 镇江：江苏大学.
刘翀，2006. “新型制造业”产业评价指标体系研究[J]. 技术经济，（7）：90-93.
刘传江，赵晓梦，2017. 强“波特假说”存在产业异质性吗？——基于产业碳密集程度细分的视角[J]. 中国人口·资源与环境，（6）：1-9.
刘圣香，刘芳芳，2015. 浙江省制造业升级的影响因素分析与对策建议——基于全球价值链视角[J]. 经营与管理，（2）：84-87.
刘仕国，吴海英，马涛，等，2015. 利用全球价值链促进产业升级[J]. 国际经济评论，（1）：64-84.
刘书梅，2011. 经济全球化背景下江苏制造业价值链升级的影响因素研究[D]. 南京：南京工业大学.
刘曙光，杨华，2004. 关于全球价值链与区域产业升级的研究综述[J]. 中国海洋大学学报（社会科学版），（5）：27-30.
刘晓欣，邵燕敏，张珣，2011. 基于 Bootstrap-DEA 的工业能源效率分析[J]. 系统科学与数学，（3）：361-371.
刘志彪，2005. 全球化背景下中国制造业升级的路径与品牌战略[J]. 财经问题研究，（5）：25-31.
刘志彪，2011. 从后发到先发：关于实施创新驱动战略的理论思考[J]. 产业经济研究，（4）：1-7.
刘志彪，2018. 攀升全球价值链与培育世界级先进制造业集群——学习十九大报告关于加快建设制造强国的体会[J]. 南京社会科学，（1）：13-20.
刘志彪，张杰，2007. 全球代工体系下发展中国家俘获型网络的形成、突破与对策——基于 GVC 与 NVC 的比较视角[J]. 中国工业经济，（5）：39-47.
刘志彪，张少军，2008. 中国地区差距及其纠偏：全球价值链和国内价值链的视角[J]. 学术月刊，（5）：49-55.
隆国强，2007. 全球化背景下的产业升级新战略——基于全球生产价值链的分析[J]. 国际贸易，（7）：27-34.
罗勇，曹丽莉，2008. 全球价值链视角下我国产业集群升级的思路[J]. 国际贸易问题，（11）：92-98.
罗仲伟，李先军，2015. “十三五”时期制造业转型升级的路径与政策转向[J]. 价格理论与实践，（11）：8-12.
吕薇，2017a. 双轮驱动制造业转型升级，加快制造强国建设[J]. 中国人大，（9）：28-29.
吕薇，2017b. 以创新驱动建设制造强国[J]. 中国经济报告，（3）：20-22.
吕越，吕云龙，2016. 全球价值链嵌入会改善制造业企业的生产效率吗——基于双重稳健-倾向得分加权估计[J]. 财贸经济，（3）：109-122.
吕政，2015. 中国经济新常态与制造业升级[J]. 财经问题研究，（10）：3-8.

马尔萨斯，1992. 人口原理：附人口原理概观[M]. 朱泱，胡企林，朱和中，译. 北京：商务印书馆.
马珩，李东，2012. 长三角制造业高级化测度及其影响因素分析[J]. 科学学研究，(10)：1509-1517.
马歇尔 A，2012. 经济学原理[M]. 廉运杰，译. 北京：华夏出版社.
倪敬娥，2012. 全球价值链下我国制造业升级浅析[J]. 东方企业文化，(7)：210.
聂名华，2017. 中国制造业在全球价值链中的地位与升级方略[J]. 东南学术，(2)：127-134.
钱方明，2013. 基于 NVC 的长三角传统制造业升级机理研究[J]. 科研管理，(4)：74-78.
乔小勇，王耕，李泽怡，2017. 全球价值链国内外研究回顾——基于 SCI/SSCI/CSSCI 文献的分析[J]. 亚太经济，(1)：116-126.
乔章凤，李青原，2018. 嵌入全球价值链的制造业升级与技术技能人才需求研究[J]. 天津经济，(1)：6-10.
邱斌，叶龙凤，孙少勤，2012. 参与全球生产网络对我国制造业价值链提升影响的实证研究——基于出口复杂度的分析[J]. 中国工业经济，(1)：57-67.
邱风，张国平，郑恒，2005. 对长三角地区产业结构问题的再认识[J]. 中国工业经济，(4)：77-85.
任保平，2014. 经济增长理论史[M]. 北京：科学出版社.
沈飞，2011. 我国长三角制造业创新升级战略探讨——基于全球价值链分析[J]. 对外经贸实务，(5)：32-35.
盛丰，2014. 生产性服务业集聚与制造业升级：机制与经验——来自 230 个城市数据的空间计量分析[J]. 产业经济研究，(2)：32-39.
施振荣，2010. "微笑曲线"[J]. 竞争力·三联财经，(4)：50-52.
斯密 A，2007. 国富论：国民财富的性质和起因的研究[M]. 谢祖钧，译. 北京：商务印书馆.
时乐乐，赵军，2018. 环境规制、技术创新与产业结构升级[J]. 科研管理，(1)：119-125.
史学贵，施洁，2015. 技术进步、对外贸易与产业结构转型——中国产业结构演进动力分析[J]. 经济问题探索，(4)：63-69.
宋晶，陈劲，2016. 全球价值链升级下中国创新驱动发展战略的实施策略[J]. 技术经济，(5)：6-9.
宋维佳，王军徽，2012. ODI 对母国制造业产业升级影响机理分析[J]. 宏观经济研究，(11)：39-45.
苏晶蕾，陈明，银成钺，2018. 生产性服务业集聚对制造业升级影响的机理研究[J]. 税务与经济，(2)：41-47.
谭崇台，2002. 发展经济学辞典[M]. 太原：山西经济出版社.
田洪川，石美遐，2013. 制造业产业升级对中国就业数量的影响研究[J]. 经济评论，(5)：68-78.
田文，张亚青，佘珉，2015. 全球价值链重构与中国出口贸易的结构调整[J]. 国际贸易问题，(3)：3-13.
涂颖清，2011. 全球价值链下我国制造业升级的影响因素分析[J]. 重庆科技学院学报（社会科学版），(13)：72-73.
万继蓉，2013. 欧美国家再工业化背景下我国制造业的创新驱动发展研究[J]. 经济纵横，(8)：112-115.
王凤荣，王慧，2007. 价值链理论视角的我国企业集群隐性升级[J]. 山东大学学报（哲学社会科学版），(6)：81-89.
王福君，2010. 辽宁省装备制造业升级的轨迹、机制与路径选择[J]. 理论界，(8)：58-62.
王海杰，2013. 全球价值链分工中我国产业升级问题研究述评[J]. 经济纵横，(6)：113-116.
王海宁，徐晓龙，罗作汉，2016. 基于人力资本视角的产业升级路径选择——机制、差异化与协同性文献综述[J]. 东方论坛，(4)：79-87.
王娟，2016. 创新驱动传统产业转型升级路径研究[J]. 技术经济与管理研究，(4)：115-118.
王珏，黄光灿，2017. 全球价值链下制造业嵌入式升级研究[J]. 区域经济评论，(5)：86-93.
王磊，魏龙，2018. 新兴经济体如何进行价值链升级：基于国际分工视角的文献综述[J]. 经济评论，(3)：90-102.
王文普，印梅，2015. 空间溢出、环境规制与技术创新[J]. 财经论丛，(12)：92-99.
王锡刚，黄坡良，2010. 全球价值链下广东产业升级的思考[J]. 科技管理研究，(23)：77-81.
王修华，王翔，2012. 产业结构升级与低碳经济发展的耦合研究[J]. 软科学，(3)：29-32.
王永兴，景维民，2014. 转型经济体国家治理质量监测指数研究[J]. 经济社会体制比较，(1)：115-126.
王月琴，张鹏，胡华征，2009. 基于全球价值链的广东产业升级与产业转移的思考[J]. 科技管理研究，(11)：172-176.
王志华，陈圻，刘彬，2006. 外商直接投资对长三角制造业结构高级化的影响[J]. 现代经济探讨，(3)：80-83.
吴进红，2007. 开放经济与产业结构升级[M]. 北京：社会科学文献出版社.
夏友富，何宁，2018. 推动我国装备制造业迈向全球价值链中高端的机制、路径与对策[J]. 经济纵横，(4)：56-62.
谢莹，2013. 全球价值链下重庆市装备制造业产业升级影响因素研究[D]. 重庆：重庆师范大学.
谢众，吴飞飞，杨秋月，2018. 中国制造业升级的创新驱动效应——基于中国省级面板数据的实证检验[J]. 北京理工大学学报（社会科学版），(4)：97-108.
邢斐，张建华，2009. 外商技术转移对我国自主研发的影响[J]. 经济研究，(6)：94-104.
熊彼特，2012. 熊彼特：经济发展理论[M]. 邹建平，译. 北京：中国画报出版社.
徐常萍，吴敏洁，2012. 环境规制对制造业产业结构升级的影响分析[J]. 统计与决策，(16)：101-102.
徐佳宾，2007. 经济发展、产业升级与市场形态[J]. 财贸经济，(3)：18-23.
徐康宁，冯伟，2010. 基于本土市场规模的内生化产业升级：技术创新的第三条道路[J]. 中国工业经济，(11)：58-67.
徐竹青，2010. 浙江制造业升级转向与制约因素分析[J]. 浙江学刊，(2)：221-224.
宣烨，余泳泽，2017. 生产性服务业集聚对制造业企业全要素生产率提升研究——来自230个城市微观企业的证据[J]. 数量经济技术经济研究，(2)：89-104.
阳立高，龚世豪，王铂，等，2018. 人力资本、技术进步与制造业升级[J]. 中国软科学，(1)：138-148.
杨坚，2013. 山东海洋产业转型升级研究[D]. 兰州：兰州大学.
杨小凯，黄有光，1999. 专业化与经济组织：一种新兴古典微观经济学框架[M]. 北京：经济科学出版社.
于斌斌，2017. 生产性服务业集聚能提高制造业生产率吗？——基于行业、地区和城市异质性视角的分析[J]. 南开经济研究，(2)：112-132.
余建平，胡峰，2014. 多重嵌入：中国代工企业转型升级的新思路——一种共演与学习的视角[J]. 社会科学战线，(9)：65-69.
余珮，2018. 中西部地区构建创新集群的潜力研究[J]. 财经科学，(2)：74-86.
余泳泽，刘大勇，宣烨，2016. 生产性服务业集聚对制造业生产效率的外溢效应及其衰减边界——

基于空间计量模型的实证分析[J]. 金融研究，(2)：23-36.
原毅军，谢荣辉，2015. FDI、环境规制与中国工业绿色全要素生产率增长——基于 Luenberger 指数的实证研究[J]. 国际贸易问题，(8)：84-93.
张辉，2004. 全球价值链理论与我国产业发展研究[J]. 中国工业经济，(5)：38-46.
张辉，2005. 全球价值链下地方产业集群升级模式研究[J]. 中国工业经济，(9)：11-18.
张杰，刘志彪，2007. 需求因素与全球价值链形成——兼论发展中国家的“结构封锁型”障碍与突破[J]. 财贸研究，(6)：1-10.
张立冬，刘志彪，吴先满，2013. 江苏省区域创新能力动态评价分析：2006-2010 年[J]. 南京工业大学学报（社会科学版），(2)：69-74.
张其仔，2008. 比较优势的演化与中国产业升级路径的选择[J]. 中国工业经济，(9)：58-68.
张其仔，李蕾，2017. 制造业转型升级与地区经济增长[J]. 经济与管理研究，(2)：97-111.
张文武，梁琦，2011. 市场冲击、劳动共享与制造业集聚——基于中国城市面板数据的研究[J]. 中国科技论坛，(5)：57-60.
张艳辉，2010. 全球价值链下长三角产业升级的实证分析——以电子及通讯设备制造业为例[J]. 上海经济研究，(3)：51-59.
张耀辉，2002. 产业创新：新经济下的产业升级模式[J]. 数量经济技术经济研究，(1)：14-17.
张幼文，2005. 从廉价劳动力优势到稀缺要素优势——论“新开放观”的理论基础[J]. 南开学报（哲学社会科学版），(6)：1-8.
张远鹏，2017. “一带一路”与以我为主的新型全球价值链构建[J]. 世界经济与政治论坛，(6)：38-52.
章玉贵，2006. 产品内分工与上海制造业升级路径研究[J]. 上海管理科学，(6)：63-66.
赵春艳，2008. 我国经济增长与产业结构演进关系的研究——基于面板数据模型的实证分析[J]. 数理统计与管理，(3)：487-492.
赵儒煜，2017. 加快吉林省产业转型升级的对策研究[R]. 吉林省政府发展研究中心研究报告.
赵小芸，芮明杰，2012. 上海以高新技术推动制造业升级的模式与路径研究[J]. 上海经济研究，(2)：63-69.
郑延智，黄顺春，黄靓，2012. 劳动力成本上升对产业结构升级转型的影响研究[J]. 华东交通大学学报，(4)：113-117.
中国社会科学院工业经济研究所课题组，李平，2011. 中国工业绿色转型研究[J]. 中国工业经济，(4)：5-14.
钟茂初，李梦洁，杜威剑，2015. 环境规制能否倒逼产业结构调整——基于中国省际面板数据的实证检验[J]. 中国人口·资源与环境，(8)：107-115.
周茂，陆毅，杜艳，等，2018. 开发区设立与地区制造业升级[J]. 中国工业经济，(3)：62-79.
周维富，2018. 我国实体经济发展的结构性困境及转型升级对策[J]. 经济纵横，(3)：52-57.
周英章，蒋振声，2002. 我国产业结构变动与实际经济增长关系实证研究[J]. 浙江大学学报（人文社会科学版），(3)：146-152.
朱榕榕，2012. 技术创新与产业升级路径研究[D]. 上海：华东政法大学.
左大培，杨春学，2007. 经济增长理论的模型的内生化历程[M]. 北京：中国经济出版社.
AGHION P，HOWITT P，1992. A model of growth through creative destruction[J]. Econometrica，60 (2)：323-351.

ANDREONI A，UPADHYAYA S，2014. Growth and distribution pattern of the world manufacturing output：A statistical profile[Z]. United Nations Development Organization Working Paper.

ARNDT S W，KIERZKOWSKI H，2001. Fragmentation：New production patterns in the world economy[M]. New York：Oxford University Press.

BARROW C，2005. Environmental management and development[M]. London：Routledge.

BAZAN L，NAVAS-ALEMAN L，2004. The underground revolution in the sino vallery：A comparison ofupgrading in global and national value chains[C]//SCHMITZ H. Local enterprises in the global economy：Issuesof governance and upgrading. Chelenham：Edward Elgar.

BORLAND J，YANG X，1992. Specialization and a new approach to economic organization and growth[J]. American economic review，82（2）：386-391.

CASS D，1965. Optimum growth in an aggregative model of capital accumulation[J]. Review of economic studies，32（3）：233-240.

DIXIT A K，STIGLITZ J E，1977. Monopolistic competition and optimum product diversity[J]. American economic review，67（3）：297-308.

DOMAR E D，1947. Expansion and employment [J]. American economic review，37（1）：34-55.

DOMAR E D，1948. The problem of capital accumulation [J]. American economic review，38（5）：777-794.

DOMAR E D，1963. Total productivity and the quality of capital[J]. Journal of political economy，71（6）：586-588.

DRUCKER J，FESER E，2012. Regional industrial structure and agglomeration economies：An analysis of productivity in three manufacturing industries[J]. Regional science and urban economics，42（1-2）：1-14.

DUNNING H J，1998. Location and the multinational enterprise：A neglected factor?[J]. Journal of international business studies，29（1）：45-66.

EASTERLY W，1993. How much do distortions affect growth?[J]. Policy research working paper，32（2）：187-212.

EGGE E S，MANSOUR T，2003. Permutations which avoid 1243 and 2143，continued fractions，and chebyshev polynomials[J]. The electronic journal of combinatorics，9（2）：1-35.

ERNST D，2004. Searching for a new role in East Asian regionalization：Japanese production networks in the electronics industry[Z]. Economics Study Area Working Paper.

ERNST D，KIM L，2001. Global productions networks，knowledge diffusion，and local capability formation. A conceptual framework[J]. Research policy，31（8）：1417-1429.

FEENSTRA R C，HANSON G H，1995. Foreign investment，outsourcing and relative wages[R]. National Bureau of Economic Research.

FEENSTRA R C，1998. Integration of trade and disintegration of production in the global economy[J]. Journal of economic perspectives，12（4）：31-50.

FREEMAN C，2009. The economics of industrial innovation[J]. Social science electronic publishing，7（2）：215-219.

GEREFFI G，Pan M L，1994. The globalization of Taiwan's garment industry[M]//Bonacich E，Cheng L，Chinchilla N，et al. Global production：The apparel industry in the Pacific Rim. Philadelphia：

Temple University Press.

GEREFFI G，1999a. A commodity chains framework for analyzing global industries[J]. Institute of development studies，8（12）：1-9.

GEREFFI G，1999b. International trade and industrial upgrading in the apparel commodity chain[J]. Journal of international economics，48（1）：37-70.

GEREFFI G，2001. Beyond the producer-driven/buyer-driven dichotomy the evolution of global value chains in the internet era[J]. IDS bulletin，32（3）：30-40.

GEREFFI G，2003. Mexico's industrial development：Climbing ahead or falling behind in the world economy?[M]//Middlebrook K J，Zepeda E. Confronting development：Assessing mexico's economic and social policy challenges. Stanford：Stanford University Press.

GEREFFI G，HUMPHREY J，STURGEON T，2005. The governance of global value chains[J]. Review of international political economy，12（1）：78-104.

GIULIANI E，BELL M，2005. The micro-determinants of meso-level learning and innovation：Evidence from a chilean wine cluster [J]. Research policy，34（1）：47-68.

GROSSMAN G M，HELPMAN E，1991. Quality ladders in the theory of economic growth[J]. Review of economic studies，58（1）：43-61.

HANSEN N，1990. Do producer services induce regional economic development?[J]. Journal of regional science，30（4）：465-476.

HARROD R F，1939. An essay in dynamic theory[J]. The economic journal，49（193）：14-33.

HARROD R F，1960. Second essay in dynamic theory[J]. The economic journal，70（278）：277-293.

HARROD R F，1963. Themes in dynamic theory[J]. The economic journal，73（291）：401-421.

HORDIJK L，JEAN H，1974. Spatial econometrics：Some contributions[R]. Netherlands Economic Institute.

HOWITT P，AGHION P，1998. Capital accumulation and innovation as complementary factors in long-run growth[J]. Journal of economic growth，3（2）：111-130.

HU J，WANG Z，LIAN Y，et al.，2018. Environmental regulation，foreign direct investment and green technological progress-evidence from chinese manufacturing industries[J]. International journal of environmental research and public health，15（2），221.

HUMPHREY J，SCHMITZ H，2002a. How does insertion in global value chains affect upgrading in industrial clusters?[J]. Regional studies，36（9）：1017-1027.

HUMPHREY J，SCHMITZ H，2002b. Developing country firms in the world economy：Governance and upgrading in global value chains[R]. University of Duisburg.

HUMPHREY J，SCHMITZ H，2004. Governance and upgrading：Linking industrial cluster and global value chain research[R]. Institute of Development Studies，University of Sussex.

JACKMAN L E，HOCHSTADT J，1976. Regulation of purine utilization in bacteria. Vi. Characterization of hypoxanthine and guanine uptake into isolated membrane vesicles from salmonella typhimurium[J]. Journal of bacteriology，126（1）：312-326.

SENGUPTA J K，1992. Growth in nics in Asia：Some tests of new growth theory[J]. Journal of development studies，29（2）：342-357.

JIANG X，LIU Y，2015. Global value chain，trade and carbon：Case of information and communication

technology manufacturing sector[J]. Energy for sustainable development，25：1-7.
JUDD K L，1985. On the performance of patents[J]. Econometrica，53（3）：567-585.
KALDOR N，1957. A model of economic growth[J]. Economic journal，67（268）：591-624.
KAPLINSKY R，2000. Globalisation and unequalisation：What can be learned from value chain analysis?[J]. Journal of development studies，37（2）：117-146.
KAPLINSKY R，MORRIS M，2001. A handbook for value chain research[M]. Ottawa：IDRC.
KATSUMOTO M，EATANABE C，2004. External stimulation accelerating a structural shift to service-oriented industry—a cross country comparison[J]. Journal of services research，4（2）：91-111.
KESSLER J A，1999. The North American Free Trade Agreement，emerging apparel production networks and industrial upgrading：The southern California/Mexico connection[J]. Review of international political economy，6（4）：565-608.
KOGUT B，1985. Designing global strategies：Comparative and competitive value-added chains[J]. Sloan management review，26（4）：15-28.
KOOPMAN R，POWERS W，WANG Z，et al.，2010. Give credit where credit is due：Tracing value added in global production chains[R]. National Bureau of Economic Research.
KREMER M，1993. The o-ring theory of development[J]. Quarterly journal of economics，108（3）：551-575.
KRUGMAN P，COOPER R N，SRINIVASAN T N，1995. Growing world trade：Causes and consequences[J]. Brookings papers on economic activity，（1）：327-377.
KRUGMAN P R. 1993. Geography and trade[M]. Cambridge：MIT Press.
LALL S，WEISS J，ZHANG J K，2005. Regional and country sophistication performance[Z]. Asian Development Bank Institution Discussion Paper .
LUCAS R E，1993. Making a miracle[J]. Econometrica，61（2）：251-272.
MANSFIELD E，RAPOPORT J，ROMEO A，et al.，1977. Social and private rates of return from industrial innovations[J]. Quarterly journal of economics，91（2）：221-240.
MARKUSEN J，VENABLES A，1995. Mulitnational firms and the new trade theory[Z]. Oxford University Research Archive Working Paper.
NORTH D C，1994. Economic performance through time[J]. American economic review，84（3）：359-368.
PIETROBELLI C，RABELLOTTI R，2011. Global value chains meet innovation systems：Are there learning opportunities for developing countries?[J]. World development，39（7）：1261-1269.
PIGOU A C，1912. Wealth and welfare[M]. London：Macmillan and Company Limited.
POON S C，2004. Beyond the global production networks：A case of further upgrading of taiwan information technology industry[J]. International journal of technology & globalisation，1（1）：130-144.
RAMSEY F P，1928. A mathematical theory of saving[J]. Economic journal，38（152）：543-559.
RODRIGUEZ-CLARE A，1996. Multinationals，linkages，and economic development[J]. American economic review，86（4）：852-873.
ROMER P M，1986. Increasing returns and long-run growth[J]. Journal of political economy，94（5）：

1002-1037.
ROMER P M，1987. Growth based on increasing returns due to specialization[J]. American economic review，77（2）：56-62.
ROMER P M，1990. Endogenous technological change[J]. Journal of political economy，98（5）：71-102.
ROMER P M，1994. The origins of endogenous growth[J]. Journal of economic perspectives，8（1）：3-22.
SACHS J，YANG X，1999. Gradual spread of market-led industrialization[R]. Center for International Development，Harvard University.
SACHS J，YANG X，2002. Market led industrialization and globalization[J]. Journal of economic integration，17（2）：223-242.
SANYAL P，GHOSH S，2013. Product market competition and upstream innovation：Evidence from the us electricity market deregulation[J]. Review of economics and statistics，95（1）：237-254.
SIMAR L，WILSON P W，2000. Statistical inference in nonparametric frontier models：The state of the art[J]. Journal of productivity analysis，13（1）：49-78.
SOLOW R M，1956. A contribution to the theory of economic growth[J]. The quarterly journal of economics，70（1）：65-94.
SOLOW R M，1957. Technical change and the aggregate production function[J]. The review of economics and statistics，39（3）：312-320.
SOLOW R M，1958. Linear programming and economic analysis[J]. Journal of farm economics，40（30）：772-774.
SOLOW R M，1962. Technical progress，capital formation，and economic growth[J]. American economic review，52（2）：76-86.
SUN G，YANG X，1998. Evolution in division of labor，urbanization，and land price differentials between the urban and rural areas[Z]. Harvard Institute for International Development.
SWAN T W，1956. Economic growth and capital accumulation[J]. Economic record，32（2）：334-361.
TANG J，2015. Testing the pollution haven effect：Does the type of fdi matter?[J]. Environmental and resource economics，60（4）：549-578.
UNIDO，2002. Competing through innovation and learning[R]. United Nations Industrial Derelopment Organization.
UTTERBACK J M，1974. Innovation in industry and the diffusion of technology[J]. Science，183（4125）：620-626.
UZAWA H，1959. Prices of the factors of production in international trade[J]. Econometrica，27（3）：448-468.
UZAWA H，1961. On a two-sector model of economic growth[J]. Review of economic studies，29（1）：40-47.
UZAWA H，1964. Optimal growth in a two-sector model of capital accumulation[J]. Review of economic studies，31（1）：1-24.
UZAWA H，1965. Optimum technical change in an aggregative model of economic growth[J]. International economic review，6（1）：18-31.

YANG X, BORLAND J, 1991. A microeconomic mechanism for economic growth[J]. Journal of political economy, 99 (3): 460-482.

YANG X, HEIJDRA B J, 1993. Monopolistic competition and optimum product diversity: Comment[J]. American economic review, 83 (1): 295-301.

YANG X, RICE R, 1994. An equilibrium model endogenizing the emergence of a dual structure between the urban and rural sectors[J]. Journal of urban economics, 35 (3): 346-368.

YANG X, SHI H L, 1992. Specialization and product diversity[J]. American economic review, 82 (2): 392-398.

YOUNG A, 1928. Increasing returns and economic progress[J]. Economic journal, 38 (152): 527-542.